MANUEL
DE POLITESSE

8°R
31416

N° 641

Tout exemplaire qui ne sera pas revêtu de la signature
ci-dessous sera réputé contrefait.

MANUEL
DE POLITESSE

L'USAGE
DE LA JEUNESSE

Savoir-vivre

Savoir-parler — Savoir-écrire

Savoir-travailler

Par F. G-M.

PARIS-VIe — LIBRAIRIE GÉNÉRALE, RUE DE VAUGIRARD, 77

TOURS	PARIS
MAISON A. MAME & FILS	J. DE GIGORD
IMPRIMEURS-ÉDITEURS	RUE CASSETTE, 15

ET CHEZ LES PRINCIPAUX LIBRAIRES

PRÉFACE

En 1716, saint Jean-Baptiste de la Salle publia son traité des Règles de la Bienséance et de la Civilité chrétienne, et, pendant plus d'un siècle, ce livre eut un grand succès dans les écoles.

Emprunter à ce manuel précieux ses principes moraux et son esprit pédagogique, et adapter sa rédaction aux bons usages de la société moderne, tel a été le but poursuivi dans la composition du présent ouvrage.

C'est en même temps un livre de lecture et de récompense pour l'écolier; un manuel de direction et de conseils pour le jeune homme qui entre dans la vie sociale; un mémento utile qui a sa place dans la bibliothèque de la famille.

En réalité, le livre a plus d'ampleur que son nom ne l'indique. Il se compose de quatre parties, d'inégale longueur : Savoir-Vivre, Savoir-Parler, Savoir-Écrire et Savoir-Travailler.

Les trois dernières parties se rattachent à la première. En effet, la politesse et la distinction sont obligatoires dans le langage aussi bien que dans la correspondance épistolaire; et c'est par un travail intellectuel persévérant et méthodique qu'on apprend à bien dire et à bien écrire.

De nombreuses planches hors texte illustrent agréablement l'ouvrage; ils lui donnent ce charme spécial qui anime « la leçon de choses ».

En lisant ces pages à loisir, l'adolescent et le jeune homme comprendront la vérité de cette parole de Fénelon : « C'est la vertu qui donne la véritable politesse. » Ils verront aussi que, par réciprocité, « la politesse et l'urbanité des mœurs préparent fort heureusement les esprits à concevoir la sagesse et à suivre les lumières de la vérité. » (Léon XIII.)

MANUEL
DE POLITESSE

PREMIÈRE PARTIE
SAVOIR-VIVRE

CHAPITRE PREMIER

LA POLITESSE

I. — De son Importance.

La politesse peut être définie : *Une application délicate et attentive à témoigner à tous, par notre conduite extérieure, notre estime et notre bienveillance.*

Née de l'amour de l'homme pour son semblable, elle met son bonheur à faire celui d'autrui. Elle est à la fois la bonté du cœur, le tact de l'esprit, la pureté du langage, la grâce des manières.

Elle se lie à des vertus de race dont une nation peut être justement fière. Toute faite de charité, de générosité et de délicatesse, elle est la gloire de notre chère nation et l'apanage du caractère français. (Mgr Dupanloup.)

Cette fleur de la débonnaireté, comme l'appelle saint François de Sales, qui rend plus faciles et plus aimables les relations sociales, a toujours été en particulière estime chez les nations amies des arts et des lettres.

Plus un peuple est civilisé, plus il est poli. C'est au temps de Périclès qu'on entendait, dans les temples d'Athènes, cette belle prière : *Accordez-nous de ne rien dire que d'agréable, de ne rien faire qui ne plaise.*

L'homme poli se montre bon pour tous ; il évite de faire de la peine et cherche à faire plaisir. Il est digne sans hauteur, réservé sans taciturnité, gracieux sans afféterie ; ses manières sont affables, et son langage distingué.

Celui qui est impoli manque toujours à la charité, et souvent à la justice, qui s'étend beaucoup plus loin qu'on ne le pense communément. *Les hommes,* dit Joubert, *ne sont justes qu'envers ceux qu'ils aiment.*

C'est généralement pour mettre ses défauts plus à l'aise qu'on s'affranchit des règles de la politesse. *Le manque de civilité,* dit La Bruyère, *n'est pas le fait d'un seul vice, mais de plusieurs : de la paresse, de la sotte vanité, de la stupidité, de la distraction, de la jalousie et du mépris des autres.*

La politesse est avant tout une science pratique ; elle s'apprend un peu dans les livres et beaucoup par la fréquentation des gens bien élevés. Elle se transmet, comme par tradition, dans la bonne société ; c'est là qu'il faut aller la chercher.

Il y a dans le maintien, les manières, le ton, le geste d'une personne polie, une expression, des détails que les meilleurs traités ne peuvent indiquer. On ne saurait donc trop recommander aux enfants et aux jeunes gens d'être très attentifs, toutes les fois qu'ils sont en présence de personnes qui connaissent et qui pratiquent les règles du savoir-vivre.

On distingue deux sortes de politesse : celle des **manières** et celle du cœur.

II. — De la Politesse des Manières.

La *politesse des manières* a pour but la connaissance et
la pratique des règles du « savoir-vivre » et des lois de
l'étiquette.

Le *savoir-vivre* consiste essentiellement dans les formes
extérieures; c'est le cérémonial des gens bien élevés. S'il
n'inspire pas toujours la bonté, l'équité, la complaisance,
la gratitude, vertus qu'exige la *politesse du cœur,* il en
donne au moins les apparences et fait paraître au dehors
ce que les hommes sont au dedans, — ou plutôt ce qu'ils
devraient être.

Obligé de vivre dans le monde, on ne peut rester étranger à ses usages, ignorer ses habitudes, son langage, ce qu'il
exige dans les différentes circonstances de la vie, sous peine
de passer pour un homme sans éducation. *Les manières,*
que l'on néglige comme de petites choses, sont justement
ce qui fait que les hommes décident de vous en bien ou en
mal. (LA BRUYÈRE.)

Pour être appliquées convenablement, les règles du savoir-
vivre demandent beaucoup de tact. Sous prétexte de politesse, il ne faut pas manquer de naturel, se montrer obséquieux ou guindé; on doit unir, à une certaine dignité,
beaucoup d'aisance.

Sans la politesse du cœur, celle des manières ne saurait
être durable. Elle se tarirait, comme ces ruisseaux éphé-
mères, nés d'une pluie d'orage, que le premier vent, le premier soleil fait disparaître.

III. — De la Politesse du Cœur.

La *politesse du cœur* s'occupe des choses intimes; elle
apprend à aimer le prochain, à sacrifier son bonheur à celui
d'autrui. Elle n'est pas autre chose que l'aimable charité,

que saint Paul a si bien caractérisée dans les lignes suivantes : *Elle est patiente, elle est bienfaisante, elle n'est
point jalouse. Elle ne pense point le mal, elle ne cherche
point ses propres intérêts, elle ne fait rien contre la bienséance. Elle croit tout, elle supporte tout, elle souffre tout.*

On est souvent étonné de trouver chez les habitants des
campagnes un tact exquis, un parfait sentiment des convenances. Quoique peu instruits, ils sont aimables, parce
qu'ils pratiquent la charité, qui les rend modestes, indul-
gents et bienveillants. *Dans les montagnards*, dit saint François de Sales, *j'ai souvent rencontré cette bonne et merveil-
leuse simplicité qui fait la parfaite politesse, que le monde,
tout poli qu'il est, ne connaît pas toujours.*

Celui qui n'a que la *politesse du cœur* pourra se tromper
sur la forme d'un chapeau, la couleur d'une cravate, la manière d'entrer dans un salon... ; mais, comme il est bon et
compatissant, il cédera la meilleure place à un infirme, ne
restera pas assis devant un vieillard debout, etc.

> La politesse est à l'esprit
> Ce que la grâce est au visage ;
> De la *bonté du cœur* elle est la douce image,
> Et c'est la *bonté* qu'on chérit.

La politesse est utile à tous, mais particulièrement aux
jeunes gens, qui doivent se faire une situation, embrasser
une carrière.

Que de positions ont été compromises, non par manque
de savoir, mais par manque de savoir-vivre !

Un jeune secrétaire d'ambassade demandait un jour à un
vieux diplomate ce qu'il devait faire pour réussir : *Soyez
poli*, répondit ce dernier, *et votre succès est assuré.*

Combien de négociations, même très importantes, ont
échoué par suite d'une impolitesse !

L'homme poli plaît à tout le monde ; on aime sa conversation, on recherche sa compagnie, et volontiers on entre
avec lui en relations d'affaires ou d'amitié. Comme la piété,
la politesse, une des formes de la charité, est utile à tout.

Le monde fait relativement peu de cas du bagage scientifique. Il classe dans la catégorie des gens mal élevés, des personnes très instruites qui affectent un certain mépris pour les convenances sociales et les règles du savoir-vivre.

Malherbe, invité à dîner chez Desportes son ami, arriva lorsqu'on était à table. Celui-ci se leva pour le recevoir et lui dit : *Je vais vous chercher la nouvelle édition de mes poésies. — Cela n'est pas nécessaire*, lui répondit Malherbe, *j'aime mieux votre potage.* Desportes, blessé, fut très réservé, très froid pendant le repas et, à partir de ce jour, cessa toute relation avec son ancien ami.

CHAPITRE DEUXIÈME

PROPRETÉ, ORDRE

I. — De la Propreté.

La propreté, qu'il ne faut pas confondre avec la sotte et vaine coquetterie, n'est pas une affaire de luxe, mais un devoir. Elle embellit et transforme tout. Quoi de plus aimable, de plus charmant, de plus gracieux, qu'un enfant aux vêtements propres, à la figure et aux mains nettes, aux cheveux bien peignés!...

Elle est une forme du respect de soi-même et des autres, tandis que la malpropreté est un signe presque certain de la bassesse des goûts, sinon du défaut de conduite. *Je ne connais pas de condition plus défavorable pour la pureté de l'âme, que la saleté physique.* (Mme BEECHER-STOWE.)

La propreté, considérée par les anciens comme une demi-vertu, est la parure du pauvre; si elle manque au riche, rien ne saurait la remplacer.

Elle charme tout le monde, tandis que le défaut contraire provoque la répulsion et le dégoût. La vue d'une personne malpropre repousse, et l'odeur qu'elle exhale est parfois insupportable.

Je ne sais, disait Henri IV, *comment on peut se dispenser d'honnêteté et de propreté, quand il ne faut qu'un coup de chapeau pour être honnête et un verre d'eau pour être propre.*

L'eau est nécessaire à la santé. Elle favorise les importantes fonctions de la peau, et préserve des nombreuses maladies que la malpropreté engendre.

On ne saurait être trop reconnaissant envers l'abbé Kneipp, qui en a recommandé le fréquent usage. Lors même que son système n'aurait d'autre avantage que de faire gagner en propreté, il mériterait d'être pris en sérieuse considération.

Les hygiénistes conseillent de prendre souvent des bains de pieds et, de temps en temps, des bains complets. Quand ils sont tièdes, ces derniers ne doivent pas durer plus d'une demi-heure et, lorsqu'ils sont froids, plus de dix minutes.

Chaque matin, il faut se laver avec soin les mains, le visage, le cou, les oreilles, se peigner et se brosser la tête, nettoyer sa chaussure, examiner si ses bas ne sont pas déchirés et ses vêtements tachés.

Le linge de corps doit être très propre ; c'est l'hygiène qui l'exige. Il faut en changer au moins une fois par semaine en hiver, deux fois en été, et toutes les fois qu'on est en transpiration.

Non seulement la propreté nous rend agréables aux autres et favorise notre santé, mais elle est encore une source précieuse d'économie. Un vêtement qu'on met en place, qu'on plie avec soin, qu'on ne porte qu'au temps voulu, fera un usage beaucoup plus durable que celui qui est jeté négligemment sur un meuble, sur une chaise ou porté sans précaution.

II. — De l'Ordre.

L'ordre a une place pour chaque chose et met chaque chose à sa place. Cette précieuse qualité influe sur toute l'existence. Elle constitue une économie de temps et d'argent, et contribue à mettre un peu de méthode dans l'esprit.

L'ordre est une économie de temps. A-t-on besoin d'un objet?... On ne perd pas un moment à le chercher ; il tombe sous la main comme par enchantement, parce qu'il était à sa place.

Celui qui aime véritablement l'ordre soumet sa vie à un règlement : toutes ses actions se font à des instants marqués; chaque heure a son devoir, et chaque devoir son heure. Il se montre avare des moindres moments.

La vie ainsi ordonnée est féconde. Celle de l'illustre Cuvier en est un exemple remarquable. *Chaque heure avait son travail marqué*, dit son biographe, *chaque travail avait son cabinet spécial, où se trouvait tout ce qui était néces-saire à ce travail : objets, livres, dessins...* Cette habitude de l'ordre lui a permis de faire les incomparables travaux qui ont immortalisé son nom.

L'ordre économise aussi l'argent. Le jeune homme qui possède cette précieuse qualité veille à ce que les choses à son usage ne s'égarent ni ne se détériorent; il n'a donc pas à les renouveler si souvent.

Il marque toutes ses dépenses, même quand les sommes dont il dispose sont peu considérables. Comme il connaît toujours très exactement l'état de sa petite caisse, il la ménage et n'a jamais besoin d'emprunter.

> Qu'on soit dans un palais ou dans un galetas,
> Il faut compter, partout où le destin nous niche;
> Qui ne sait pas compter ne sera jamais riche;
> Qui sait compter, du moins, ne s'appauvrira pas.
>
> (F. DE NEUFCHATEAU.)

Le jeune homme sans ordre, au contraire, donne sans compter, dépense sans contrôle. Aussi, comme le dit un proverbe populaire, *l'argent fond dans ses mains;* son porte-monnaie est presque toujours vide.

Il ne paie pas ses fournisseurs et ne vérifie pas leurs notes. On le trompe, et il n'ose réclamer. Les dettes deviennent le fléau de son existence et l'exposent aux plus graves tentations.

Comment pourra-t-il administrer une fortune quelconque? Négligent pour de petites sommes, plus tard il le sera pour de plus grandes, ce qui causera sa ruine.

Une vie sans ordre, décousue, où rien ne tient à rien, où

PRÉSENTER ET RECEVOIR UN OBJET

MANIÈRE DE BOIRE

S'arrêter. — Joindre les pieds. — Présenter ou recevoir l'objet de la main droite, entre le pouce et les autres doigts légèrement fermés. S'incliner en regardant la personne qui offre ou reçoit l'objet.

Prendre le verre de la main droite, sous la coupe, le porter à la bouche en l'appuyant légèrement sur le bord de la lèvre inférieure.— Ne pas boire par petites gorgées et ne pas vider le verre d'un trait.

tout se fait au hasard et suivant le caprice, doit être fatalement stérile.

Ce manque d'ordre détruit l'énergie, affaiblit le caractère, atrophie la volonté et rend incapable de mener à bonne fin une étude, une entreprise sérieuse quelconque.

Pour qu'une vie soit féconde, il faut donc, avant tout, y mettre de l'ordre, suivre le conseil de Franklin : *Donner chez soi une place convenable à chaque objet et faire chaque chose à son heure, à son temps.*

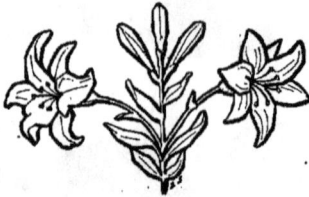

CHAPITRE TROISIÈME

MAINTIEN ET ATTITUDES

I. — Du Maintien.

Le maintien est l'ensemble des diverses attitudes que prend le corps; il caractérise une personne et la fait juger plus ou moins favorablement. C'est un indice presque certain de bonne ou de mauvaise éducation, le résumé de plusieurs qualités naturelles ou acquises.

Durant ses études, Julien l'Apostat se faisait remarquer par son regard hautain, son rire bruyant, son air insolent, ses réponses impertinentes ou hypocrites, ce qui avait permis à saint Grégoire de Nazianze de prédire ce que serait un jour ce misérable.

Un bon maintien est l'ennemi des airs pédants, brusques ou légers, et aussi de tout ce qui sent la nonchalance ou la mollesse. Il doit être ferme sans raideur, gracieux sans afféterie, aisé sans arrogance, modeste sans timidité. Plus il est naturel, plus il est convenable; l'affectation est toujours un défaut.

C'est dès le jeune âge qu'il faut prendre l'habitude d'un bon maintien, tenir le corps dans une attitude ferme, éviter le laisser-aller.

Les enfants d'un caractère pétulant sont plus exposés que les autres à violer les règles de la bonne tenue : ils sont toujours en mouvement, se portent tantôt sur un pied, tantôt sur un autre, prennent des poses molles, nonchalantes, ne se gênent en rien.

Une tenue réservée inspire le respect et donne un air dis-

tingué. Cette distinction, si ardemment désirée par les mères
de famille pour leurs enfants, est un des signes caractéristiques de la dignité du chrétien.

Lorsqu'on est debout, on ne doit pas s'affaisser sur soi-
même, se porter sur une seule jambe, s'appuyer contre un
meuble, porter la tête en avant, la rejeter en arrière, prendre
la posture d'un soldat sous les armes. Les pieds doivent être
placés l'un à côté de l'autre, et non l'un devant l'autre,
comme pour marcher. (Voir planche XIV. — *Présentation*.)

Les parents et les professeurs doivent particulièrement
veiller à ce que les enfants aient la tête droite et les épaules
effacées. On obtient ce dernier résultat en exigeant qu'ils
aient toujours, soit en marche, soit au repos, les *coudes au
corps*, sans contrainte ni raideur.

Lorsqu'on est assis, les maîtres de maintien exigent
qu'on place les genoux à angle droit, qu'on ait les talons
presque réunis et les bouts des pieds légèrement écartés.
(Planche XXII. — *Conversation*.)

Un jeune homme bien élevé ne se renverse pas nonchalamment sur son siège et ne croise pas les jambes, surtout
en présence d'un supérieur. Il évite avec soin tout ce qui
sent la mollesse, le laisser-aller, comme de s'accouder sur le
bras d'un fauteuil en soutenant sa tête, d'accrocher un bras
au dossier de sa chaise, de prendre un de ses genoux dans
ses mains, etc. (Planche XXIV. — *Le sans-gêne*.)

Il n'imite pas le fashionable qui frise sa moustache,
boucle ses cheveux en se regardant dans un miroir; mais il
se fait remarquer par la réserve et la dignité de son maintien.

*Un sot ni ne s'assied, ni ne se lève, ni ne se tait, ni n'est
sur ses jambes comme un homme d'esprit.* (La Bruyère.)

II. — De la Tête et du Visage.

La tête est la partie la plus noble du corps. On ne doit pas
l'incliner en avant, la rejeter en arrière, la pencher à droite
ou à gauche; il faut la tenir droite, sans raideur.

Il est inconvenant de répondre à une question par un simple signe de tête.

Le visage a une puissance d'expression que rien n'égale, c'est le miroir de l'âme. Il fait connaître, avec une grande fidélité, le trouble et les agitations du cœur. Le vice et la vertu y laissent des traits caractéristiques.

Certains visages, aux traits parfaitement réguliers, repoussent au lieu d'attirer, parce qu'ils révèlent la méchanceté, la haine, le vice. La face du curé d'Ars et celle de Voltaire ont beaucoup de traits de ressemblance, et cependant combien est différente l'expression de leur physionomie !

Il y a des beautés insupportables, dit Mme de Staël; *ce sont celles qu'aucune intelligence, qu'aucun sentiment n'éclaire.*

La face de l'homme bienveillant est douce et sereine; un demi-sourire permanent l'éclaire, et ses traits expansifs sont ouverts à toutes les douces émotions.

Le visage, dit saint Jean-Baptiste de la Salle, *doit donner à tous des marques de respect, d'affection ou de bienveillance; il doit être gai sans dissipation, serein sans être trop libre.*

Il ne convient pas d'être sombre lorsqu'on écoute un récit joyeux, ni d'avoir un air souriant quand un malheur nous a frappés ou que nous conversons avec des personnes dans la tristesse.

Un homme sage devrait s'efforcer d'avoir toujours un visage égal; comme l'adversité ne doit point l'abattre, la prospérité ne doit pas non plus le rendre plus gai. (Bienséance et Civilité chrétienne.)

III. — Des Cheveux et de la Barbe.

Les cheveux et la barbe demandent des soins constants et souvent renouvelés.

Les cheveux doivent être taillés assez fréquemment. Coupés courts, ils sont plus faciles à tenir propres et donnent un air plus viril.

Un jeune homme qui se parfumerait, se ferait friser, arrangerait d'une manière bizarre sa chevelure n'échapperait point à la critique. *Une tête creuse*, dirait-on, *a besoin d'être ornée.*

Les parfums à odeur pénétrante comme le musc, l'ambre gris,... contrarient un grand·nombre de personnes ; on ne doit en user que dans le cas d'une absolue nécessité. *Pour sentir bon,* a dit Montaigne, *il ne faut rien sentir.*

Il est cependant permis de se servir, avec modération, des eaux de toilette et de quelques essences très douces comme le jasmin, la violette, etc.

Ceux qui ont pris la bonne habitude de se raser tous les jours souffrent moins en le faisant, perdent peu de temps et sont toujours propres. Ils arrivent à se faire la barbe tous les matins, aussi facilement qu'ils se lavent les mains ou le visage.

Les personnes qui la portent longue doivent la laver et la peigner fréquemment; les soins exagérés ne sont point à craindre.

IV. — Du Front et des Yeux.

Le front est le siège de la pudeur et de la sagesse. Il s'assombrit et devient menaçant sous l'action d'une passion violente. L'honnêteté comme la perversité, le crime comme l'innocence, y laissent leur empreinte. Contracté par des rides, il donne un air sévère qui éloigne, ou bien un air affairé qui met à la gêne les personnes présentes.

Une parole obscène, un geste indécent, font monter le rouge au front de celui qui a le cœur pur et droit.

Les yeux sont le miroir de l'âme, les fidèles interprètes du cœur. Ceux qui sont habiles à dissimuler ne parviennent pas toujours à cacher l'expression naturelle de leurs yeux.

1*

Les coupables le comprennent, aussi ne regardent-ils jamais en face.

L'œil calme abaisse un peu la paupière supérieure sur l'iris, tandis que la paupière inférieure lui est tangente; c'est l'indice de la bienveillance.

Le regard doux et modeste est particulièrement agréable; dur et farouche, il révèle la colère; hautain et altier, l'insolence; terne et sans vie, la nonchalance et la stupidité.

L'étourdi promène son regard de côté et d'autre; le distrait a les yeux grands ouverts, fixés sur un objet qu'il ne voit pas.

Durant une conversation, il faut que les yeux soient vaguement dirigés vers le bas du visage de la personne qui parle. On ne doit pas les tenir constamment baissés, cela donne un air guindé; ni fuir les regards de son interlocuteur, car on se défie des gens qui ne regardent pas en face.

Cligner de l'œil, contrefaire les myopes ou les louches, rouler les yeux dans leur orbite pour se donner un air farouche, sont des actes grossiers qu'un enfant bien élevé ne se permet pas.

V. — Du Nez et du Mouchoir.

Rider le nez en soulevant les lèvres est un signe de mépris, d'impertinence ou de présomption. Cet acte souvent répété finit par donner au visage une expression particulière remarquable chez le vaniteux et le sot.

Il faut se moucher avec rapidité, délicatesse et sans bruit. On prend le mouchoir par le milieu, toujours du même côté, puis on le referme prestement et sans examen. Lorsqu'il est parfaitement propre, toutes ces précautions sont inutiles; il suffit de le chiffonner avant de le mettre dans sa poche. On ne doit pas le déployer avec une espèce de solennité, gesticuler avec, le déposer sur un meuble ou sur une chaise; il faut le cacher le plus possible, surtout si on a l'habitude de priser.

On ne crache pas dans le feu, sur le plancher, par la fenêtre, ou dans la rue. L'hygiène, comme la politesse, demande qu'on crache dans son mouchoir et non ailleurs.

Quand on tousse ou qu'on éternue, on met discrètement son mouchoir devant la bouche. Aujourd'hui, on ne fait plus attention à une personne qui éternue; cet incident passe inaperçu.

Il n'est évidemment pas possible de se dispenser de tousser, de cracher, d'éternuer, de se moucher en compagnie; mais comme toutes ces actions ont quelque chose de répugnant, on doit les faire avec rapidité, en évitant de gêner ceux qui parlent et ceux qui écoutent.

Dans les conférences littéraires qui avaient lieu chez lui, Malherbe s'asseyait toujours près de la cheminée à cause de sa *crachoterie* perpétuelle, ce qui faisait dire plaisamment à Marini : *Je n'ai jamais vu un homme si humide, ni un poète si sec.*

Porter les mains au nez, mettre les doigts dans les narines, faire des reniflements, des aspirations bruyantes, sont des actes aussi dégoûtants que nuisibles à la santé.

Ici se place tout naturellement la question du **tabac.**

VI. — Du Tabac.

Il y a plusieurs manières d'user du tabac; la meilleure ne vaut rien.

C'est sous Catherine de Médicis qu'on prit, en France, l'habitude de priser, et les lois les plus sévères furent impuissantes à l'empêcher de se propager.

Et cependant *il n'est personne,* dit l'auteur des « Convenances ecclésiastiques », *qui ne se soit senti pénétré d'un profond dégoût à la vue de certains priseurs, le visage, les mains souillés de tabac, laissant échapper de leurs narines deux ruisseaux noirâtres, qui coulent le long de leurs lèvres et tombent sur leurs habits.* Il aurait pu ajouter sur le papier, la table, le pain, et sur tout ce qui les entoure.

Dans une poésie assez plaisante et très spirituelle, Thomas Corneille essaye d'excuser ce vilain défaut :

> C'est, dans la médecine, un remède nouveau :
> Il purge, réjouit, conforte le cerveau :
> De toute noire humeur, promptement le délivre;
> Et qui vit sans tabac est indigne de vivre.

On ne doit priser que par nécessité; car, lorsqu'on a contracté cette mauvaise habitude, il est presque impossible de s'en corriger.

Le priseur doit changer souvent de mouchoir et veiller sur lui, pour être d'une propreté irréprochable. Il ne faut pas qu'il se fasse remarquer par des reniflements, des aspirations bruyantes, des contorsions ridicules.

Lorsqu'on prend du tabac en compagnie, il faut que ce soit rare et qu'on n'ait pas toujours la tabatière à la main et les mains pleines de tabac. (Bienséance et Civilité.)

Sauf le cas d'une grande familiarité, il n'offrira ni ne demandera du tabac, et à plus forte raison n'en prendra-t-il pas dans une tabatière laissée sur une table ou sur une cheminée.

On raconte qu'un jour un page de Frédéric II, croyant le roi très occupé, se permit de prendre une prise dans la tabatière royale richement ornée de diamants.

Frédéric II, qui l'avait vu, lui dit : *Il paraît, monsieur, que vous prenez du tabac; avez-vous une tabatière?* — *Non, sire,* répondit le page en tremblant. — *En ce cas,* reprit le monarque, *mettez celle-ci dans votre poche, elle est trop petite pour deux.* La générosité du roi surprit très agréablement le page, qui avait manqué gravement aux convenances.

Les enfants et les jeunes gens sont plus portés à fumer qu'à priser. La cigarette a, pour eux, le charme du fruit défendu.

Et cependant quels ne sont pas les tristes, les funestes effets du tabac, surtout chez les jeunes gens !... Il fatigue le cerveau, affaiblit la mémoire, énerve la volonté, ralentit les fonctions digestives, prédispose au cancer, etc. etc.

Le fumeur, qui éprouve souvent le besoin de s'humecter la bouche et de se désaltérer, se laisse facilement aller aux excès de boisson. L'alcoolisme et l'abus du tabac, ces deux grands fléaux de notre société contemporaine, se rencontrent souvent chez le même sujet. Malheur au jeune homme qui ne sait pas s'en préserver!... A Chicago, il est interdit de vendre du tabac et du papier à cigarettes dans un rayon de deux cents mètres autour des écoles. Au Canada, il est défendu de fumer et de porter du tabac sur soi, avant sa dix-huitième année. Ces ordonnances sont fort sages.

L'odeur pénétrante du tabac est désagréable; elle fatigue bon nombre de personnes, ce qui oblige le fumeur à quelques précautions. Il doit aérer ses appartements, exposer ses vêtements au soleil et, après avoir fumé, prendre quelques pastilles de cachou ou se laver les mains et la bouche avec de l'eau aromatisée.

Un jeune homme bien élevé ne fume jamais en voiture, en wagon, au restaurant, sans en avoir obtenu l'autorisation des personnes présentes, autorisation qu'il sollicite rarement, dans la crainte de gêner. Chez des étrangers, il attend que la permission lui soit offerte; il ne la demande pas. Il ne fume jamais la pipe en public, et il n'entre pas chez quelqu'un le cigare aux lèvres ou à la main.

Qu'il faut être peu raisonnable pour se créer des besoins factices, difficiles à satisfaire, nuisibles au corps et à l'esprit et qui deviennent, par l'habitude, une impérieuse nécessité, une véritable tyrannie !

VII. — De la Bouche.

La bouche doit toujours être tenue dans la forme qui lui est naturelle.

Les lèvres qui font la moue, qui expriment le dédain, l'ironie, donnent au visage un air disgracieux.

Une bouche fermée, aux lèvres souriantes, annonce la distinction, tandis que la bêtise et la stupidité sont caractérisées par une bouche toujours entr'ouverte.

Il ne faut pas se mordiller les lèvres, les humecter avec la langue, les agiter continuellement, les tenir trop fendues.

La bouche demande des soins minutieux et constants. C'est un réceptacle de mauvais germes, — angine, suppuration, pneumonie, — qui n'attendent qu'une occasion favorable pour envahir l'organisme, se développer, et causer des maladies souvent mortelles.

Les dents doivent être lavées chaque matin avec un linge ou une brosse légère. On ne doit pas les nettoyer en compagnie et, quand on le fait en son particulier, ne pas se servir d'un objet capable d'en attaquer l'émail : épingle, canif, couteau...

On ne saurait trop faire pour se conserver une bonne denture, nécessaire à une bonne alimentation. Que de douloureuses maladies d'estomac seraient évitées si, dès le jeune âge, on prenait un plus grand soin de ses dents !

Bâiller est un signe de fatigue ou d'ennui, qu'on doit dissimuler, le plus possible, avec la main ou le mouchoir. On ne parle pas en bâillant.

En 1902, un membre du parlement japonais a été condamné à une forte amende et à un emprisonnement de quinze jours, pour avoir bâillé irrévérencieusement durant une séance.

VIII. — Du Rire et des Manies.

Le rire est un signe de joie et de supériorité, la marque de l'intelligence. L'animal ne peut pas rire. *C'est le contrepoison de la maladie et le soutien de la santé,* dit le docteur Mackensie.

Il est donc bien permis de rire, mais jamais à contretemps et sans un motif suffisant. C'est un art de savoir rire et d'être sérieux quand il convient. Ceux qui rient le plus sont, en général, ceux qui pensent et réfléchissent le moins. Ils sont incapables de tenue et de fermeté.

L'insensé, dit la sainte Écriture, *élève la voix en riant, tandis que le sage se contente de sourire en silence.*

Je souhaiterais, écrivait lord Chesterfield à son fils, *que l'on vous vit souvent sourire, mais qu'on ne vous entendît jamais rire. C'est par des éclats de rire que la vile populace exprime sa folle joie.*

Le sourire, langage du cœur, appartient à l'homme d'esprit et de goût. Il anime le visage et met en relief toutes ses beautés. On l'a heureusement défini *le rire de l'intelligence*.

Les sourires de la franchise, de l'innocence, de la cordialité sont toujours remarqués : ils plaisent à tous, même aux méchants.

Un air gai, dégagé, même un peu militaire, convient bien aux jeunes gens; mais ils doivent éviter, avec le plus grand soin, tout ce qui ressent l'arrogance ou l'effronterie.

Il est bon de faire des efforts pour tenir son sérieux en présence d'une chose risible, afin de ne pas s'exposer, dans certains cas, à froisser quelqu'un par un rire involontaire.

Les tics, les manies, tout ce qui peut rendre ridicule doit être scrupuleusement évité.

> Ne prêtez pas à rire à qui manque de cœur;
> Il pourrait s'en servir pour vous perdre d'honneur.

Les manies gâtent les meilleures natures et rendent parfois insupportable un homme de mérite. Elles ont un don merveilleux pour agacer le prochain et exercer sa patience.

Peu de personnes en sont complètement exemptes.

Les unes pianotent ou tambourinent sans cesse; les autres se rongent les ongles, se grattent les dents; d'autres ricanent après chaque phrase, lors même que le sujet traité ne prête pas à rire, etc. etc. Toutes ces manies exaspèrent ceux qui en sont témoins.

Celles dont on se vante sont incorrigibles et font taxer leur auteur de folie. Qu'on se rappelle le *Fantasque* de Fénelon et l'*Amateur de tulipes* de La Bruyère!

IX. — Des Oreilles.

La malpropreté des oreilles, dégoûtante pour autrui, peut encore amener une infirmité grave, la surdité.

Il faut les laver chaque matin, et ne jamais les nettoyer avec une épingle, un porteplume et encore moins avec les doigts.

Se gratter l'oreille, quand on est embarrassé pour répondre, est enfantin.

X. — Des Mains.

C'est par la netteté des mains qu'on distingue, dans le monde, un homme de la bonne société. *Une main très soignée,* dit Salva, *me fait toujours penser à une certaine délicatesse dans les sentiments et l'éducation.*

On doit les laver tous les matins, quand on va en visite et chaque fois qu'on a touché quelque objet qui a pu les salir.

Les ongles demandent des soins minutieux; ils doivent toujours être propres, blancs, nets, ni trop longs, ni trop courts. Les ronger est un défaut dégoûtant, nuisible à la santé.

Mettre les mains dans les poches, sur les hanches, derrière le dos, est inconvenant et disgracieux. Il faut les abaisser sur les côtés avec un certain abandon ou les arrêter à la hauteur de la ceinture, de manière que la droite soit sur la gauche.

Un objet se présente de la main droite, dans le sens qui permet de le prendre commodément. (Planche I. — *Manière de présenter un objet.*)

Deux objets reçus ou offerts simultanément peuvent se donner ou se recevoir des deux mains.

Dans l'échange simultané de deux objets, on présente de la main droite et on reçoit de la main gauche.

En recevant ou en remettant un objet, on fait une légère inclination, et, lorsqu'on est obligé d'allonger le bras ou la main devant quelqu'un, on présente des excuses.

Il ne faut pas montrer quelqu'un ou quelque chose du doigt, battre du tambour avec la main ou agiter la chaîne de sa montre, etc.

Certaines personnes sont réellement insupportables quand elles parlent à quelqu'un. Elles se frottent les mains, se frappent la cuisse, font le poing à leur interlocuteur, lui mettent la main sur l'épaule, saisissent le collet, les boutons de son habit; il semble qu'elles ne peuvent rester en repos. Une personne bien élevée est plus réservée, plus calme.

XI. — Des Pieds.

Pour que les pieds n'exhalent aucune mauvaise odeur, il faut les laver souvent et changer fréquemment de bas.

Les chaussures trop larges nuisent à la démarche; celles qui sont trop étroites blessent les pieds et causent de vives douleurs. On doit soigner sa chaussure, non par vanité, mais par hygiène. *Le froid aux pieds est*, dit-on, *le premier ministre de la maladie.*

La démarche révèle le caractère: le nonchalant se traîne, l'orgueilleux relève la tête; le timide, gauche et embarrassé, n'ose lever les yeux.

Pour bien marcher, il faut se tenir droit sans raideur et poser les pieds avec précaution la pointe un peu en dehors. On ne doit pas frapper du talon, traîner les pieds, baisser une épaule plus que l'autre, tourner légèrement la tête à droite ou à gauche. En ne regardant pas devant soi, on s'expose à heurter les passants et à se blesser contre quelque obstacle.

Peu de personnes marchent avec élégance, parce que beaucoup balancent les bras ou les hanches et font de trop grandes enjambées. Lorsqu'on va d'un mouvement modéré, les pas ne doivent guère dépasser 40 centimètres.

XII. — De la Canne et du Parapluie.

La canne et le parapluie se tiennent de la main droite, en évitant les manières du fashionable ou celles d'un suisse de cathédrale; on ne les met pas sous le bras.

On s'appuie sur sa canne à chaque *double* pas qu'on fait. Ne la poser sur le sol qu'au *second double pas* est tout à fait rustique.

S'en servir pour faire des moulinets comme un maître de bâton, pour s'asseoir dessus comme si l'on était empalé, pour décapiter des plantes ou frapper des cailloux, c'est le fait d'un jeune homme suffisant ou peu sérieux.

Lorsqu'il pleut, on n'appuie pas son parapluie sur l'épaule comme le font quelques habitants de la campagne; on le porte avec aisance, l'élevant ou l'abaissant de manière à n'accrocher personne.

Quand on a l'occasion d'abriter quelqu'un à qui on doit du respect, il faut le faire avec délicatesse et le reconduire jusque chez lui, quand cela est possible.

CHAPITRE QUATRIÈME

LEVER, COUCHER, HABILLEMENT

I. — Du Lever.

Le lever doit se faire avec régularité, modestie et promptitude. Tous les hygiénistes conseillent de se coucher de bonne heure et de se lever matin; de ne pas trop prolonger son séjour au lit : neuf heures pour les petits enfants, et sept à huit pour les jeunes gens sont reconnues suffisantes.

Pour conserver sa vigueur et son activité, il est bon de rester sur le sommeil comme sur l'appétit. La mollesse est nuisible à l'esprit et au corps.

Rien n'est plus lâche ni plus honteux que de dormir après le lever du soleil, dit Sénèque. L'Esprit-Saint loue la femme forte d'avoir préparé, *dès l'aurore,* le travail de ses serviteurs.

Le paresseux ne peut s'arracher des bras du sommeil; le démon est à son chevet et fait de lui son coussin.

Le jeune homme pieux se lève à heure fixe, fait le signe de la croix, offre son cœur à Dieu et s'habille en gardant toutes les règles de la modestie chrétienne. Après avoir prié à genoux devant son crucifix et la statue de la Vierge immaculée, il est prêt pour la journée entière.

Prions : j'ai souvent vu, dans ma rude carrière,
Que l'arme la meilleure est encor la prière.

(H. DE BORNIER.)

II. — Du Coucher.

Les règles du coucher sont les mêmes que celles du lever.

Un enfant poli ne va jamais prendre son repos sans dire adieu à tous les membres de sa famille et sans embrasser son père et sa mère. Ce dernier baiser est comme une bénédiction que Dieu ratifie toujours.

Si la prière n'a pas été faite en commun, ce qui est regrettable, il la récite pieusement au pied de son crucifix. *Il m'a toujours semblé*, dit Lamartine, *que la prière, cet instinct si vrai de notre impuissante nature, était la seule force réelle ou du moins la plus grande force de l'homme.*

Le jeune homme qui désire réellement se perfectionner, consacre chaque jour quelques instants à l'examen de sa conscience. *Qu'ai-je fait aujourd'hui? Quelles personnes ai-je fréquentées? Quelles fautes ai-je commises? Quelles résolutions dois-je prendre?*

Cet examen, important à tous les points de vue, a été recommandé même par les philosophes païens: Sénèque, Pythagore, Socrate...

Chaque soir, l'illustre Franklin notait avec fidélité les fautes qu'il avait commises et celles qu'il avait évitées durant la journée.

L'homme, dit François Coppée, *qui, chaque jour, s'interroge sans faiblesse sur lui-même et se juge avec sévérité, devient rapidement meilleur.*

On se couche ensuite sur le côté droit pour ne pas gêner les mouvements du cœur, et, avant de s'endormir, on adresse à Dieu une courte invocation, une dernière prière.

Je ne suis rien, Seigneur, mais ta soif me dévore.
L'homme est néant, mon Dieu, mais ce néant t'adore,
Il s'élève par son amour.

(LAMARTINE.)

FAÇON DE DÉCOUPER

VERSER A BOIRE

Tenir la fourchette de la main gauche, l'index allongé sur la partie
où commencent les godillons ; et le couteau de la main droite, l'index
légèrement allongé sur le dos de la lame.

Prendre la bouteille par le col en ayant soin de ne pas en cacher
l'ouverture. — Verser lentement.
Ou encore : Saisir le corps de la bouteille assez haut pour que l'index
puisse s'allonger sur le col.

III. — De l'Habillement.

Les vêtements maculés, froissés, déchirés, sont un signe de négligence ou de malpropreté[1].

On doit éviter de les couvrir de boue, de les frotter contre les murs, de les tacher lorsqu'on est à table.

Quand on les quitte, il faut les mettre à l'abri de la poussière, les suspendre avec précaution ou les replier dans les mêmes plis.

En les brossant chaque matin, en les faisant réparer et dégraisser en temps opportun, ils restent propres et servent longtemps.

Le costume, variable avec les saisons, doit toujours être d'une propreté irréprochable. Il ne faut pas se hâter de quitter les vêtements d'hiver ; car, dit un proverbe : *Si le chaud est parfois un ami importun, le froid est toujours un ennemi dangereux.*

Un homme soigneux se fait remarquer par un chapeau et des habits bien brossés, du linge très propre, des souliers cirés et des gants en bon état.

On demandait, un jour, à une dame ce qu'elle pensait d'un jeune employé. *Oh! il est très bien*, répondit-elle, *car il a toujours son chapeau brossé, ce qui révèle des qualités de respect, d'ordre et d'économie.*

Le costume doit être de bon goût et en rapport avec la situation de fortune. Saint Louis conseillait de se vêtir suivant sa condition : *Que les sages ne puissent pas dire : Vous en faites trop! et les jeunes gens : Vous en faites trop peu!*

Un homme comme il faut n'attire jamais les regards par la singularité de son costume. Il suit les modes sans en être

---

[1] Il est très messéant de souffrir de la graisse ou des taches sur ses habits ou de les avoir sales et déchirés ; c'est une marque de mauvaise éducation et de peu de conduite. (Bienséance et Civilité chrétienne.)

esclave : il rejette celles qui sont extravagantes ou qui gênent le libre jeu des organes.

Attacher une importance capitale à ne suivre que la dernière mode, à ne porter que des gants, des cravates ou des chaussettes dans le ton du jour, c'est le fait d'un vaniteux et d'un sot. On peut briller par la parure, mais on ne plaît que par les qualités de l'esprit et du cœur.

La simplicité des statues antiques, dit Fénelon, *doit démontrer combien il y a de noblesse et de grâce dans les vêtements unis. En prenant cette simplicité pour modèle, on se préserve des excès ridicules dans lesquels tombent quelques personnes.*

CHAPITRE CINQUIÈME

LE RESPECT ET LA DISTINCTION

I. — Les Sources du Respect.

En notre temps, le respect se perd de plus en plus; cela tient à des causes multiples. Une des principales est l'affaiblissement de la Religion, cette grande école de respect. Comment serait-on porté à honorer le prochain lorsqu'on ne rend pas à Dieu, le Maître souverain, le culte qui lui est dû?

Sans des habitudes de déférence, la politesse ne saurait exister; car elle n'est autre chose que le respect des droits, des prérogatives et des convenances.

C'est parce que ce sentiment diminue parmi nous, que les relations deviennent de plus en plus difficiles, de moins en moins aimables.

L'homme poli varie ses égards suivant la qualité des personnes; il n'est jamais irrespectueux, il ne blesse pas les justes susceptibilités d'autrui.

Le méchant homme, dit Silvio Pellico, *est celui qui est sans respect pour la vieillesse, les femmes et le malheur.*

II. — Du Respect de Dieu.

Les plus sacrés de nos devoirs sont ceux que nous avons à remplir envers Dieu, l'Être infini, nécessaire, qui nous a créés pour sa gloire et pour notre bonheur.

Salut, principe et fin de toi-même et du monde,
Toi qui rends d'un regard l'immensité féconde;
Ame de l'univers, Dieu, Père, Créateur,
Sous tous ces noms divers, je crois en toi, Seigneur!

(Lamartine.)

Newton ne prononçait jamais ce nom béni sans se découvrir, et Buffon s'affligeait quand on abusait devant lui de ce saint nom.

La dernière expression d'une civilisation parfaite, dit Lamartine, *c'est Dieu mieux vu, mieux adoré, mieux servi par les hommes.*

C'est à l'église qu'on rend à ce Maître adorable le culte public qui lui est dû; c'est là surtout qu'il fait sentir sa présence et qu'il aime à nous combler de ses bienfaits. On ne doit jamais s'y présenter avec une mise négligée ou excentrique, mais avec un costume propre et convenable, surtout les dimanches et les jours de fêtes.

Après avoir pris de l'eau bénite de la main droite en y entrant, il faut en offrir aux personnes qu'on accompagne, et faire le signe de la croix.

On se rend ensuite modestement à sa place, et l'on adore le saint Sacrement.

Placé à côté de personnes connues, on les salue sans entamer de conversation, se réservant, si cela est nécessaire, de causer avec elles à la sortie.

Lorsqu'on a deux chaises, il est convenable d'en céder une aux personnes qui n'en ont pas; et même, lorsqu'on n'en a qu'une, de l'offrir à une dame ou à un vieillard debout.

Si l'on arrive quand un exercice religieux est commencé, il faut prendre garde que le bruit des pas ou des chaises ne trouble la cérémonie.

Croiser les jambes, les étendre sur le prie-Dieu, se tenir debout quand tout le monde est à genoux, assis lorsqu'il faut être debout, sont des actes aussi contraires à la bienséance qu'au respect qu'on doit à Dieu présent.

Le jeune homme bien élevé s'abstient, durant un sermon, de tout ce qui peut distraire l'auditoire, comme de tousser, de faire du bruit avec les pieds ou la chaise, d'échanger quelques paroles ou quelques sourires avec ses voisins.

Lors de la distribution du pain bénit, il en prend un morceau, sans choisir, et, avant de le porter à la bouche, il fait le signe de la croix.

Il donne aux quêtes suivant que sa position de fortune le permet, en ayant soin de ne pas faire attendre et d'accompagner son offrande d'une légère inclination de tête.

Il quitte son livre et ses gants pour se confesser et communier; s'il est militaire, il dépose son épée. Au confessionnal, il évite de regarder le prêtre en face, de se tenir trop près ou trop loin de la grille, et de sortir avec un air souriant, évaporé.

Lorsqu'il visite une église en curieux, il est grave, retenu, modeste; il parle bas, marche doucement et ne donne le bras à personne. Autant que possible, il évite de faire cette visite durant les offices.

III. — Du Respect des Parents.

Après Dieu, les parents méritent d'occuper la première place dans le cœur d'un enfant; il doit les aimer et les respecter; c'est de précepte divin.

> Le plus saint des devoirs, celui qu'en trait de flamme
> La nature a gravé dans le fond de notre âme,
> C'est de chérir l'objet qui nous donna le jour.
> Qu'il est doux à remplir, ce précepte d'amour!

Il faudrait être bien dénaturé, bien mauvais cœur pour ne pas aimer ceux à qui, après Dieu, nous sommes redevables de l'existence et qui s'imposent pour notre éducation les plus grands sacrifices.

Que ne devons-nous pas à notre bonne mère! Que de sollicitudes! que de travaux! que de sacrifices! que de veilles!

> Oh! l'amour d'une mère! amour que nul n'oublie!
> Pain merveilleux que Dieu partage et multiplie!
> Table toujours servie au paternel foyer :
> Chacun en a sa part, et tous l'ont tout entier.

Quelque grande que soit notre affection pour nos parents, elle n'égalera jamais celle dont nous sommes l'objet de leur part.

Faut-il, comme l'a demandé le trop célèbre philosophe de Genève, que l'enfant soit, *avant tout,* l'ami de son père?

Cette funeste maxime, en brisant les barrières du respect, a considérablement affaibli l'autorité paternelle et n'a pas augmenté la piété filiale. Sous prétexte d'affection, le père est devenu, non l'ami, mais le camarade de son fils et n'a plus eu assez de prestige pour se faire obéir.

L'enfant a commandé, et les parents ont dû se soumettre à ses fantaisies, à ses caprices. Ce renversement des lois de la nature a jeté le trouble, le désordre dans les familles, et par conséquent dans la société.

Que de larmes les pauvres mères ont versées et versent encore sur les enfants insoumis et irrespectueux !

L'amour des parents doit être fort et les porter à faire peu pour le plaisir de leurs enfants, assez pour leurs besoins et tout pour leur vertu.

Ils doivent se rappeler sans cesse : *qu'aucune affection n'a rien perdu en franchise pour être restée dans les bornes du respect.* (Louis VEUILLOT.)

Certains jeunes gens sont véritablement incompréhensibles; ils ne se montrent polis et aimables qu'en dehors de la famille; à l'intérieur, ils sont brusques, maussades, grossiers. On dirait qu'en franchissant le seuil de la maison paternelle ils se transforment en d'autres hommes. Ils sont semblables à ces artistes ambulants qui, superbement vêtus sur les tréteaux, s'habillent chez eux comme des mendiants. S'il est vrai que la politesse a pour but de rendre la vie plus agréable, n'est-ce pas au foyer domestique qu'elle doit d'abord avoir sa place? N'est-ce pas surtout avec les siens qu'on doit être affectueux et se garder des duretés inutiles? *Il faut porter son velours en dedans, c'est-à-dire montrer son amabilité de préférence à ceux avec qui l'on vit chez soi.* (JOUBERT.)

La politesse en famille n'a pas évidemment le caractère

de celle qui se pratique envers les étrangers ; elle est plus cordiale et moins maniérée. Son respect est mêlé d'une affectueuse familiarité. Par ses attentions, ses égards, ses prévenances, elle a surtout pour but d'éviter les contradictions, les froissements ; de prévenir ou de dissiper les orages, et de faire régner le calme, la paix, l'harmonie au foyer domestique.

L'enfant affectueux est naturellement poli ; il recherche la compagnie de ses parents et saisit avec empressement l'occasion de leur faire plaisir, de leur témoigner son amour. Il leur prodigue les attentions les plus délicates, les paroles les plus aimables et les caresses les plus tendres. Il leur sacrifie volontiers ses goûts, et leur épargne, autant qu'il le peut, peines, fatigues et travaux.

Si la maladie vient visiter son père ou sa mère, c'est alors qu'il montre combien est grande son affection. Désormais il n'a qu'une pensée, qu'un désir : rétablir une santé qui lui paraît plus précieuse que la sienne.

L'amour n'exclut pas le respect, bien au contraire, il l'exige. Aussi l'enfant affectueux est-il plein de déférence, de vénération pour ses parents. Il écoute leurs conseils avec docilité et leurs reproches avec respect. Sa confiance en leur expérience est entière ; il n'a point de secret pour eux. Il leur obéit avec promptitude, et, même à un âge avancé, il ne fait rien d'important sans les consulter.

Bien différente est la conduite de l'enfant irrespectueux et sans amour. Plein de lui-même, infatué de sa petite personne, il se croit bien supérieur à son père et à sa mère ; il leur parle avec arrogance et les traite avec mépris. Il ne craint pas de contester avec eux, de leur donner un démenti, de leur adresser des reproches et même de se moquer de ce qu'il appelle leurs manies, de les ridiculiser devant des étrangers. Que ce pauvre enfant est à plaindre !

Un vieillard infirme, chassé de la table de famille par son fils et sa belle-fille, mangeait, à la cuisine, dans une écuelle de bois. Un soir, pendant que les jeunes gens soupaient à table et que l'infortuné vieillard mangeait dans son coin, ils virent leur enfant, âgé de cinq ans, assembler par terre de petites planches. *Que fais-tu là?* lui demandèrent-ils. *Une petite écuelle,* répondit l'enfant, *pour faire manger papa et maman quand ils seront vieux.*

Les coupables se regardèrent en silence; des larmes de repentir leur vinrent aux yeux, et désormais le bon aïeul eut la meilleure place à la table de famille. (GRIM.)

IV. — De l'Amour fraternel.

C'est un devoir pour les enfants d'une même famille de bien s'aimer entre eux. Que ce devoir est doux à remplir!

Comment ne pas s'affectionner, quand on a le même père, la même mère, le même sang dans les veines, le même honneur à conserver, les mêmes biens à défendre!

> Combien on doit aimer ses frères et ses sœurs!
> Que ces liens sont doux! Ensemble, dès l'enfance
> Unis par les devoirs, unis par la naissance,
> Où trouver des amis et plus sûrs et meilleurs?

L'amour fraternel est la plus forte et la plus durable de toutes les amitiés. Les autres sont mobiles et incertaines. Le penchant donne un ami, l'intérêt un compagnon; heureux celui à qui la naissance donne un frère.

Les deux grands écueils de l'amour fraternel sont : la jalousie et l'égoïsme.

La jalousie répand partout son fiel et son amertume; elle flétrit le cœur, éteint les pensées généreuses et finit par empoisonner les plus charmantes relations. C'est ce sentiment funeste qui causa le premier meurtre et fit de Caïn un fratricide.

La jalousie a une étroite parenté avec l'égoïsme, dont la devise : *tous pour moi et moi pour personne,* est directement opposée à celle de la politesse : *s'oublier pour faire plaisir à autrui.*

L'égoïste et le jaloux sont des êtres dangereux pour la

Se lever. — Tenir son verre, dans lequel il y a un peu de vin, de la main droite. — s'incliner en prononçant distinctement les paroles du toast et en regardant la personne à laquelle il s'adresse.

famille; ils y suscitent des querelles, des inimitiés et même des haines. Qu'on se rappelle les fils de Jacob et les douleurs poignantes de ce saint patriarche !

Les familles divisées ne connaissent ni la paix ni le succès; celles qui sont unies prospèrent, et Dieu les bénit.

Comme toutes les autres affections, l'amour fraternel doit être basé sur le respect; car sans respect il n'y a point d'estime, et sans estime point d'amour.

Les jeunes gens bien élevés témoignent à leurs sœurs une affection pleine de prévenances et nuancée de protection. Ils évitent de leur causer de la peine et cherchent à leur faire plaisir. Ils s'imposent la douce obligation de leur rendre tous les petits services dont ils sont capables. Ils les débarrassent d'un paquet, leur cèdent la place d'honneur, le morceau de choix; en un mot, ils sont pour elles ce qu'un homme bien élevé est pour une personne faible, aimée et respectée.

C'est en pratiquant la politesse en famille que l'enfant acquiert l'habitude des bonnes manières, et qu'il devient un jeune homme distingué, la joie et l'orgueil de ses parents.

V. — Du Respect des Maîtres.

Les maîtres remplacent les parents et sont les dépositaires de leur autorité. Comme eux, ils doivent être aimés et respectés.

Sans s'élever à la sublimité de la tendresse paternelle, celle du véritable éducateur de la jeunesse en approche souvent. Théodose le Grand, en confiant l'éducation de son fils à saint Arsène, lui dit: *Désormais vous serez son père plus que je ne le suis moi-même.*

La vie d'un maître est bien méritoire; c'est une sorte de sacerdoce, qui demande la pratique des plus héroïques vertus. Quel dévouement, quelle abnégation ne suppose-t-elle pas!

Combattre la légèreté, fixer l'attention, faire aimer le travail : ce n'est là qu'une faible partie de sa laborieuse tâche. Il doit encore lutter contre les passions naissantes, former le caractère, faire détester le vice et chérir la vertu. Y a-t-il ici-bas une plus belle, une plus noble mission ?

La sévérité, qu'on reproche si souvent au maître, est pour lui un devoir, devoir pénible, mais nécessaire. Ce n'est pas en riant, en s'amusant, qu'on prépare un avenir. Que serait devenu le duc de Bourgogne sans la douce et constante fermeté de Fénelon ?

Après Dieu et nos parents, c'est à nos maîtres que nous devons ce que nous sommes. *Je dois plus*, disait Alexandre le Grand, *à Aristote, mon maître, qu'à Philippe, mon père; ce dernier m'a donné un royaume, et le premier m'a appris à le bien gouverner.*

Un grand et noble cœur conserve toujours, pour ceux qui l'ont élevé, non seulement du respect, mais de l'affection; il oublie leurs défauts et ne se souvient que de leur dévouement et de leurs bonnes qualités. Il ne les considère jamais comme des étrangers, et il saisit avec empressement toutes les occasions de leur témoigner sa gratitude.

La reconnaissance, ce premier besoin d'un bon cœur, est semblable à cette liqueur d'Orient qui ne se conserve que dans des vases d'or : *elle parfume les grandes âmes et s'aigrit dans les petites.*

Malgré le haut rang qu'il occupait, l'empereur Marc-Aurèle témoignait une particulière vénération aux maîtres de sa jeunesse. Il avait fait placer leurs portraits, gravés sur or, dans l'endroit le plus en vue de son palais, et, chaque jour, il rendait grâce à la Divinité de lui avoir donné des maîtres aussi dignes d'être aimés.

VI. — Du Respect des Vieillards.

La vieillesse mérite d'être respectée; car, presque toujours, elle implique la vertu. Le vice tue le corps et l'âme, et le vicieux arrive rarement à un âge avancé.

Le respect pour la vieillesse est un des caractères distinctifs des bonnes familles. Là où les cheveux blancs ne sont point en honneur, il ne faut attendre ni la prudence dans les conseils, ni la circonspection dans les entreprises et encore moins la subordination, la paix et l'harmonie.

Comment ose-t-on être dur envers les vieillards ? Ne sont-ils pas des amis, des bienfaiteurs ?

> Quand l'arbre antique se couronne,
> On se souvient qu'on a goûté
> Ses fruits pendant plus d'un automne,
> Et son ombre plus d'un été.
>
> (A. Tastu.)

Durant de longues années, les vieillards ont travaillé avec courage, lutté avec énergie, résisté à des tentations auxquelles beaucoup d'autres ont succombé. Ils ont supporté de rudes épreuves, et c'est péniblement qu'ils parcourent la dernière et la plus douloureuse étape de leur vie. Ils sont sur le seuil de l'éternité et se disposent à nous quitter. *Ce sont des amis qui s'en vont, il faut au moins les reconduire poliment,* dit Alphonse Karr.

Manquer d'égards à la vieillesse, c'est se déshonorer ; car le vieillard c'est l'impuissance, la faiblesse, la victime que la mort va bientôt frapper.

> Il faut que la jeunesse
> Respecte les vieillards, écoute leurs discours,
> Demande leurs conseils, leur donne ses secours,
> Et, par ses soins constants, soutienne leur faiblesse.

On reconnaît un enfant bien élevé aux attentions qu'il a pour les personnes âgées, au respect qu'il leur témoigne et aux soins qu'il leur rend. Joubert recommande de n'estimer que les jeunes gens que les vieillards trouvent polis.

A Sparte, une loi ordonnait au jeune homme de se tenir debout à l'approche d'un vieillard, de le saluer quand il le rencontrait, de lui céder le pas, de se taire quand il parlait et de lui témoigner partout une grande déférence. Ce que la loi ne prescrit plus, la politesse l'ordonne.

Dans l'ardeur de ses vingt ans, le jeune homme ne croit point à la mort et encore moins à la vieillesse. Il ne peut s'imaginer qu'un jour il sera réduit à l'impuissance, que ses membres endoloris lui refuseront leur service, que ses sens fatigués ne le mettront qu'avec peine en communication avec ce monde qui fait actuellement sa joie et son bonheur. Insouciant de l'avenir,

> Son temps dans les plaisirs s'en va sans qu'il y pense.
> Imprudent! est-il sûr de demain? d'aujourd'hui?
> En dépensant ses jours, sait-il ce qu'il dépense?
> Le nombre en est compté par un autre que lui.

(V. Hugo.)

VII. — Du Respect des Malheureux et des Pauvres.

Le malheur, supporté avec courage, mérite le respect. C'est surtout par la lutte que la patience, le courage et toutes les vertus de force s'acquièrent et se perfectionnent. En développant l'énergie, elle fait les grands caractères.

Sans la souffrance, il est impossible de s'élever à l'héroïsme du bien; voilà pourquoi il est dit dans l'Évangile : *Bienheureux ceux qui souffrent! Bienheureux les pauvres!*

C'est par ces derniers, suivant la belle expression de saint François d'Assise, que nous avons le moyen de donner quelque chose à Dieu.

Trop souvent on leur fait un crime de leur misère, on les rebute et on les traite avec mépris. S'incliner vers eux avec bonté, c'est se grandir, c'est mériter la reconnaissance de Dieu même.

> Donnez, riches! L'aumône est sœur de la prière.
> Hélas! quand un vieillard, sur votre seuil de pierre,
> Tout raidi par l'hiver, en vain tombe à genoux,
> Quand les petits enfants, les mains de froid rougies,
> Ramassent sous vos pieds les miettes des orgies,
> La face du Seigneur se détourne de vous.

(V. Hugo.)

Il ne suffit pas de donner, il faut, pour ainsi dire, savoir parer son offrande, afin d'en augmenter le prix.

La façon de donner vaut mieux que ce qu'on donne;
Tel donne à pleines mains qui n'oblige personne.

Rien ne touche autant les pauvres que de se voir traiter avec bienveillance; comme aussi rien ne les blesse aussi profondément que les paroles arrogantes, les manières hautaines, même accompagnées d'une riche aumône.

Un geste affectueux, un mot d'encouragement, causent souvent plus de plaisir à un malheureux qu'une pièce de monnaie.

On distingue deux sortes d'assistance : celle qui honore et celle qui humilie.

L'assistance honore, quand elle joint, au pain qui nourrit, la visite qui console, le conseil qui éclaire, le serrement de main qui encourage; quand elle traite le pauvre comme un ami, un frère, un supérieur. Elle humilie, quand elle prend l'homme par les besoins terrestres; quand elle ne prend garde qu'aux souffrances de la chair, au cri de la faim et du froid, à ce qui fait pitié, à ce qu'on assiste jusque chez les bêtes. (OZANAM.)

Il y a, dit-on, beaucoup d'ingrats parmi les pauvres. C'est peut-être vrai, mais cela ne doit pas empêcher de donner avec générosité. La vraie charité ne calcule pas; elle ouvre les mains et ferme les yeux.

Ce jour qui va finir, je ne l'ai pas perdu;
Grâce à mes soins, j'ai vu sur une face humaine
La trace d'un plaisir ou l'oubli d'une peine.
Même ingrats, il est doux d'avoir fait des heureux.
(ANDRÉ CHÉNIER.)

VIII. — De la Distinction.

La distinction est le reflet de la beauté de l'âme sur tout l'extérieur; c'est la supériorité de la vertu sur le vice, des sentiments nobles et élevés sur les idées basses et vulgaires.

Elle s'acquiert et ne se donne pas; elle n'appartient ni à la naissance, ni à la situation, ni à la fortune; elle est la magnifique récompense d'une jeunesse vertueuse.

Le jeune homme distingué se fait remarquer par l'expression de sa physionomie, la dignité de son maintien, la noblesse de son langage, ses belles qualités de l'esprit et du cœur.

Même dépourvu des dons physiques, son visage est aimable, gracieux, sympathique. Ses habits, quoique simples, sont élégants et bien portés. Sa propreté est irréprochable.

A la politesse du cœur, il joint celle des manières. Sa démarche est aisée, son geste sobre, et son langage n'est jamais ni trivial ni grossier. Il a horreur de ces expressions qui ont cours sur le boulevard et qui constituent la langue verte ou *l'argot.*

Le jeune homme distingué ne se complaît pas dans ce qui est bas et vulgaire; il tourne toutes ses aspirations vers le vrai, le bien et le beau. Il se passionne facilement pour les grandes pensées et les nobles causes.

Il a surtout la distinction du cœur, sans laquelle toutes les autres ne sont rien. Il sait se vaincre, dominer ses mauvais penchants, rester toujours digne.

Bon et généreux, le jeune homme distingué patronne les œuvres de charité, et volontiers il se prive pour venir en aide à ceux qui souffrent : aux malades, aux indigents, etc.

Il est fidèle et tout dévoué aux amis qu'il a choisis et qui sont, comme lui, distingués, non seulement par les manières, le ton et le langage, mais par l'esprit et le cœur, le dévouement et la vertu.

Rien n'est comparable, dit René Bazin, *à la séduction qu'on éprouve à la vue d'un jeune homme distingué; son seul aspect fait vibrer tous les sentiments généreux ; les regards s'arrêtent sur lui avec complaisance, et l'on se sent porté à l'aimer, avant même de le connaître.*

Tous les jeunes gens *véritablement* chrétiens sont distingués, au moins par le cœur.

CHAPITRE SIXIÈME

LA TABLE

I. — De la Sobriété et de l'Intempérance.

La gourmandise, *défaut des âmes sans étoffe*, est nuisible à l'esprit et au corps. Elle alourdit l'intelligence, affaiblit la volonté, rend égoïste, colère, paresseux [1]. Il suffit, dit-on, de voir une personne à table pour l'apprécier à sa juste valeur. *Une des plus grandes injures qu'on puisse faire à un homme est de lui reprocher d'aimer le vin et la bonne chère.* (Bienséance et Civilité.)

La sobriété, définie par La Rochefoucauld *l'amour de la santé*, est le moyen par excellence pour perfectionner son intelligence et se préserver de la plupart des passions et des maladies. C'est la grande recette des personnes qui meurent à un âge avancé.

A la Trappe, beaucoup de maladies sont inconnues, et l'on y voit un grand nombre de vieillards sains et robustes.

Un célèbre médecin, se rendant à la cour du roi de Perse, demanda quel était le régime suivi à la table royale. *On y mange quand on a faim, et jamais de manière à satisfaire complètement son appétit. — En ce cas*, répondit le médecin, *je n'ai rien à faire ici*, et il se retira.

> Gaîté, doux exercice et modeste repas:
> Voilà trois médecins qui ne se trompent pas.

[1] « Dans leur graisse, dans leur abondance, il se fait un fonds d'iniquité, qui ne s'épuise jamais. » (Psaumes.)

Le bœuf, au sein des plus gras pâturages, sait se modérer; le vautour rassasié n'achève point sa proie; l'homme seul, de tous les êtres vivants, abuse de la nourriture et de la boisson.

La gourmandise est la passion dominante des enfants; loin de la favoriser, il faut la combattre On doit leur donner, à des heures fixes, une nourriture saine, abondante et simplement préparée. Les mets fortement épicés, le vin pur, le café, les liqueurs, tout ce qui est trop excitant leur est contraire, à moins qu'ils ne soient rachitiques ou scrofuleux.

Il faut de bonne heure les habituer à manger avec propreté, et leur rappeler souvent qu'à table, comme partout ailleurs, la politesse exige qu'on s'oublie soi-même pour faire plaisir à autrui.

Les repas peuvent se diviser en deux grandes catégories : les *repas de cérémonie* et les *repas de famille*.

II. — Des Repas de Cérémonie.

Les repas de cérémonie : banquets, festins, dîners de noces,... demandent une observation plus rigoureuse des lois de la table et de l'étiquette.

Le pauvre comme le riche, l'habitant des campagnes comme celui des villes, ont tous l'occasion d'assister, au moins quelquefois, à ces sortes de repas, Il est donc nécessaire de connaître les usages qui s'y pratiquent, si l'on ne veut paraître gauche et emprunté. Un maire de village, obligé de dîner de temps en temps à la Préfecture, avouait que son meilleur moment était toujours celui où il quittait la table.

Lorsqu'on est invité à un repas de cérémonie, on doit s'y rendre en toilette soignée, et se présenter au salon environ dix minutes avant l'heure marquée. Arriver plus tôt serait indiscret; plus tard serait malhonnête.

Dès que le domestique annonce que *Madame est servie*, le maître de la maison présente le bras gauche à la dame la plus qualifiée pour se rendre à la salle à manger. Tous les hommes l'imitent en ayant soin de franchir, les premiers, le passage des portes. Les prêtres et les religieux sont dispensés de donner le bras à la dame qu'ils accompagnent. Dans le défilé, on prend le rang qui convient; les jeunes gens passent les derniers.

Arrivé près de la table, on attend, un peu à l'écart, que la maîtresse de maison indique la place qu'on doit occuper; si les noms des convives sont écrits sur des cartes ou sur des menus, on cherche le sien en partant des rangs les moins honorables.

C'est alors le moment de réciter son bénédicité, sans forfanterie comme sans respect humain. Dans les dîners académiques, Mgr Dupanloup, l'illustre évêque d'Orléans, disait le bénédicité et les grâces à haute et intelligible voix; et Dumas fils, lui-même, esquissait un signe de croix.

Ce n'est qu'après le maître de la maison qu'on doit s'asseoir et prendre sa serviette, laquelle ne s'attache ni au col ni à la boutonnière, mais s'étale sur les genoux, sans la déplier complètement.

A table, un jeune homme bien élevé évite de faire du bruit avec son couvert, de manger avec avidité, de trop charger sa cuiller ou sa fourchette, de soulever son assiette pour recueillir les dernières gouttes de bouillon et, à plus forte raison, de boire dans son assiette.

Lorsque le potage est trop chaud, il ne souffle pas dessus; il l'agite doucement pour le refroidir, et prend sur les bords. Il laisse la cuiller dans l'assiette pour qu'elle soit enlevée.

Placé près d'une dame ou d'un vieillard, il lui sert à boire, lui présente les assaisonnements, les hors-d'œuvre, et lui rend tous les petits services dont il est capable, sans cependant se rendre obséquieux.

Le *pain* se rompt à mesure qu'on le mange; il ne se coupe pas. Les morceaux doivent être assez petits pour qu'on puisse les introduire, en une seule fois, dans la bouche.

La *viande* est coupée par bouchée, morceau par morceau, en tenant la fourchette de la main gauche et le couteau de la main droite. Lorsqu'elle peut être divisée avec la fourchette seule, on ne se sert pas du couteau.

Prendre les os avec les doigts, soit pour en détacher la viande, soit à plus forte raison pour les porter à la bouche, est tout à fait contraire aux convenances. Quand la chair a été enlevée, on les pose sur le bord supérieur de l'assiette, c'est-à-dire sur le bord opposé à celui qui est près de soi. Il n'est pas permis de les fendre, de chercher à y introduire la fourchette ou le couteau pour en extraire la moelle.

La reine Victoria d'Angleterre était très friande de gibier. En famille, elle se servait volontiers de ses doigts pour achever une aile de perdreau. Une toute jeune princesse admise à sa table, la voyant porter les os à la bouche avec la main, fut indignée, et, en montrant la reine, elle s'écria : *Oh! la malpropre! elle mange avec ses doigts.* Cette boutade provoqua un gros éclat de rire.

Les personnes qui *savent* manger peuvent se permettre certaines licences qui ne paraîtront jamais grossières, à cause de la façon délicate dont elles s'y prennent.

On ne doit pas écraser les *légumes* pour en faire une bouillie, ni mettre du pain dans son assiette pour manger un mets trop liquide ou pour recueillir un reste de sauce.

Fig. 1. — Melon.

Les *radis* se portent à la bouche avec la main.

Le *melon* se mange à l'aide du couteau et de la fourchette. Il se sert après le potage, ou avec du sucre au dessert.

Le *beurre* s'étend, avec le couteau, sur chaque bouchée de pain; il n'est pas permis d'en faire des tartines, sauf pour le thé.

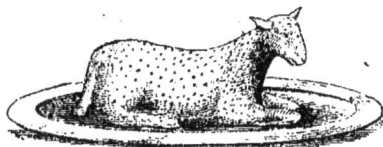

Fig. 2. — Agneau en beurre.

Les *écrevisses*, le *homard* se mangent, autant que possible, avec la fourchette.

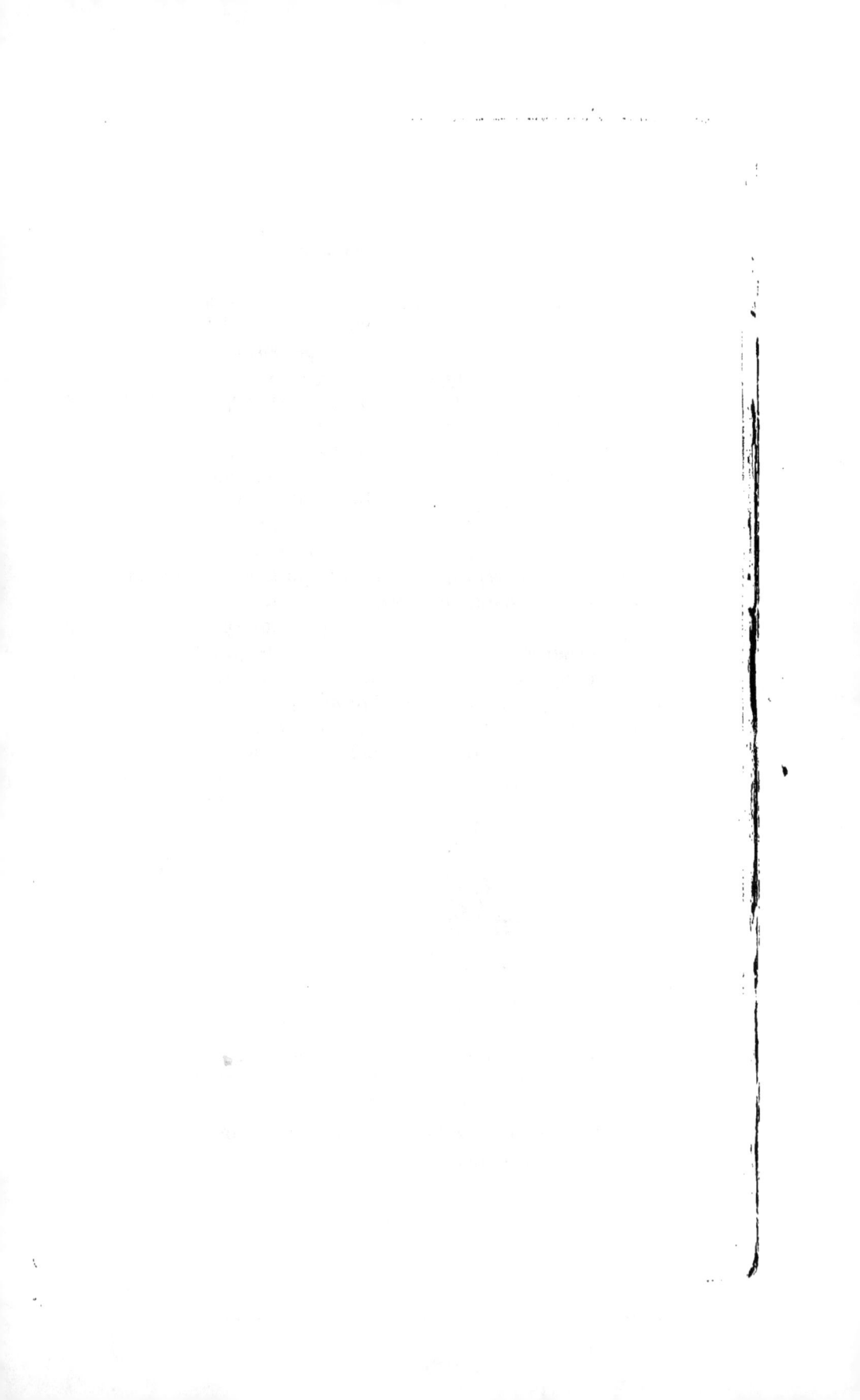

DISPOSITION DE LA TABLE

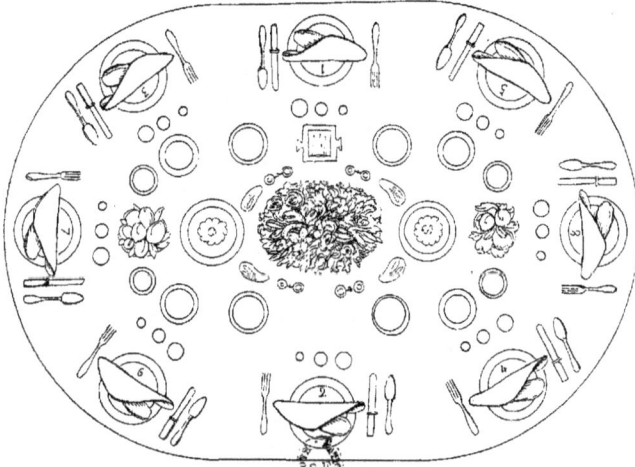

Ordre des places. — **1** Maître de maison. — **2** Maîtresse de maison. — **3** 1re place d'honneur (dame). — **4** 2e place d'honneur (homme). — **5** 3e place d'honneur (dame). — **6** 4e place d'honneur (homme). — **7** et **8** Jeunes gens, enfants.

Les *noyaux d'olive* sont déposés délicatement dans la main ou sur la fourchette avec la bouche, puis placés sur le bord de l'assiette.

L'*huître* est ouverte et détachée avec le couteau, puis on l'approche des lèvres et on la hume. On peut aussi se servir d'une fourchette spéciale.

Les *œufs à la coque* se mangent avec la petite cuil-ler ; *à la crème*, avec la cuiller ordinaire ; au *beurre* ou sous forme *d'omelette*, avec la fourchette.

Fig. 3. — Omelette.

Il faut une certaine habileté pour manger convena-blement un œuf à la coque ; l'usage ne permet pas d'en vider le contenu dans son assiette. On met le côté le plus allongé dans le coquetier ; puis, d'un coup sec, avec le cou-teau on brise la coquille à la hauteur voulue et on l'enlève. Le vide doit être assez grand pour qu'on puisse mélanger le blanc et le jaune à l'aide de la petite cuiller. Il est permis d'y tremper des mouillettes ou bouchées de pain coupées en long.

Les *pommes de terre en robe de chambre* se pèlent dans l'assiette ; les morceaux, sur lesquels on étend un peu de beurre, sont portés à la bouche avec la fourchette. Ce plat ne se sert qu'en famille.

Fig. 4. — Épinards.

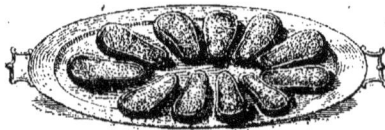

Fig. 5. — Aubergines.

Le *poisson*, les *légumes* se mangent avec la fourchette seule, sans le secours du couteau, en s'aidant, si l'on veut, d'une bouchée de pain.

Les *feuilles d'artichaut* se portent à la bouche avec la main, et le *fond*, ou partie charnue, avec la fourchette.

Les artichauts entiers ne figurent que dans les repas de famille.

La *salade* se mange seule ou avec le rôti. On ne la découpe pas dans son assiette et on ne la mêle pas à d'autres mets. Les mélanges sont peu agréables à voir; il ne faut pas en abuser.

Quelques *fromages* s'étendent, comme le beurre, sur chaque bouchée de pain; d'autres se mangent avec la cuiller; d'autres enfin sont coupés par petits morceaux, poussés sur le pain avec le couteau et portés à la bouche.

Les *fruits* se prennent dans l'assiette où ils sont servis soit avec les doigts, soit avec une cuiller. Pour les peler et les manger, on se sert de la fourchette. Cependant il ne faut pas se singulariser et avoir l'air de donner une leçon en ne faisant pas comme tout le monde. Jamais un fruit ou un dessert ne doit être déposé sur la nappe.

Les *pommes* et les *poires* sont coupées par quartier, qu'on pèle séparément avec le couteau à lame d'argent, s'il y en a un.

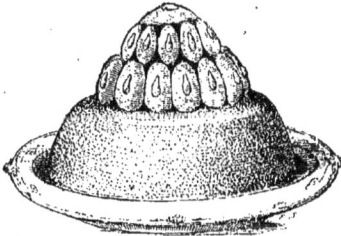

Fig. 6. — Pêches au riz.

Les *pêches un peu grosses* se pèlent et se mangent comme les poires et les pommes. Avant de porter les morceaux à la bouche avec la fourchette, quelques personnes les saupoudrent de sucre.

Les *petites pêches*, les *prunes* et les *abricots ne se pèlent et ne se coupent pas.* On les ouvre pour enlever le noyau, et on les porte à la bouche avec les doigts.

La *figue fraîche* se tient par la queue et se fend en quatre, sans détacher les morceaux. On sépare ensuite délicatement, avec le couteau, la chair de la peau et l'on hume chaque quartier.

La *grappe de raisin* est tenue de la main gauche, et les grains sont portés à la bouche de la main droite. Lorsqu'on craint d'être incommodé par les pépins et les pellicules, **on** peut les déposer sur le bord de l'assiette; mais il est préférable de les manger.

Les *fraises* un peu grosses se portent à la bouche avec la fourchette; les *petites fraises* et les *framboises*, avec la cuiller.

Les *cerises* se prennent par la queue, une à une. Le noyau, reçu dans la main droite ou dans la cuiller à dessert, est ensuite déposé sur l'assiette.

Les *oranges* s'ouvrent de plusieurs manières. Une des plus expéditives est de les couper en quatre, comme les poires et les pommes, et de peler séparément chaque quartier avant de le porter à la bouche. Un second procédé consiste à entailler la peau extérieure et à l'enlever avec les doigts. Les loges sont ensuite détachées les unes des autres et portées à la bouche avec la main.

Fig. 7. — Compotier.

Les *amandes*, les *noix*, les *noisettes* s'ouvrent avec la main, le couteau ou le casse-noisettes, jamais avec les dents.

Les *châtaignes* sont épluchées avec le couteau, et portées à la bouche avec la main.

Les *fruits cuits* se mangent à l'aide de la fourchette et du couteau; les *compotes* et les *confitures*, avec la cuiller ordinaire ou avec la petite cuiller.

Les *gâteaux*, les *tourtes à la confiture* ou à la *frangipane*, coupés en petits morceaux dans l'assiette, sont portés délicatement à la bouche avec les doigts ou mieux avec la fourchette à dessert.

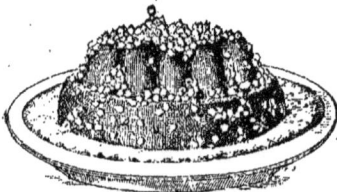

Fig. 8. — Gâteau des trois frères.

Les *dragées*, les *bonbons*, les *pâtisseries sèches* se prennent avec la main, qu'ils ne peuvent pas plus salir que le pain.

Lorsqu'on craint de ne pas manger avec adresse un mets

3*

ou un dessert, on a toujours la ressource de le refuser ; car il est bien permis, et quelquefois convenable, de ne pas accepter tout ce qui est offert.

Répétons que pour tous les menus usages, il faut tenir compte de ce que font les autres convives. Dans certains cas, il est plus convenable de les transgresser que de se distinguer en les observant rigoureusement.

Voici encore quelques détails qu'il est bon de signaler, surtout aux enfants.

On doit éviter d'appuyer les coudes sur la table, de trop se pencher sur son assiette, de gesticuler avec sa cuiller, sa fourchette ou son couteau ; de salir la nappe, sa serviette ou ses doigts ; de laisser sur le verre les traces de ses lèvres, de parler ou de boire la bouche pleine, de cracher, de tousser ou de se moucher sans prendre les précautions voulues ; en un mot, d'être, pour les autres convives, un sujet de gêne ou de dégoût.

La cuiller et la fourchette, tenues d'une manière convenable, doivent être introduites dans la bouche par l'extrémité et non par le côté.

Pendant tout le temps qu'on mange un mets, la fourchette reste dans l'assiette ; après, elle est déposée sur la nappe les dents en bas ou sur un support.

La cuiller ne quitte pas l'assiette ; elle est presque toujours enlevée quand on change de plat.

Le couteau ne doit jamais toucher les lèvres ni servir à porter à la bouche. Lorsqu'on ne s'en sert pas, on doit le déposer sur la table en ayant soin d'en faire appuyer la pointe sur un support.

Il faut être très attentif et bien se surveiller pour ne pas transgresser à table quelques règles de l'étiquette ou quelques usages de la bonne compagnie.

M. C***, professeur de belles-lettres, parlait un jour au poète Delille d'un dîner où il s'était trouvé avec des gens de la cour, des maréchaux de France et autres grands personnages.

« Je parie, lui dit Delille, que vous y avez fait cent incongruités.

— Comment donc? reprit vivement M. C***, fort inquiet.
Il me semble que j'ai fait la même chose que tout le
monde.

— Quelle présomption! Je gage que vous n'avez rien fait
comme personne. Mais ne parlons que du dîner. D'abord,
que fîtes-vous de votre serviette en vous mettant à table?

— De ma serviette? Je fis comme tout le monde : je la
dépliai, je l'étendis sur moi, et l'attachai par un coin à ma
boutonnière.

— Eh bien, mon cher, vous êtes le seul qui ayez fait cela :
on n'étale point sa serviette, on la laisse sur ses genoux. Et
comment fîtes-vous pour manger la soupe?

— Comme tout le monde, je pense. Je pris ma cuiller
d'une main et ma fourchette de l'autre.

— Votre fourchette! Personne ne prend de fourchette
pour manger sa soupe. Mais poursuivons. Après votre
soupe, que mangeâtes-vous?

— Un œuf frais.

— Et que fîtes-vous de la coquille?

— Comme tout le monde, je la laissai au laquais qui me
servait.

— Sans la casser?

— Sans la casser.

— Eh bien, mon cher, on ne mange jamais un œuf sans
briser la coquille. Et après votre œuf?

— Je demandai du bouilli.

— Du bouilli? Personne ne se sert de cette expression ;
on demande du bœuf et *non du bouilli.* Et après cet
aliment?

— Je priai l'abbé de Radonvilliers de m'envoyer d'une
très belle volaille.

— Malheureux! de la volaille! On demande du poulet
du chapon, de la poularde ; on ne parle de volaille qu'à la
basse-cour... Mais vous ne dites rien de votre manière de
demander à boire.

— J'ai, comme tout le monde, demandé du champagne,
du bordeaux, aux personnes qui en avaient devant elles.

— Sachez donc qu'on demande du vin de Champagne,

du vin de Bordeaux. Mais, dites-moi, de quelle manière mangeâtes-vous votre pain ?

— Certainement à la manière de tout le monde : je le coupai proprement avec mon couteau.

— Eh ! on rompt son pain, on ne le coupe pas... Avançons. Le café, comment le prîtes-vous ?

— Oh ! pour le coup, comme tout le monde : il était brûlant, je le versai par petites parties de ma tasse dans ma soucoupe.

— Eh bien, vous fîtes comme ne fit sûrement personne : tout le monde boit son café dans sa tasse, et jamais dans sa soucoupe. Vous voyez donc, mon cher C***, que vous n'avez pas dit un mot, pas fait un mouvement qui ne fût contre l'usage. »

Le pauvre C*** était confondu. Pendant six semaines, il s'informait, à toutes les personnes qu'il rencontrait, de quelques-uns des usages sur lesquels Delille l'avait critiqué.

Cette anecdote, un peu surannée, contient des détails intéressants, et fait voir qu'il est nécessaire d'examiner et d'imiter les convives qui connaissent les usages observés dans la bonne compagnie.

III. — Du Service.

Il y a trois manières de faire les honneurs d'une table.

1º *Le maître de la maison sert séparément chaque convive, en commençant par les plus qualifiés.*

On prend de la main droite l'assiette qu'il présente, et on lui passe la sienne de la main gauche.

Quand il y a un domestique, il reçoit l'assiette des mains du maître, et va la déposer devant chaque invité, en suivant l'ordre des préséances. En échange, il prend celle du convive qu'il donne à son maître, après l'avoir préalablement essuyée avec la serviette qu'il a constamment sous le bras. Ce serait une impolitesse que de faire passer à un autre le morceau présenté.

Lorsqu'il y a un grand nombre d'invités, l'amphitryon ne sert que les principaux, puis il fait circuler les plats à la ronde.

2° *Après avoir découpé, le maître fait immédiatement passer les plats de main en main.*

Dans ce cas, on se sert promptement, avec modération, en ayant soin de soulever le morceau qu'on désire, et de ne pas le faire glisser des bords du plat dans son assiette.

Chercher, dans tout le plat, ce qu'on préfère est une indélicatesse et une grossièreté. Les jeunes gens ne doivent pas prendre les morceaux de choix[1].

On ne parle pas en se servant, dans la crainte que, par distraction, on laisse tomber la cuiller ou la fourchette dans la sauce.

Par déférence, on tient le plat à une dame ou à un supérieur qui se sert.

3° *Les plats font une courte apparition sur la table; puis, après avoir été découpés à l'office, ils sont présentés aux convives par un domestique.*

Celui-ci sert d'abord les dames, puis les messieurs. Quand on est plus de dix, il est presque nécessaire d'organiser un service double.

Cette manière de faire les honneurs d'une table convient aux grands dîners, et simplifie beaucoup la tâche du maître.

A la rigueur, on ne devrait commencer à manger un mets qu'après que tout le monde est servi; ce qui se fait assez rarement, surtout quand les convives sont nombreux.

---

[1] Quand on **sert les autres**, il faut leur donner les meilleurs morceaux.

La poitrine de la poule bouillie passe pour le meilleur endroit, les cuisses valent mieux que les ailes.

Dans une pièce de bœuf, ce qui est entrelardé de gras et de maigre est préférable.

Dans tous les oiseaux qui grattent la terre, les ailes sont plus délicates; mais les cuisses valent mieux dans les oiseaux qui volent en l'air.

Dans les oies et les canards, le morceau de choix est le dessus de la poitrine, qui se coupe en long.

Dans un cochon de lait, ce qui est le plus estimé, c'est la peau et les oreilles.

Dans les lièvres et les lapins, ce qui est le plus recherché est le râble, les cuisses et les épaules.

Dans une longe de veau, le meilleur est le plus charnu; mais le rognon est ce qu'il y a de plus excellent.

Ce qu'on estime le plus dans les poissons ordinaires est la tête et ce qui en approche le plus; pour ce qui est des poissons qui n'ont qu'une seule arête comme la sole, le milieu est, sans contredit, le meilleur. (Bienséance et Civilité.)

Dans certains repas, il serait difficile, pour ne pas dire impossible, d'accepter de tout ce qui est présenté. Il est donc bien permis de faire des refus; mais il ne faut pas avoir l'air de se réserver pour les plats recherchés ou rares. Mme de Luxembourg ne pouvait souffrir, à sa table, les indiscrets qui revenaient à un plat d'un prix élevé.

On prend soi-même le vin, l'eau, les hors-d'œuvre, les assaisonnements, et l'on se fait un plaisir d'en offrir gracieusement à ses voisins.

Pour verser à boire, on saisit le corps de la bouteille assez haut pour que l'index puisse s'allonger sur le col; ou bien, on prend la bouteille par le col en ayant soin de ne pas en cacher l'ouverture. La saisir par le fond est tout à fait contraire à l'usage. (Planche II. — *Manière de verser à boire.*)

Quand on a besoin du domestique, on ne l'appelle pas *garçon* ou *monsieur*, mais par son prénom ou mieux par signe.

Si la maîtresse de maison insiste pour faire accepter un mets, il faut accéder à son désir.

Les asperges, les artichauts, les fraises,... se prennent avec la cuiller qui est dans le plat et non avec les doigts.

La salade est soulevée à l'aide de la cuiller et de la fourchette; on ne la fait pas glisser des bords du plat dans son assiette.

Il est de bon ton de faire, avec tact et à propos, l'éloge des vins, du service et de l'ordonnance de la table; la critique, même la plus indirecte, n'est jamais permise.

Généralement, on parle peu au début du repas, davantage à la fin, sans jamais tourner le dos à un de ses voisins : ce serait un signe de mépris.

Il n'est pas convenable de laisser des restes et de quitter la table en ayant encore du vin dans son verre. Surcharger son assiette, demander au delà du besoin, c'est risquer d'attirer l'attention, et de se faire passer pour gourmand.

On ne se lève qu'après la maîtresse de maison, et l'on dépose sa serviette, sans la plier et sans la chiffonner, sur la table et non sur le dos de sa chaise. On ne remet pas en place le siège qu'on occupait; et l'on suit, pour retourner au salon, le même cérémonial qu'à l'arrivée.

IV. — Du Découpage des Viandes.

Savoir découper est un talent qui n'est pas à dédaigner : il s'acquiert par la pratique. Les jeunes gens doivent s'y exercer; s'ils deviennent habiles, ils pourront rendre bien des services.

Le *jambon* se coupe par travers, en tranches minces entremêlées de gras et de maigre.

Le *bœuf bouilli* se coupe en *travers* des fibres musculaires, en tranches ni trop minces, ni trop épaisses. Les morceaux entrelardés, ou qui ont peu de gras, sont les plus présentables.

Fig. 9. — Saucisson de Lyon.

En découpant les viandes chaudes, il faut tâcher d'obtenir des morceaux carrés, assez épais et restant appliqués les uns contre les autres, afin qu'ils ne se refroidissent pas. On doit donc éviter de faire des tranches fines et de les étaler sur le plat. Les viandes froides se découpent, au contraire, en tranches minces et toujours perpendiculairement au fil.

Les *filets de bœuf*, la *longe de veau*, se coupent en tranches transversales et obliques. Les parties sèches et graisseuses du dessous restent sur le plat.

La *tête de veau* se sert bien chaude. Les meilleurs morceaux sont les bajoues, les tempes, les oreilles et enfin la langue. — On joint à chaque portion un peu de cervelle.

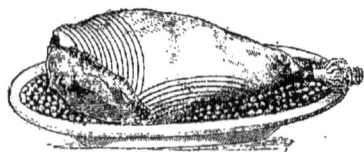

Fig. 10. — Gigot.

Le *gigot* se coupe en tranches minces parallèlement à l'os, sur le côté extérieur de la cuisse. On le prend par le manche et de la main gauche. On peut aussi couper les tranches perpendiculairement à l'os; elles sont alors un peu plus épaisses.

Cochon de lait. — On tranche immédiatement la tête. On lève ensuite la peau en morceaux carrés, de manière à ce qu'il reste un peu de chair dessous. On détache les oreilles, on coupe la tête en deux, puis l'épaule gauche, la cuisse gauche, l'épaule droite et la cuisse droite.

Chevreau. — On sépare les cuisses, les gigots et les côtelettes. Les tranches de gigot sont ce qu'il y a de meilleur.

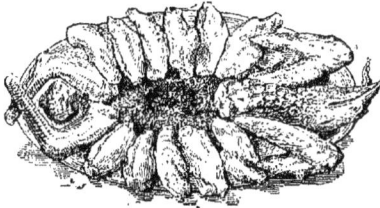

Fig. 11. — Dindonneau découpé.

Dinde rôtie. — On cherche adroitement les jointures avec la pointe du couteau, puis on lève les deux ailes, les deux cuisses, le sot-l'y-laisse, les blancs, et l'on brise la carcasse et le croupion. — Les ailes et les blancs sont les morceaux les plus estimés.

On peut encore, ce qui est préférable, ne couper aucun des membres, mais lever les blancs en filet dans le sens de la largeur.

Oie. — On lève les filets longitudinalement, de manière à en avoir quatre de chaque côté.

Poulet. — Pour découper un poulet, on saisit de la main

Fig. 12. — Oie.

gauche, avec la fourchette, l'aile la plus rapprochée; on coupe la jointure; puis, tenant ferme, on tire, et l'aile vient facilement. A l'aile doit rester une partie du blanc : c'est le morceau préféré. On

Fig. 13. — Poulet.

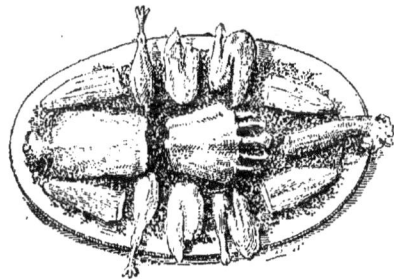

Fig. 14. — Poulet découpé.

agit de la même façon pour la cuisse, qu'on peut couper en deux. Après avoir enlevé les ailes et les cuisses, on prend, avec la cuiller, le contenu ou la farce, qu'on dispose convenablement à côté de chaque morceau. On tranche ensuite la tête et le cou, puis **on divise en deux l'estomac, la carcasse et le croupion.**

Les *gros pigeons* se découpent de la même façon; plus petits, ils sont coupés en quatre, selon la longueur d'abord, puis selon la largeur; ou seulement en deux suivant la longueur.

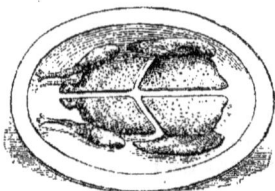

Fig. 15. — Pigeon.

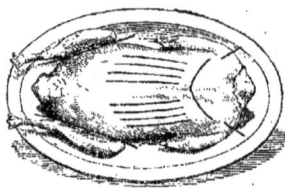

Fig. 16. — Canard.

Dans le *canard*, on prend le plus possible des tranches de poitrine, puis on coupe les ailes et les cuisses comme pour la volaille. Le dindon, l'oie, le poulet,... sont servis couchés sur le dos; le lièvre et le lapin d'une manière opposée, couchés sur le ventre.

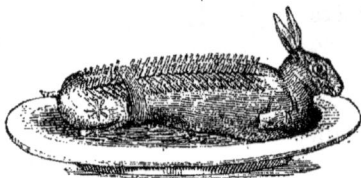

Fig. 17. — Lièvre.

Carpe. — On coupe d'abord la tête, c'est le morceau le plus délicat. — On lève ensuite la peau et les écailles, qu'on met de côté. En partant des ouïes, on suit la ligne médiane du corps, ligne qui est marquée plus ou moins distinctement sur tous les poissons longs. On divise ensuite en plusieurs parties.

Fig. 18. — Carpe.

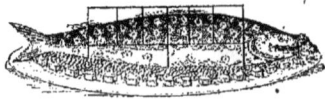

Fig. 19. — Truite saumonée.

Brochet. — On sépare la tête du tronc, c'est le meilleur morceau. On tire ensuite une ligne profonde de la tête à la queue, on sort l'arête et on partage, de manière à ce que chacun d'eux comprenne une partie du dos et une partie du ventre. Les portions du milieu du corps sont les plus présentables.

Le *saumon* se sert et se découpe comme le brochet, mais la tête ne s'offre pas. Il est servi sur une planchette ou sur un plat recouvert d'une serviette et garni de fleurs.

Il convient que les plats soient de dimensions suffisantes, ni trop petits ni trop grands. Les couteaux, longs et effilés pour les jambons, courts et minces pour la volaille, doivent être bien aiguisés.

Une pièce découpée avec art offre un aspect agréable et fait plus de profit.

V. — De la Boisson et des Toasts.

Le jeune homme bien élevé est sobre, il boit de l'eau rougie. Quant aux vins fins, il en accepte deux fois au plus; car le mélange des vins, même pris en petite quantité, amène assez souvent l'étourdissement, sinon l'ivresse.

Il ne boit pas à chaque instant, et il s'essuie délicatement les lèvres avec le bord de sa serviette, avant et après avoir bu. (Planche I. — *Manière de boire.*)

Il prend le verre ordinaire aussi loin des bords que possible; et le verre à pied, sous la coupe, avec les doigts et non à pleine main.

En buvant, il évite de regarder autour de lui, et de faire du bruit avec la langue ou les lèvres. Après avoir bu, il dépose son verre sur la table d'un mouvement doux et silencieux.

Des Toasts. — Les toasts sont actuellement bien démodés; on fait cependant revivre cette vieille coutume dans quelques circonstances: telles que baptême, mariage, fêtes de nom.

Ils doivent être simples, courts, peu nombreux, deux au plus avec leur riposte. Les discours sont réservés aux banquets politiques ou de corporation.

Le toast est lu ou débité. Lorsqu'il est un peu long, le premier mode est peut-être le meilleur, surtout quand on n'est pas sûr de sa mémoire.

TABLE : TABLEAU RÉCAPITULATIF

Découper. — Porter à la bouche. — Boire. — Verser à boire. — Présenter son verre.

Seul le maître de la maison a le droit de porter une santé, à moins qu'on ne soit réuni pour le fêter lui-même. Dans ce cas, c'est l'invité le plus qualifié qui prend la parole.

Pour porter un toast, on se lève en tenant son verre dans lequel il doit y avoir un peu de vin, et l'on s'incline en prononçant d'une manière distincte quelques paroles courtes, mais bien senties, telles que celles-ci ou d'autres analogues : *Je lève mon verre*, ou *Je bois à la santé de tous ceux qui ont bien voulu s'asseoir à ma table*, etc., ou pour des noces d'argent : *Je bois à ce long bonheur, souhaitant à notre cher jubilaire des noces d'or et de diamant...*

Les autres convives prennent leur verre, se soulèvent de leur siège en répétant le nom proposé : *A Monsieur X...* ou *à Madame Z...* Les hommes vident leur verre. (Planche III. — *Porter un toast.*)

La personne à qui le toast a été adressé se lève et remercie par un geste gracieux, ou mieux par quelques bonnes paroles.

Il est permis de proposer la santé d'une personne dont l'absence est regrettée de tous.

VI. — Du Café.

Le café peut se prendre à la salle à manger ; le plus souvent il est servi au salon, où les dames sont assises et les messieurs debout.

On met, sur une petite table et sur un plateau, les tasses, le sucrier et les liqueurs. La maîtresse de maison verse l'infusion, qui, suivant les prescriptions du docteur Rochard, doit être *claire, chaude et chargée.*

La tasse est présentée de la main droite, et le sucrier de la main gauche par un enfant ou par un ami de la maison.

Les invités prennent eux-mêmes le sucre avec la pince, et non avec les doigts. (Planche XVI. — *Le thé.*)

Si le café est trop chaud, on le laisse refroidir, mais on

ne souffle pas dessus, et on ne le verse pas dans sa soucoupe.

Beaucoup de personnes refusent les liqueurs; il ne faut pas insister pour leur en offrir. Si l'on en accepte, on ne prend qu'un seul petit verre.

Il est tout à fait conforme aux règles de la bienséance de débarrasser une dame, un vieillard, un supérieur, de la tasse vide qu'ils tiennent à la main.

A moins de circonstances exceptionnelles, on ne sort pas immédiatement après le café; on reste chez son amphitryon environ une heure.

Les hommes peuvent se réunir au jardin ou dans une salle spéciale pour fumer. Avant de rentrer au salon, ils ont soin de prendre quelques pastilles de cachou pour atténuer l'odeur du tabac dont leur haleine s'est imprégnée.

Après une invitation à dîner, il est d'usage de faire une visite dans la huitaine, même lorsqu'on n'a pas accepté cette invitation.

VII. — De l'Étiquette d'un Dîner.

Cette question regarde peu les jeunes gens et encore moins les enfants; néanmoins nous croyons qu'il ne sera pas inutile d'en dire quelques mots.

Lorsqu'on offre à dîner, il faut recevoir avec aisance, amabilité, distinction et *suivant sa situation de fortune*. Recevoir sans cérémonie est presque toujours une grossièreté.

> Souvenez-vous, dans le cours de la vie,
> Qu'un dîner sans façon est une perfidie.
>
> (BERCHOUX.)

Le choix des convives doit être fait avec tact et discernement. Il ne faut réunir à sa table que des gens heureux de se rencontrer, ayant des opinions assez semblables.

Invitations. — Les invitations se font de vive voix ou par écrit, ni trop tôt ni trop tard; au plus quinze jours et au moins quatre jours à l'avance. A la rigueur, en faisant des excuses, un intime peut être invité la veille.

Par écrit, les invitations sont un peu cérémonieuses; de vive voix, elles sont plus familières et plus cordiales.

Les formules à employer varient suivant les circonstances. En voici des exemples :

Monsieur Y a l'honneur d'offrir à Monsieur Z l'expression de son respect, et le prie de vouloir bien venir dîner chez lui tel jour à telle heure.

Dans le cas où l'on recevrait un personnage éminent ou un ami particulier de l'invité, on pourrait ajouter : *avec monsieur un tel.* Aux intimes, on écrit dans la forme ordinaire des lettres :

Voudriez-vous me faire le plaisir (l'amitié) de venir dîner chez moi tel jour à telle heure?

L'invité répond immédiatement s'il accepte ou s'il refuse.

Il faudrait une raison de force majeure pour se dispenser de se rendre à une invitation acceptée, raison qu'on s'empresserait de faire connaître, en exprimant des excuses et des regrets.

Placement des convives. — Le placement des convives se fait d'après la distinction des hôtes, l'âge et le degré de parenté.

Les places d'honneur sont à droite et à gauche du maître et de la maîtresse de maison, placés en face l'un de l'autre au centre de la table. Les amis et les parents cèdent le pas aux étrangers.

Au *bas bout* de la table, c'est-à-dire près de la porte d'entrée principale, on met les jeunes gens et les enfants.

Lorsqu'un dîner est offert en l'honneur d'une personne, quels que soient son âge et ses qualités, celle-ci est placée à droite du maître ou de la maîtresse de maison.

Dans un dîner où il n'y a que des hommes, l'amphitryon met vis-à-vis de lui le personnage le plus qualifié. L'ordre des places est alors le suivant : 1re et 3e à la droite et à la gauche du maître; 4e et 5e à la droite et à la gauche du vis-à-vis; 6e et 7e à la droite et à la gauche du maître, mais au second rang.

Le maître de la maison ne cède la place d'honneur qu'à son supérieur hiérarchique, et, dans ce cas, il se met en face de lui, afin de pouvoir surveiller le service.

Lorsque les invités sont à peu près égaux en dignité, on les place de telle façon qu'ils aient des voisins qui leur plaisent; on ne réserve que les quatre places d'honneur pour les moins intimes.

Du menu. — Le *menu*, ou liste des mets qui composent le repas, se divise en trois catégories appelées : *premier, deuxième* et *troisième service.*

Le PREMIER SERVICE comprend : le *potage*, les *relevés :* filet de bœuf, poisson ; les *entrées*, viandes, autres que le bouilli et le rôti. Chaque relevé exige deux entrées.

Le DEUXIÈME SERVICE se compose des *rôtis*, viandes cuites à la broche ou au four : poulet, canard, gigot ; de la *salade :* asperges, salade russe ; des *légumes :* haricots, épinards, petits pois ; des *entremets :* crème, gelées, plats sucrés, glaces servies en bombe.

Menu d'un Dîner.

—

POTAGE

FILET DE BŒUF

BROCHET

PETITS POIS

PIGEONS RÔTIS

SALADE

PIÈCE MONTÉE

DESSERTS

VINS, CAFÉ

Le TROISIÈME SERVICE comprend tous les *desserts :* gâteau, fromage, fruits crus, confitures, compotes, petits fours et bonbons.

Aux deux premiers services, on joint les *hors-d'œuvre chauds ou froids :* petits pâtés, anchois, beurre, radis, saucisson, etc.

Dans un dîner un peu cérémonieux, le poisson est presque de rigueur.

Les vins sont de trois sortes : le vin ordinaire, les vins d'entremets et les vins de desserts. Dans beaucoup de repas, on se contente du vin ordinaire et d'un vin mousseux ou liquoreux.

Les desserts doivent être abondants, et les fruits parfaitement mûrs.

Disposition de la table. — Pour faire honneur aux convives, on met sur la table tout ce qu'on a de plus beau en linge, porcelaine et cristaux.

Les desserts, artistement mélangés aux corbeilles de fleurs, sont symétriquement placés, les gâteaux en regard des gâteaux, les fruits en regard des fruits. Tout est disposé de façon à flatter agréablement les yeux.

Il faut que la table soit assez large pour qu'on puisse y déposer commodément le service, et assez longue pour que les invités ne soient point gênés dans leurs mouvements : 60 à 70 centimètres par personne.

On ne doit pas renouveler l'inconvénient du fameux dîner de
Boileau :

> Où chacun, malgré soi, l'un sur l'autre porté,
> Faisait un tour à gauche et mangeait de côté.

Tout ce qui sert aux convives doit être de la plus exquise propreté. Ce luxe facile, que rien ne saurait remplacer, est à la portée de toutes les bourses.

La fourchette est mise à gauche de l'assiette, la cuiller et le
couteau à droite. La serviette, contenant le petit pain à moitié
caché dans ses plis, est déposée sur l'assiette. La *carte-menu* est
posée sur la serviette de façon que le recto touche le linge. Dès qu'il
sera assis, le convive lui fera faire volte-face et la placera à droite,
près de la cuiller, un peu avancée vers les verres disposés en ligne
ou en bouquet.

Les bouteilles, les carafes, les salières sont placées avec symétrie, et de manière à ce que les convives puissent les prendre
commodément.

Il est très convenable de servir le vin dans des carafes fermées
d'un bouchon de verre.

On change de couvert après le poisson et les entremets sucrés,
et, dans quelques maisons, après chaque plat.

Quand le second service est terminé, le domestique enlève les
hors-d'œuvre, les salières, les huiliers, les pots de moutarde, et
ne laisse sur la table que les desserts.

A l'entremets sucré, il apporte à chaque convive l'assiette à
dessert sur laquelle il a déposé le couvert assorti : cuiller et couteau ; il fait ensuite passer la pâtisserie.

Il présente le fromage, qui ne doit, pas plus que les vins vieux,
paraître sur la table ; puis il fait circuler les desserts dans l'ordre
suivant : fruits crus, confitures, compotes, petits fours, bonbons.

D'ordinaire, on découpe à la cuisine ; mais, dans quelques dîners
intimes, le maître découpe lui-même ou fait découper par un convive habile. Dans ce cas, ce dernier, après avoir achevé sa tâche,
présente le plat à la personne qui préside, afin qu'elle en fasse les
honneurs.

Les couverts à découper se mettent devant le maître de la maison, et les cuillers à ragoût devant la maîtresse.

Les domestiques doivent être très attentifs pour voir s'il ne
manque rien aux convives et pour accourir au premier signe.

Ils mettent en réserve, sur une table placée à proximité, des assiettes, des verres, des couteaux, des fourchettes,... pour en donner aux convives qui pourraient en demander.

Menu d'un déjeuner

—

HORS-D'ŒUVRE
JAMBON
FILET DE BŒUF
BROCHET
HARICOTS VERTS
POULETS RÔTIS
ASPERGES
DESSERTS
VINS, CAFÉ

Pour servir, ils se placent à gauche ; à droite pour verser à boire, enlever ou placer les assiettes. Ils présentent les plats deux fois et ne se permettent pas, en desservant, de les poser les uns sur les autres. Ils enlèvent d'abord ceux qui sont devant la personne la plus qualifiée.

Pendant toute la durée du repas, les servants prennent les plus minutieuses précautions pour éviter les accidents et pour ne pas faire de bruit avec les verres, les assiettes, ou en marchant.

Menu du déjeuner. — Le menu du déjeuner ressemble à celui du dîner, avec cette différence que les hors-d'œuvre remplacent le potage et qu'on ne sert pas de viandes en sauce.

VIII. — Des Repas en famille.

Peu de personnes observent à table toutes les règles du savoir-vivre, manient avec adresse fourchette et couteau, parce que chez elles, dans l'intimité, elles ne se surveillent point assez.

C'est surtout en s'habituant à manger convenablement en famille, qu'on parvient à connaître et à pratiquer cette foule de *menus détails* que l'usage a introduits dans les repas.

Ces détails varient avec les temps et les lieux ; mais ce qui est invariable, ce qui est de tous les temps, de tous les lieux, c'est qu'il faut manger avec propreté, élégance, et ne pas être, pour les autres, un sujet de gêne ou de dégoût.

Dans la majeure partie des familles, on fait trois repas par jour : le *déjeuner* vers sept heures, le *dîner* à midi, le *souper* vers huit heures.

Du Déjeuner. — Le déjeuner se sert souvent en particulier. Il se compose ordinairement de café au lait et de beurre, ou de chocolat et de miel.

On divise soi-même le pain en morceaux, pour le mettre dans son café, sans se servir du couteau. Si l'on aime le beurre, on peut en faire des tartines minces et prendre alternativement une bouchée de pain beurré et une cuillerée de café. Il est tout à fait contraire aux usages de tenir son bol à la main et, à plus forte raison, de boire dedans.

Le chocolat se mange comme le café au lait, avec cette différence qu'au lieu de faire des tartines de beurre, on en fait parfois avec du miel.

Quelques personnes mettent du beurre ou du miel sur chaque bouchée de pain qu'elles portent à la bouche; c'est préférable.

Du Dîner. — Le second repas a lieu vers midi; il se nomme *dîner* ou *second déjeuner*. Il se compose généralement d'un *potage*, d'un *plat de viande*, d'un *plat de légumes* et d'un ou deux *desserts*.

Dans les repas en famille, on observe les mêmes règles que dans ceux de cérémonie; on y est cependant moins sévère pour les lois de l'étiquette. Ainsi il est permis d'attacher sa serviette à son col ou à sa boutonnière, afin de préserver davantage ses vêtements; mais on ne doit pas se placer trop près ou trop loin de la table, manifester son goût ou sa répugnance pour certains mets, flairer la première bouchée de viande, palper les fruits pour connaître leur degré de maturité, etc.

Pour servir, la cuiller se prend à pleine main; pour manger, elle se tient avec le pouce mis sur la feuille et les deux doigts voisins placés dessous. Pour la passer à quelqu'un, on la saisit par le manche, avec le pouce et l'index, puis on en présente la feuille sans toucher la coupe.

On tient la fourchette comme la cuiller, ou encore en mettant le pouce contre la feuille et les trois doigts voisins dessus, la main étant à moitié fermée.

Le couteau se prend à pleine main, l'index sur le manche et le pouce sur le côté.

La cuiller ne doit jamais se placer de façon que la coupe soit sur l'assiette et la feuille sur la nappe; il en est de même de la fourchette.

La politesse la plus élémentaire défend de prendre à tort et à travers dans son assiette, de faire des bouchées trop longues ou trop grosses, de barbouiller de sauce sa fourchette ou son couteau.

C'est manquer gravement aux convenances que de remplir son verre jusqu'au bord et de le vider d'un trait. On ne prend pas le sel avec le manche de la cuiller ou de la fourchette, mais avec la pelle à sel, ou', s'il n'y en a pas, avec la pointe du couteau bien essuyée.

Casser les noix, les noisettes, les amandes avec les dents est inconvenant et dangereux.

A table et surtout en famille, un enfant bien élevé est aimable et gracieux; il ne reste pas étranger à la conversation, mais il se rappelle que le moyen par excellence pour se rendre agréable est de *savoir écouter*.

Du Repas du soir. — Le repas du soir se compose d'un potage et de deux ou trois plats.

Comme dans tous les autres repas de la journée, on ne doit pas se montrer difficile pour la nourriture.

Certains enfants, aussi capricieux que mal élevés, ne trouvent rien à leur goût. Il y a des mets auxquels ils ne touchent pas, d'autres qu'ils laissent aux trois quarts ou qu'ils ne mangent que du bout des dents. Leur sert-on du potage?... Ils enlèvent avec soin tous les légumes dont ils font, autour de leur assiette, une couronne d'un aspect plus ou moins agréable. On ne sait comment les satisfaire. Il leur faudrait des langues de rossignol comme à Lucullus, ou des cervelles d'autruche comme à Héliogabale.

On en a vu refuser viandes et légumes et n'accepter que des confitures ou du chocolat. Que ces enfants sont à plaindre !

Après l'exercice violent de la palestre et un bain dans

l'Eurotas, les anciens Spartiates trouvaient très appétissant leur grossier brouet noir.

Un bon moyen pour trouver tous les mets excellents, dit saint Jean-Baptiste de la Salle, c'est de rester quelque temps sans manger ; les aliments qu'on croyait ne pas aimer paraissent alors délicieux.

CHAPITRE SEPTIÈME

MANIÈRES DE S'ABORDER

I. — Du Salut.

Le salut tenait autrefois une place importante dans l'éducation; on en étudiait avec soin les moindres détails. Les leçons du vieux Vestris au prince de Lamarck sont restées célèbres. De nos jours, il n'en est malheureusement plus ainsi; cette marque de respect et de cordialité perd de plus en plus sa signification.

La manière de saluer varie avec les lieux et les temps.

Les Turcs s'inclinent en portant la main au cœur, aux lèvres et au front; ce qui veut dire : *Je vous suis dévoué de cœur, de bouche et de pensée.*

En France, il y a quelques années, on saluait profondément, *à angle droit;* plus tard, on inclina seulement la tête en tenant le corps raide; de nos jours, on incline la tête et le buste avec toute l'élégance dont on est capable.

La façon d'ôter son chapeau constitue presque toute la grâce du salut. On doit, après l'avoir élevé légèrement au-dessus de la tête, l'abaisser jusqu'à mi-corps et même plus bas lorsqu'on salue un supérieur, en ayant soin d'en ramener l'ouverture en dedans.

C'est manquer à la fois de déférence et de grâce que de porter simplement la main au front, comme le font les militaires.

PLANCHE VI. **SALUT DANS LA RUE**

En abordant une personne. — S'arrêter. — Joindre les pieds. —
Se découvrir de la main droite. — Saluer d'autant plus profondément
que la personne a de considération. — Avoir soin de ne pas montrer
l'intérieur du chapeau.

Saluer de la main gauche, dit la baronne Staffe, *serait presque impoli et sûrement disgracieux.* Quelques professeurs de maintien affirment le contraire et recommandent de saluer, dans certains cas, de la main gauche.

Il serait dangereux et presque menaçant de conserver **une** canne ou un parapluie dans la main qui salue.

Il n'est pas non plus permis de garder son cigare à la bouche; on le retire d'une main, et on salue de l'autre.

En saluant, le jeune homme bien élevé sait garder les nuances et rester toujours digne. Son salut, respectueux envers les supérieurs, amical avec les égaux, affable avec les inférieurs, est grave et presque froid dans quelques circonstances.

Quand il rencontre une personne à laquelle il doit de la considération, il se découvre deux ou trois pas avant de la croiser et ne remet son chapeau sur la tête qu'après qu'elle a passé. (Planche VIII. — *Rencontre d'un supérieur.*)

Si cette personne fait mine de s'arrêter, il s'avance vers elle, en tenant son chapeau à la main, à la hauteur du front, un peu en avant et de côté; il reste la tête nue, jusqu'à ce qu'elle lui dise : *Mais couvrez-vous donc, monsieur, je vous en prie.*

Lorsqu'il reste découvert, il tient son chapeau de la main droite, le long de la jambe et l'ouverture en dedans; sa main gauche reste pendante, ou bien elle est ramenée vers la poitrine.

D'égal à égal, de supérieur à inférieur, il est permis de s'inviter à se couvrir; mais **un** inférieur manquerait aux convenances s'il engageait son supérieur à ne pas rester découvert.

Ce serait faire preuve de bien peu d'esprit que d'établir un calcul, entre égaux, pour savoir qui saluera le premier. La bonne éducation suppose l'empressement dans la politesse et défend trop de rigueur dans l'étiquette.

Après avoir salué un ami, on remet immédiatement son chapeau, même quand on s'arrête pour causer avec lui. Comme la rue n'est pas un salon, on n'échange que quelques paroles insignifiantes. C'est la personne la plus âgée qui engage et rompt l'entretien.

Jamais un inférieur ne doit se permettre d'accoster un supérieur dans la rue et, à plus forte raison, de le retenir pour causer avec lui.

Lorsque la personne avec laquelle on se promène en salue d'autres, il faut imiter son exemple.

Dans un escalier, à la campagne, dans un lieu isolé, les gens bien élevés se saluent, lors même qu'ils ne se connaissent pas. Mieux vaut être prodigue de saluts que d'en être avare.

Quand un jeune homme poli rencontre, dans un escalier, une personne à laquelle il doit de la déférence, il se découvre, cède la rampe et se range pour la laisser passer. Si l'escalier est étroit, il attend, sur le palier, que la personne soit montée ou descendue. (Planche IX. — *Dans l'escalier.*)

C'est un devoir de s'agenouiller devant le saint Sacrement, de se découvrir quand on rencontre une procession, un convoi funèbre, et de saluer, par respect pour leur caractère, les prêtres et les religieux.

Ne pas rendre un salut ou saluer d'un air dédaigneux ou protecteur, c'est, dit M. Salva, *de la fierté, qui tient lieu d'esprit à ceux qui n'en ont pas.*

Un gouverneur de la Virginie causait, dans la rue, avec un négociant. Un nègre qui vint à passer le salua; il lui rendit immédiatement son salut. *Comment, Excellence, vous saluez un nègre? — Sans doute,* répondit le gouverneur; *voudriez-vous donc qu'un nègre se montrât plus poli que moi?*

II. — De la Poignée de main et de l'Accolade.

La poignée de main est une marque d'affection ou d'intérêt, impliquant plus de familiarité que de déférence; elle doit être franche, sans mouvement saccadé. (Planche X.— *Manière de toucher la main.*)

Dans la manière de toucher ou de retenir la main, il y a une infinité de nuances exprimant la bienveillante protection, la courtoisie, le respect, l'affection ou un mélange de ces divers sentiments.

En serrant la main à une dame ou à un supérieur, il faut s'incliner en signe de respect, et ne pas la serrer ni la secouer comme on le ferait à un camarade. (Planche X. — *Toucher la main à un supérieur.*)

Il est des gens qui touchent la main sans la presser; d'autres, qui ne sont pas plus polis, ne présentent qu'un ou deux doigts. Ces façons froides et réservées révèlent, dit-on, des natures égoïstes ou orgueilleuses.

C'est témoigner beaucoup de suffisance que de retenir trop longtemps une main dans la sienne.

Jamais un jeune homme bien élevé ne tend le premier la main à une dame, à un supérieur, ni à un étranger rencontré pour la première fois, à moins qu'il ne soit *l'ami d'un de ses amis.*

Avant et après une absence prolongée, et dans quelques circonstances spéciales, les parents et les amis intimes s'embrassent au lieu de se serrer la main. Ce témoignage d'affection ne se donne jamais en public, excepté au départ ou à l'arrivée d'un voyage.

Quand on s'embrasse, il faut le faire franchement et adroitement. C'est un art d'embrasser et de se laisser embrasser convenablement.

III. — Des Formules de salutations.

En même temps qu'on se salue, qu'on se touche la main ou qu'on s'embrasse, on s'adresse quelques paroles polies.

A un supérieur élevé en dignité, par exemple à un évêque, on dira: *Monseigneur, j'ai l'honneur de vous présenter mon plus profond respect ou mes hommages très respectueux.*

A un supérieur avec lequel on est relativement familier: *Monsieur, je vous offre mon respect.*

A un égal : *Monsieur, je vous salue bien; je vous souhaite le bonjour;* et non pas : *Salut, salue bien,* et autres expressions plus ou moins cavalières.

Lorsqu'on aborde plusieurs personnes réunies, on ne doit pas dire : *Bonjour, monsieur et madame. — Bonjour, madame et la compagnie;* mais : *Monsieur, je vous salue bien. — Madame, j'ai l'honneur de vous présenter mes respectueux hommages.*

Si la même formule peut s'appliquer à toutes les personnes présentes, on la met au pluriel : *Mesdames, j'ai bien l'honneur de vous présenter mes respectueux hommages.*

En saluant un égal ou un inférieur, on lui demande, à l'aide de formules consacrées par l'usage, des nouvelles de sa santé : *Comment vous portez-vous? — Votre santé est-elle bonne?* et non : *Comment que ça vous va? — Ça va-t-il bien? — Comment va l'état de cette chère santé?*

On répond : *Très bien, je vous remercie, et vous-même?* On peut encore ajouter : *J'espère que vous n'avez pas de malade chez vous;* ou encore : *Comment se porte-t-on à N...?*

On ne demande pas à un supérieur des nouvelles de sa santé, à moins qu'il n'ait été réellement malade; on le fait alors sans formule spéciale.

CHAPITRE HUITIÈME

RELATIONS AU DEHORS

I. — Dans les Rues.

Le public a droit à notre respect. En sa présence, il ne faut jamais rien se permettre qui choque les convenances ou les usages reçus.

Avant de sortir de chez soi, un jeune homme bien élevé examine si son costume est propre, si son chapeau, sa cravate et ses souliers sont en bon état.

Il marche dans la rue avec aisance et dignité, sans prétention ni nonchalance, ni trop vite ni trop lentement, et en prenant les précautions voulues, pour ne pas faire jaillir la boue, heurter les parapluies, coudoyer les passants. Il évite les allures sautillante, dégingandée ou trop raide, également ridicules.

Dès qu'il a causé quelque accident, par inadvertance ou maladresse, il présente des excuses.

Si la circulation est gênée, un jeune homme poli, quelque pressé qu'il soit, attend son tour pour passer, et même il cède le pas à un ecclésiastique, à une dame, à un vieillard.

Sur les ponts, dans une rue très fréquentée, il prend la droite, suivant une coutume qui tend à se généraliser et qui prévient beaucoup d'embarras et quelques accidents.

S'il accompagne une personne à laquelle il doit du respect, il lui cède le haut du pavé, c'est-à-dire le côté des maisons, et au besoin il descend du trottoir. Dans un passage étroit, il s'efface pour la laisser passer.

En public, un jeune homme bien élevé est digne, modeste, réservé. De l'intérieur d'une maison, il ne se permet pas de parler ou de faire des signes à une personne qui est dans la rue.

En promenade et sur les places publiques, il évite de rire aux éclats, d'interpeller quelqu'un à distance, de fredonner des airs, de battre la mesure avec sa canne, de se faire remarquer par des manières brusques ou évaporées. Il ne se mêle jamais à la foule qui stationne pour voir un saltimbanque, un marchand ambulant, l'étalage de certains magasins.

Un magistrat d'une distinction et d'une propreté irréprochables profita de quelques jours de vacances pour aller visiter Paris. Sur le Pont-Neuf, son attention fut attirée par deux grosses couleuvres apprivoisées, qui se promenaient sur la table d'un dégraisseur en plein vent.

Pour les considérer de plus près, il s'approcha du marchand. Celui-ci, le saisissant immédiatement par le bras, se mit à frotter son merveilleux savon sur le collet de l'habit du grave magistrat en disant : *Regardez bien, messieurs et dames. Voici Monsieur qui, à cause de cette tache de graisse, est sale comme une huppe; vous allez la voir disparaître, et Monsieur sera propre comme un sou.*

Le dégraisseur passe et repasse une brosse mouillée sur le collet du magistrat qui, tout décontenancé, n'ose se fâcher dans la crainte d'aggraver le ridicule de sa situation.

Enfin il peut s'échapper. Le soir même, il quittait Paris.

II. — Dans les Magasins.

Dans un magasin, on reste découvert. Un homme bien élevé ne doit garder son chapeau sur la tête qu'en plein air. Cependant dans les bazars, les grandes galeries où l'on est obligé de circuler longtemps avant de s'arrêter à un comptoir, il est permis de rester couvert.

Après avoir salué le commerçant auquel on s'adresse, on lui demande, sans préambule, ce que l'on désire : *Monsieur, j'aurais besoin de telle chose.*

Il faut être respectueux et poli en faisant ses achats. Ce n'est pas parce qu'on paye, qu'on a le droit d'être malhonnête et grossier. Les avocats, les médecins, les notaires reçoivent aussi des honoraires; oserait-on, à cause de cela, leur parler avec insolence et leur manquer d'égards? Que deviendraient les relations sociales, si l'on avait le droit d'être impoli toutes les fois qu'on donne un peu d'argent?

Faire dépaqueter, déplier, étaler une grande quantité de marchandises et se retirer sans rien acheter est inconvenant et presque cruel.

Quand, après avoir bien cherché, on n'a rien trouvé à son goût, il est convenable de faire une petite emplette et de se retirer en disant: *Je regrette de vous avoir dérangé pour si peu, j'espère être plus heureux une autre fois.*

Il faut éviter, en faisant son choix, de défraîchir, de chiffonner les marchandises et de les jeter pêle-mêle sur le comptoir.

Dénigrer ce qu'on veut acheter, afin de l'obtenir à meilleur compte, est un procédé qu'une personne véritablement polie n'emploie pas. Le commerçant ne peut entendre critiquer la marchandise qu'il a choisie pour ses clients, sans en éprouver de la peine.

Dans les magasins à prix fixe, il est inutile et presque inconvenant de marchander; dans les autres, il est permis de le faire avec discrétion et courtoisie. Le marchandage exagéré est presque toujours l'apanage des gens vulgaires et sans éducation.

Chez les bijoutiers et partout où il y a des objets de grande valeur, on ne doit pas déplacer ces objets, ni s'approcher trop près de l'étalage, surtout lorsque le commis s'éloigne.

Quand l'employé d'un fournisseur apporte un paquet, il est d'usage de lui donner un *pourboire;* c'est un excellent moyen pour être servi promptement une autre fois.

Il faut, autant que possible, ne jamais acheter à crédit. Les dettes, nous ne saurions trop le répéter, sont la ruine des familles et le bourreau de leur tranquillité.

III. — Chez les Hommes d'Affaires.

Les hommes d'affaires : notaires, avocats, administrateurs de société, reçoivent dans leur cabinet, où l'on se tient découvert, même en l'absence du maître.

On le salue à son arrivée, et, sans aucun préambule, on lui expose d'une manière claire et précise l'affaire dont il s'agit.

La visite terminée, on se lève, et, après avoir remercié, on se retire sans remettre en place le siège qu'on occupait.

Le payement exige une certaine délicatesse. Dans le cas d'une seule consultation et lorsqu'on est sur le point de se retirer, on demande ce que l'on doit. La somme est ensuite déposée, sans rien dire, sur la table ou sur le bureau.

Lorsque l'affaire a demandé plusieurs consultations, on écrit pour remercier et demander la note.

Les marchandages sont ici du plus mauvais goût. Les exigences de certains médecins et de quelques avocats sont connues ; si elles dépassent les moyens dont on dispose, on en consulte d'autres.

IV. — Avec les Employés de bureau.

On entre sans frapper dans le bureau d'une administration, et, après s'être découvert, on se dirige immédiatement vers l'employé auquel on désire parler. Dès qu'on est près de lui, on lui expose, sans préambule, l'objet de sa visite.

Si l'affaire demande un certain temps, on peut s'asseoir, même sans y être invité.

Quand tout est terminé, on dépose sur la table la somme dont on est redevable, et, après avoir remercié, on se retire, sans mettre en place le siège qu'on occupait.

Une personne qui a du savoir-vivre offre un cadeau à un avocat, à un médecin, à un fonctionnaire qui n'a pas accepté les honoraires auxquels il avait droit.

CHAPITRE NEUVIÈME

DES VISITES

I. — Les Visites faites.

Les visites doivent se faire dans une toilette soignée, en rapport avec le but qu'on se propose. Visiter les pauvres avec un habit somptueux, ou un ami en deuil avec un costume de fête, est tout à fait contraire aux règles de la bienséance.

Le moment le plus convenable pour faire des visites est entre le déjeuner et le dîner, c'est-à-dire entre trois heures et sept heures du soir. Quand une personne a un jour de réception, c'est ce jour qu'on choisit.

Arrivé à la porte de la maison, on essuie d'abord sa chaussure sur le paillasson, puis l'on sonne discrètement. Si après avoir sonné deux fois personne ne vient ouvrir, on se retire en ayant soin de déposer, chez le concierge, sa carte pliée au coin et à droite.

Il peut se faire qu'une fois dans l'antichambre, on ne trouve point d'introducteur. Dans ce cas, on frappe quelques coups discrets à la porte du salon, et, si personne ne dit d'entrer, on disparaît sans bruit, en laissant sa carte dans un endroit bien apparent.

Lorsque le domestique vient ouvrir, on le salue, et, remettant immédiatement son chapeau, on lui dit: *Monsieur un tel est-il visible?*

Si la réponse est affirmative, on entre après s'être décou-

En marchant. — Se découvrir quelques pas avant de se croiser. — Saluer de la main opposée à la personne connue. La regarder en s'inclinant selon l'importance de son rang. — Ne pas montrer l'intérieur du chapeau.

vert; si elle est négative, on n'insiste pas; on se retire en
donnant sa carte.

Dans les visites un peu cérémonieuses, on dépose sa
canne et son pardessus dans le vestibule; on ne conserve
que son chapeau.

Quand on a l'honneur d'être reçu par un évêque ou un
cardinal, on fait, en entrant, une profonde inclination; puis,
arrivé près du prélat, on s'incline pour baiser son anneau
et recevoir sa bénédiction.

Il est tout à fait contraire aux bienséances de feuilleter
les livres et les albums dans un salon, comme on le ferait
dans la salle d'attente d'un médecin ou d'un avocat, et, à
plus forte raison, de toucher aux objets qui figurent sur
une étagère ou sur une cheminée.

Lorsqu'on est introduit dans un salon ou dans une salle
d'attente, on ne doit pas se promener, se mettre à la fenêtre,
s'approcher d'une table sur laquelle il y aurait des papiers
écrits. Il faut s'asseoir, rester découvert, avoir une tenue
aussi réservée que si l'on était en présence du maître.

On ne refuse pas à un homme l'offre de passer le premier
à l'entrée ou à la sortie d'un appartement; mais on ne
l'accepte jamais d'une dame, même quand elle est chez elle.

Dès qu'on a franchi la porte d'un salon, on se dirige vers
la maîtresse de maison pour la saluer avec aisance et naturel.
On joint les pieds, on se tient droit, on incline la tête et
le buste aussi gracieusement que possible, en laissant
tomber les bras le long du corps. (Planche XI.— *Réception
dans un salon.*)

Ensuite, s'il y a lieu, on salue le groupe de droite, puis
celui de gauche. Tout cela demande une certaine habileté
et par conséquent un peu d'exercice.

Présenter ses respects à haute voix en ouvrant la porte du
salon, marcher tête baissée et avec précipitation, tenir son
chapeau comme quelqu'un qui demande l'aumône sont
autant de maladresses, qui provoquent souvent de malins
sourires.

Lorsqu'un enfant accompagne ses parents en visite, il

entre le dernier, sort le premier, et ne donne jamais le signal du départ.

Le visiteur accepte, sans cérémonie, le siège qui lui est offert; il n'attend pas qu'on le lui approche, il le prend lui-même et ne s'assied qu'après les maîtres de la maison. Si ceux-ci restent debout, cela signifie que la visite doit être courte.

On ne se place pas, sur une causeuse ou sur un canapé, à côté d'une maîtresse de maison, sans y être formellement invité.

Les enfants et les jeunes gens prennent les places les moins honorables, les sièges les moins commodes. Autrefois, dans le bon vieux temps, un enfant ne se serait point installé dans un fauteuil, à une place d'honneur, sans entendre une apostrophe comme celle-ci : *Oh! oh! les armes de Bourges!...* qui sont d'ailleurs assez remarquables : *Un âne à tête d'argent dans un fauteuil.*

Dans une salle, la meilleure place est du côté de la croisée; la moindre, du côté de la porte.

Près de la cheminée, la première place est au coin et à droite; la seconde, en face de la première; la troisième, à côté de la première.

Il ne faut pas mettre les mains sur la braise, les passer à travers la flamme, tourner le dos au feu, étendre les jambes pour se chauffer les pieds; mais s'effacer le plus possible, et ne gêner personne.

Pendant toute la durée d'une visite, il faut avoir une tenue réservée, mettre en pratique les règles données précédemment sur le maintien. Entre l'allure trop cavalière et la timidité qui rend maladroit, il y a un juste milieu : l'assurance modeste, signe certain d'une bonne éducation.

Le chapeau est souvent embarrassant; la manière de le tenir dénote le degré d'habitude du monde. On doit le garder à la main, sur les genoux et le creux en bas. (Planche XI. — *Réception dans un salon.*)

Si l'on est invité à s'en débarrasser, on le met sur une console ou sur un meuble; mais on ne doit pas le déposer sur la cheminée ou sur un lit.

Il est de mauvais ton de conduire des chiens avec soi, lorsqu'on va en visite ; ils aboient, poursuivent les autres animaux et laissent partout des traces de leurs pattes, qu'ils n'ont probablement pas eu le soin d'essuyer sur le paillasson.

Les jeunes gens doivent s'intéresser à la conversation, répondre d'une manière gracieuse aux questions qui leur sont posées, éviter de contredire la personne qui parle et de donner leur opinion d'un ton autoritaire et cassant. Trop souvent ils s'érigent en oracles, tranchent toutes les questions, constituent une sorte de cour suprême qui juge en dernier ressort et sans appel. La modestie sied bien aux jeunes gens ; elle est le caractère du vrai mérite.

A l'arrivée ou au départ d'un visiteur, tous les hommes se lèvent et, d'une manière générale, toutes les fois que la maîtresse de maison est debout.

La durée d'une visite varie suivant les circonstances ; elle doit rarement dépasser vingt minutes. Il ne faudrait pas cependant se permettre de regarder sa montre pour voir si ce temps est écoulé.

Les meilleures visites sont souvent les plus courtes. Quelques-unes : souhaits de bonne année, compliments à la suite d'une promotion, visite à un malade,... ne doivent durer que quelques minutes ; souvent on ne prend pas la peine de s'asseoir.

Le grand art du visiteur est de savoir se retirer à propos. *L'homme habile*, dit La Bruyère, *sent s'il convient ou s'il ennuie ; il sait disparaître le moment qui précède celui où il serait de trop.*

Les visites trop prolongées sont un des fléaux des gens occupés : on doit se le rappeler, même en visitant des amis. *On incommode souvent les autres, quand on croit ne jamais pouvoir les incommoder.* (LA ROCHEFOUCAULD.)

Si le maître de maison laisse tomber la conversation ; s'il attise son feu sans nécessité, regarde la pendule ou sa montre ; s'il laisse apercevoir, d'une manière quelconque, qu'il s'ennuie, il faut brusquer le départ.

Lorsque la maîtresse de maison reçoit une lettre ou une

3*

dépêche qu'elle ne décachette pas, on doit se hâter de lui rendre sa liberté.

On se retire, quelque instance qu'on fasse, lorsque la personne visitée est à table. Dans un cas d'urgente nécessité, on fait appeler le maître de la maison, et, sans s'asseoir, on lui expose brièvement le but de sa visite.

A l'arrivée d'un visiteur on se retire, à moins que le nouveau venu soit un parent ou un ami ; on doit alors prolonger sa visite ou motiver son départ pour ne pas avoir l'air de vouloir l'éviter.

La manière de prendre congé demande beaucoup de tact. On ne part pas au milieu d'un récit intéressant ou lorsque la maîtresse de maison est occupée ; on attend une occasion favorable pour dire quelques mots, et, immédiatement après, on se lève pour sortir. On adresse alors une phrase quelconque à la maîtresse de céans, comme de transmettre ses souvenirs respectueux à son mari ; puis on se retire, sans précipitation ni lenteur, après avoir salué les personnes présentes, particulièrement celles que l'on connaît.

On ne remet pas en place le siège qu'on occupait ; on se contente de le tirer un peu à l'écart, lorsqu'il encombre le passage.

Si, par déférence, le maître de la maison accompagne jusqu'à la porte de sortie, on garde son chapeau à la main, et on lui fait un dernier et gracieux salut, en se tournant à moitié lorsqu'on arrive au premier détour de l'escalier.

On ne permet pas qu'une dame qui reconduit aille plus loin que la porte du salon.

Lorsque les visiteurs sont très nombreux, il est permis de partir *à l'anglaise*, c'est-à-dire sans bruit et sans rien dire.

II. — Les Visites reçues.

Dès qu'une personne devient notre hôte, elle a droit à tous nos égards. Ce serait manquer gravement aux devoirs qu'impose l'hospitalité que de la recevoir d'un air froid ou morose.

Quand vous recevez une visite, dit Boitard, *fût-ce celle d'un créancier, prenez un air très gracieux; allez le recevoir à la porte, priez-le de s'asseoir, approchez-lui vous-même un fauteuil, mettez-le à la place d'honneur, c'est-à-dire à un des coins de la cheminée, et faites qu'en se retirant il soit content de vous et de lui.*

Il faut se montrer très obligeant envers tous les visiteurs : leur ouvrir les portes, détourner ce qui pourrait gêner la liberté du passage, donner le bras à un vieillard qui aurait de la difficulté pour marcher, etc.

Lorsqu'on a l'honneur de recevoir un grand personnage et qu'on est averti de l'heure de son arrivée, il faut aller l'attendre, avec les principaux membres de sa famille, jusqu'à la porte extérieure, et lui témoigner, durant toute la visite, un affectueux et profond respect.

Laisser un visiteur s'impatienter dans une salle d'attente, même quand on est ou qu'on se croit un grand personnage, est tout à fait inconvenant. *L'exactitude*, disait Louis XIV, *est la politesse des rois.*

Un jour, un homme de distinction ayant sollicité une audience d'un ministre, celui-ci le fit attendre durant une heure. *Je vous avais complètement oublié*, dit le ministre pour s'excuser. — *Dites plutôt que vous vous êtes oublié vous-même*, répondit l'offensé. Quoique un peu sévère, la leçon était méritée.

Lorsqu'on est dans l'impossibilité de recevoir immédiatement un visiteur, on l'introduit dans une chambre convenable, et, s'il est possible, on lui envoie quelqu'un pour lui tenir compagnie.

On peut recevoir dans la salle à manger, et même dans la chambre à coucher, quand on n'a pas de salon.

Durant les réceptions, les enfants doivent se faire un plaisir de venir en aide à leurs parents : approcher un siège, ouvrir une porte, fermer une croisée, débarrasser les visiteurs d'objets gênants, etc.

Il est convenable d'offrir aux intimes de quitter leurs vêtements chauds en hiver ; en tout temps, de se débarrasser de
la canne et du chapeau.

Lorsqu'on reçoit une dépêche ou une lettre durant une
visite, on peut la parcourir rapidement, après en avoir
demandé l'autorisation en disant : *Vous permettez ?* An-
nonce-t-elle un événement heureux ou un malheur qu'on
n'a point à cacher ? il est bien permis d'en faire part aux
visiteurs, qui, suivant le cas, s'empresseront de présenter
des félicitations ou des condoléances.

Lorsqu'on reçoit un visiteur pendant que l'on est à table,
il est indispensable de lui offrir un fruit, une tasse de café
ou quelque autre chose. Ce serait manquer gravement aux
convenances que de manger des bonbons, des friandises
durant une visite, sans en offrir aux personnes présentes.

Lorsqu'on accompagne un visiteur jusqu'au palier de l'escalier, il faut refermer la porte sans bruit, et seulement après
que le visiteur s'est retourné pour saluer une dernière
fois.

On reconduit une personne de considération jusqu'à sa
voiture, dont on lui ouvre soi-même la portière. Lorsqu'elle
est installée et que la voiture commence à s'éloigner, on lui
fait un dernier et gracieux salut.

On dit les visites bien ennuyeuses, et cependant elles sont
utiles et même nécessaires. Non seulement elles favorisent
les relations sociales, mais elles façonnent aux bonnes manières lorsqu'on fréquente des salons où règnent l'urbanité
et la distinction.

Un poète persan exprime d'une manière gracieuse l'heureuse influence des gens de la bonne société :

Je me promenais, dit-il, *je vois à mes pieds une feuille
à demi desséchée qui exhalait une odeur suave. Je la ra-
masse et je la respire avec délices.*

Toi qui exhales un si doux parfum, lui dis-je, *es-tu la
rose ? — Non*, me répondit-elle, *je ne suis point la rose,
mais j'ai vécu quelque temps avec elle ; de là vient le doux
parfum que je répands.*

Les visites à la campagne sont plus familières; on y est moins sévère pour l'heure et la toilette.

Il est d'usage, surtout lorsque les visiteurs viennent d'un peu loin, de leur offrir des rafraîchissements qui doivent être de premier choix.

Le domestique apporte alors sur un plateau tout ce qui est nécessaire, et débouche la bouteille avec précaution. Le maître présente les verres et verse lui-même.

Lorsque le visiteur prend congé, on le reconduit jusqu'à la porte extérieure de la propriété, et même une partie du chemin.

III. — Des différentes espèces de Visites.

Les visites peuvent se diviser en plusieurs catégories : les *visites officielles,* les *visites de cérémonie,* les *visites d'affaires,* les *visites de circonstances* et les *visites d'amitié.*

Nous n'avons rien à dire des visites officielles; elles ont un cérémonial particulier, que les intéressés connaissent certainement.

Visites de cérémonie. — Les visites de cérémonie se font à des personnages éminents, à des supérieurs hiérarchiques; ou pour inviter quelqu'un à une grande réunion, à un banquet, à un dîner d'apparat...

Plus elles sont cérémonieuses, plus elles sont courtes, pleines de réserve et conformes aux règles d'une sévère étiquette. Elles ne doivent durer que quelques minutes, souvent on ne prend pas la peine de s'asseoir.

Quand elles sont *collectives,* la personne la plus qualifiée entretient la conversation, donne le signal du départ et sort la dernière.

Dans l'escalier, on cède le côté de la rampe aux personnes les plus honorables.

Visites d'affaires. — Les visites d'affaires sont plus ou moins cérémonieuses, suivant la dignité de la personne à laquelle on s'adresse.

Le visiteur doit exposer d'une manière claire et sans préliminaires l'affaire dont il s'agit ; puis, si la réponse a été favorable, témoigner sa reconnaissance et se retirer après avoir salué. Dans le cas contraire, il ne laisse paraître ni sa mauvaise humeur, ni une satisfaction qu'il n'éprouve pas ; il prend congé, en échangeant quelques paroles polies.

Visites de circonstances. — *Les visites de circonstances* se font à l'occasion *d'un service rendu, d'un événement heureux ou malheureux, d'un congé ou d'un retour, de l'arrivée dans une ville...*

Après un *service rendu,* on témoigne sa reconnaissance en faisant *immédiatement* une visite, qui revêt un caractère différent, suivant qu'elle est faite à un supérieur ou à un ami. Elle doit toujours être pleine de cordialité.

Les visites à l'occasion d'un *événement heureux :* baptême, mariage, décoration,... se font aussi *le plus tôt possible ;* elles se nomment *visites de félicitations.*

Les *visites de condoléances* se font dans la quinzaine qui suit la réception de la lettre de faire-part, sans aucune recherche de toilette, avec une certaine gravité et beaucoup de cœur.

On ne demande pas à la personne affligée des nouvelles de sa santé, et l'on attend, pour lui parler du défunt ou du malheur survenu, qu'elle aborde elle-même ce triste sujet. Alors on l'écoute avec complaisance, et l'on cherche à lui inspirer quelques motifs de consolation. Si l'on sent qu'on fait du bien, il ne faut pas craindre de prolonger l'entretien ; car, après le plaisir de se donner, de se dévouer, il n'en est pas de plus doux que celui de consoler.

Visites aux malades. — Lorsqu'on apprend la maladie d'un parent ou d'un ami, on doit aller le plus tôt possible prendre de ses nouvelles.

Si l'on est admis à le voir, il faut lui parler d'un ton modéré, chercher à le distraire, à l'égayer, et ne prolonger sa visite qu'autant qu'il en manifeste le désir.

Il serait aussi inconvenant que peu raisonnable de critiquer les ordonnances du médecin, d'indiquer soi-même des

remèdes, d'exciter les regrets ou les inquiétudes du malade
par quelques paroles imprudentes.

Après sa guérison, le malade doit une visite de remerciements à toutes les personnes qui sont venues prendre de
ses nouvelles.

Visites dites de congé. — Avant de faire un voyage de
longue durée, on en prévient ses amis par une visite dite *de
congé*. Si la personne visitée est absente, on laisse sa carte
sur laquelle on écrit les lettres **P. P. C.** : *pour prendre
congé*.

Lorsqu'on s'installe dans une localité, on fait une visite
aux personnes avec lesquelles on désire entrer en relation.
Ces visites ont forcément un caractère de réserve. Elles ne
sont obligatoires qu'envers les supérieurs.

Visites du jour de l'an. — Les visites du jour de l'an
s'échelonnent, suivant le degré de respect ou d'affection
qu'on veut témoigner. Elles se font la veille, aux supérieurs;
le jour même, aux proches parents; dans la huitaine, aux
parents éloignés et aux amis; enfin, durant le mois, aux
autres connaissances.

Il est assez d'usage d'offrir, durant ces sortes de visites,
des papillotes ou des dragées; on en présente alors deux
fois.

Visites de fête. — Les visites de fête sont pleines de cordialité; elles se font la veille. Elles offrent une occasion
toute naturelle de faire des cadeaux, choisis avec tact et délicatesse.

Visites dites de digestion. — Les visites après un dîner, une
soirée, se font dans la huitaine. On ne parle pas du motif
de la visite, qui est suffisamment connu. Dans quelques
localités, on tend à les supprimer.

IV. — Des Visites d'amitié.

L'amitié est la forme la plus délicieuse de l'aimable charité, le signe assuré d'une grande âme et la plus haute récompense attachée à la vertu.

L'amitié désintéressée est rare.

> Chacun se dit ami. Bien fou qui s'y repose !
> Rien n'est si commun que le nom,
> Rien n'est plus rare que la chose.
>
> (La Fontaine.)

C'est pourquoi il ne faut pas contracter une amitié à la légère. Avant de se lier intimement avec quelqu'un, on doit chercher à le bien connaître ; autrement on s'expose à des mécomptes, à des déceptions, à des malheurs peut-être.

Une mauvaise amitié, contractée dans l'enfance, peut avoir des suites funestes pour toute la vie. *Point d'ami intime qui ne craigne Dieu et que les pures maximes de la religion ne gouvernent en tout ; autrement il vous perdra, quelque bonté de cœur qu'il ait.* (Fénelon.)

Une âme vicieuse est essentiellement égoïste, et par conséquent incapable de comprendre et surtout de remplir les devoirs qu'impose l'amitié.

> Pour les cœurs corrompus, l'amitié n'est point faite.
>
> (Voltaire.)

La véritable amitié est rare, mais elle existe ; Notre-Seigneur lui-même en a donné l'exemple. Elle est fondée sur la bonté et sur l'estime réciproque. Lorsque nous donnons à quelqu'un le droit de nous mépriser, il ne peut que nous haïr. *J'estime ce que j'aime, ou je cesse d'aimer.*

Un ami est un autre nous-même, qui s'associe à nos peines pour les soulager, à nos plaisirs pour les accroître, et pour lequel nous n'avons de secret que le secret d'autrui. Loin de flatter nos passions, de favoriser nos défauts, il cherche, par de sages conseils et de charitables avertissements, à nous maintenir dans le chemin de l'honneur et du devoir.

> Un ami selon Dieu, loin d'abaisser notre âme,
> L'élève vers le ciel, la réchauffe, l'enflamme;
> Il affermit nos pas dans la route du bien;
> Il est notre conseil, il est notre gardien.
>
> (H. Violeau.)

On distingue trois sortes d'amis : les amis qui nous aiment, les amis qui ne se soucient pas de nous, et les faux amis qui nous jalousent et nous détestent. C'est dans le malheur qu'on les reconnaît.

Les visites d'amitié se font sans recherche de toilette, à toute heure du jour, même le matin. L'étiquette doit en être bannie.

L'ami visité n'a point à se gêner; il peut vaquer à une affaire pressante et laisser le visiteur seul sans que celui-ci ait le droit de s'en trouver offensé. De son côté, tout en étant très familier, le visiteur ne doit pas se montrer indiscret, ouvrir un tiroir, regarder des registres, lire une lettre oubliée sur une table, etc. Il sait unir une délicate réserve à l'aisance qu'autorise l'amitié.

Quoique la durée d'une visite à un ami ne soit pas limitée, il faut se garder d'être importun et savoir disparaître quelques instants avant de devenir un sujet d'ennui.

Lorsqu'il survient un parent ou un ami commun, il faut prolonger sa visite ou motiver son départ; si c'est un inconnu, on se retire immédiatement, sans cependant avoir l'air de fuir.

En abordant, comme en quittant un ami, on se sert de formules familières, qui seraient déplacées dans une visite de cérémonie : *Bonjour, Bonsoir, A bientôt, Au revoir*, et non *A revoir*, comme on le dit souvent.

En principe général, on ne doit rendre que les visites que l'on reçoit; mais avec les parents et les amis on ne s'astreint à aucune comptabilité, on se laisse guider par le cœur.

V. — Des Cartes de visite.

La carte de visite est une admirable invention, elle satisfait à la bienséance et épargne du temps.

Elle doit être aussi simple que possible, et ne pas se faire
remarquer par le format, la couleur, la bizarrerie de l'écriture.

Elle est envoyée sous enveloppe ouverte, avec timbre de
cinq centimes, ou sous bande, avec timbre d'un centime.
L'Administration y tolère cinq mots impersonnels. Exemple :
Cordiales félicitations et affectueux respect.

Par économie, on peut remplacer la carte par un carton
sur lequel on écrit son nom ; c'est moins distingué.

Quand on va en visite, on donne sa carte au domestique
lorsqu'on tient à se faire annoncer d'une manière précise ;
si l'on ne trouve personne, on la dépose chez le concierge
après l'avoir pliée à l'angle gauche de dessous, à l'endroit ;
pour les visites de condoléances, on la plie à l'angle droit, à
l'envers. Comme la carte représente une visite, on ne doit en
laisser qu'une pour tous les membres de la famille.

Au jour de l'an, on envoie sa carte aux supérieurs hiérarchiques, aux personnages de distinction : prêtres, magis-
trats, médecins, avec lesquels on a eu quelques relations ; aux
connaissances assez intimes qu'on ne peut visiter à cause
de leur éloignement ; et enfin à des personnes peu connues,
dont on ne veut pas être oublié. Elle doit être envoyée assez
tôt aux personnes auxquelles on doit du respect, pour qu'elle
arrive, au plus tard, le 30 ou le 31 décembre.

Il ne serait pas convenable d'adresser sa carte à l'occasion
du jour de l'an à des connaissances que l'on voit habituellement : ce serait trop ou trop peu.

Après un événement heureux ou malheureux, on envoie
le plus tôt possible sa carte à un ami, avec quelques mots de
félicitations ou de condoléances.

En marchant. — L'inférieur salue, trois ou quatre pas avant la rencontre ; il abaisse son chapeau horizontalement
à la hauteur de la poitrine. — Ne pas oublier que le regard et l'expression du visage font le salut.

Ex. : *Affectueuses condoléances. Sincères et respec-*
tueuses félicitations, etc.;

ou :   M. X...
a l'honneur d'offrir à monsieur Z*** ses bien sincères con-
doléances et l'expression de ses sentiments respectueux et
dévoués.

C'est par une carte qu'on répond aux lettres de faire-part,
de naissance, de baptême, d'invitation à un convoi funèbre.
Lorsqu'on assiste à des funérailles, on dépose sa carte cornée,
si l'on n'a pas inscrit son nom sur un registre.

On accepte ou l'on refuse une invitation à une soirée,
à un repas, en envoyant sa carte, avec quelques mots aimables.

On joint sa carte à tout envoi, à **tout cadeau qu'on** ne
porte pas soi-même.

Pour remercier d'un petit présent, du bon accueil fait à
une personne recommandée, et pour toute communication
de peu d'importance, on se sert de la carte.

          M. X...
a l'honneur d'offrir à M. Y*** ses meilleures amitiés et le
remercie d'avoir accueilli favorablement monsieur Z***.

On doit toujours répondre à une carte, et, dans certains
cas, libeller l'adresse au nom du mari et de la femme.

CHAPITRE DIXIÈME

DES SOIRÉES

I. — Étiquette des Soirées.

Les soirées sont des fêtes qui commencent le soir, et se terminent malheureusement bien avant dans la nuit.

Quelques-unes sont obligatoires, comme celles qui ont lieu après un dîner, pour fêter certains anniversaires ; d'autres, exclusivement *mondaines*, doivent être évitées, car elles exposent à bien des dangers.

Quand on reçoit une invitation à une soirée, il faut répondre immédiatement pour témoigner du plaisir qu'on aura de s'y rendre, ou pour s'excuser de ne pouvoir y assister.

Arrivé à la maison, on doit déposer au vestiaire son manteau et sa canne, garder son chapeau et ses gants.

Dès qu'on est entré au salon, on se dirige vers la maîtresse de maison pour la saluer et lui adresser quelques paroles de circonstance. On doit éviter la précipitation, faire les différents saluts avec beaucoup d'aisance et de naturel. Trop de timidité passe souvent pour de la niaiserie ; trop de hardiesse, pour de l'arrogance et de l'effronterie. (Planches XII, XIII, XIV et XV. — *En visite.*)

Après avoir salué ses connaissances, on se mêle au groupe en évitant de passer devant les personnes présentes ou en s'excusant de le faire, si l'on y est obligé par le manque d'espace. On ne passe pas davantage au milieu d'un groupe, ni entre le feu et quelqu'un qui se chauffe.

La gaieté bruyante, les manières trop brusques, trop familières, tout ce qui ressent la camaraderie ou le sans-gêne est de mauvais goût.

Un jeune homme bien élevé ne fuit pas les personnes âgées; il les fréquente volontiers, parce qu'il gagne beaucoup en leur compagnie.

Toujours aimable et respectueux, il ne souffre pas qu'une dame ou un vieillard soit debout lorsqu'il est assis. Il tient constamment son chapeau à la main, excepté quand il chante ou qu'il prend des rafraîchissements.

Sans être obséquieux, il saisit toutes les occasions de faire plaisir.

II. — Des Jeux en général.

On rompt très agréablement la monotonie des soirées par quelques jeux : billard, dames, échecs, dominos, etc.

Le jeu est un délassement permis, dont il ne faut pas abuser. *Il nous dérobe trois choses,* dit un proverbe anglais : *le temps, l'argent et la conscience.*

Pour être beau joueur, il ne faut être ni boudeur ni querelleur, et se rappeler que la loyauté est le premier devoir d'un honnête homme. On commence par tricher, puis on devient fripon.

Afin de ne gêner personne, l'enjeu doit être très limité; c'est au maître de la maison à le déterminer. Ce serait lui manquer gravement que de dépasser le chiffre qu'il aurait fixé.

Pendant qu'on joue, on ne doit pas demander des conseils aux personnes qui forment la galerie, entretenir des conversations avec elles ou leur cacher son jeu. Lorsqu'il survient un litige, il est permis de soutenir son droit avec calme et modération; mais, si l'adversaire insiste beaucoup ou s'il se fâche, il est bon de céder.

Le duc de Bourgogne jouait un jour avec un de ses gouverneurs. Il y eut un cas douteux. Le duc soutenait avec chaleur qu'il avait gagné, le gouverneur disait le contraire : *Vous croyez avoir raison,* dit le gouverneur, *et moi aussi; qui est-ce qui cédera? Ce sera vous,* répondit le duc avec colère. Puis, se radoucissant tout à coup, il ajouta : *Parce que vous êtes le plus raisonnable.* (Planche XVII. — *Le jeu.*)

Il est contre la bienséance de montrer trop de joie quand on gagne, ou trop de tristesse quand on perd; la figure doit rester à peu près impassible.

Certains joueurs, dans le succès, ne peuvent dissimuler leur contentement : ils se frottent les mains, fredonnent des airs, lancent des bons mots, poussent des exclamations de bonheur. La chance tourne-t-elle? Alors ils crient, s'emportent, contestent tous les coups, querellent les donneurs de conseils et s'oublient jusqu'à prononcer des paroles blessantes et même injurieuses.

Dans sa correspondance, Mme de Maintenon se plaint amèrement de quelques joueurs. *L'un crie, l'autre frappe si fort sur la table que toute la salle en retentit; le troisième blasphème à faire dresser les cheveux sur la tête; tous paraissent hors d'eux-mêmes et sont effrayants à voir.*

Compter l'argent qui est devant soi, en mettre dans sa poche pendant qu'on joue est tout à fait contraire aux usages reçus.

Le gagnant ne refuse pas une revanche au joueur malheureux qui la lui demande. Le perdant, au contraire, abandonne, quand il lui plaît, le jeu qui ne lui est point favorable. Il ne doit pas dépasser le maximum de perte qu'il s'est imposé au début de la soirée.

Si, durant une partie, on venait à s'apercevoir que le partenaire triche, on ne ferait aucune récrimination; mais, une fois la partie terminée, on se retirerait sans rien dire.

C'est manquer d'égards à un joueur que de battre les cartes après lui.

Quand quelqu'un oublie de mettre son enjeu, on le réclame aussi poliment que possible, disant par exemple : *Il manque telle somme au jeu... Quelqu'un a oublié de mettre au jeu.*

Les jeux de hasard, à plus forte raison, les paris dans lesquels l'argent sert d'enjeu, ne sont tolérés que dans ces maisons funestes, où un jeune homme laisse si facilement sa délicatesse et son honneur.

Les échecs, les dames, le billard, qui demandent une certaine habileté, sont préférables aux jeux de cartes, qui sont presque tous des jeux de hasard...

Les boules, les quilles, le croquet, procurent, avec une agréable distraction, un exercice salutaire à la santé. En se livrant à ces jeux, il faut éviter de pousser des cris, d'avoir les vêtements en désordre et de faire des contorsions messéantes.

Les dettes de jeu, dites *dettes d'honneur,* se payent dans les vingt-quatre heures et avant toute réclamation.

Il est permis de refuser de prendre part à un jeu en alléguant son ignorance ou en disant avec franchise qu'on a pris la résolution de ne jamais jouer. On se contente alors du rôle de spectateur.

Dans ce cas, on ne doit pas s'ériger en censeur, donner des conseils, prendre parti pour l'un ou pour l'autre des adversaires, présager la perte ou le gain de l'un d'entre eux. Ce n'est que dans les coups douteux, et sur la demande expresse des joueurs, qu'il est permis d'intervenir.

Un jeune homme qui se passionne pour le jeu, y consacre un temps considérable, s'expose aux plus graves dangers : à la perte de sa tranquillité, de sa fortune et même de son honneur.

> Il est bon de jouer un peu ;
> Mais il faut seulement que le jeu nous amuse.
> Un joueur, d'un commun aveu,
> N'a rien d'humain que l'apparence ;
> Et d'ailleurs, il n'est pas si facile qu'on pense
> D'être fort honnête homme et de jouer gros jeu.
> Le désir de gagner, qui nuit et jour occupe,
> Est un dangereux aiguillon.
> Souvent, quoique l'esprit, quoique le cœur soit bon,
> On commence par être dupe,
> On finit par être fripon.
>
> (Mᵐᵉ DESHOULIÈRES.)

III. — Des Jeux de Société.

Les *jeux de société* ou *petits jeux* ne sont plus guère en faveur. Ils demandent beaucoup de verve, d'entrain et de gaieté, du tact et de la délicatesse. Il faut les varier pour en maintenir l'intérêt. Quelques-uns ne doivent jamais être proposés.

Lorsqu'un jeune homme est appelé à y prendre part, il doit s'y prêter de bonne grâce et ne pas chercher à imposer ses goûts ou sa volonté. Faire abnégation de soi-même est un des premiers principes du savoir-vivre et un moyen sûr de se rendre aimable.

Sans l'indulgence et la bonté, ces sortes de récréations deviennent insupportables. Les allusions blessantes et les plaisanteries qu'on s'y permet quelquefois font souvent de cruelles blessures. Donner des *pénitences* pénibles ou inconvenantes, c'est transformer la partie de plaisir en une désagréable corvée.

Plus est grande la liberté accordée par ces jeux, plus il faut se surveiller pour ne point dépasser les limites imposées par les convenances.

IV. — Le Thé.

A la fin d'une soirée, on offre assez souvent du thé ou du chocolat. Sur une table, on met une pile de petites serviettes, des assiettées de gâteaux; et, sur un plateau, la théière, les tasses, le sucrier, le flacon de rhum.

La maîtresse de maison verse le thé, et un de ses enfants se fait un plaisir de lui venir en aide; il présente le sucre aux invités, reçoit la tasse vide des personnes de considération, etc. (Planche XVI. — *Le thé.*)

Le maître de la maison offre le rhum, qu'il est bien permis de refuser. Pas plus que le café, le thé ne se verse dans la soucoupe pour être refroidi et bu à petites gorgées. La petite cuiller est laissée dans la soucoupe et non dans la tasse.

V. — Déclamation et Musique.

Il arrive assez souvent que, pour rompre la monotonie des conversations d'une soirée, on récite des vers, on joue de petites comédies, on fait de la musique.

Lorsqu'on a suffisamment de talent, on ne peut refuser, sans impolitesse, de chanter ou de jouer un morceau, de débiter une poésie.

Un monologue, convenablement choisi et déclamé avec art, plaît toujours. Talma arrachait des larmes d'attendrissement à l'élite de la société parisienne en récitant notre prière quotidienne, le *Notre Père*.

Il y a bien des manières de mal dire des vers, il n'y en a guère qu'une seule de les interpréter convenablement. Il ne faut pas, comme on le croit communément, chercher à donner à l'auditeur l'illusion de la prose. Tout en faisant sentir la mesure, le rythme, la cadence, la rime, on doit s'efforcer de rendre les pensées de l'auteur. Corneille ne s'interprète pas comme La Fontaine, Victor Hugo comme Lamartine. Ici, il faut de l'éclat, de l'énergie, de l'emphase; là, de l'abandon, de la simplicité, de la naïveté.

Bien débiter est un art difficile qui demande une bonne diction, un geste convenable et une parfaite intelligence du sujet.

Le geste est le complément de l'expression et l'accompagnement obligé de la parole. *C'est lui qui donne de la physionomie au discours.* (DELILLE.)

Les gestes exagérés et trop nombreux révèlent la prétention; gauches et monotones, la timidité.

Quand ils sont bien faits, ils s'identifient tellement avec les idées exprimées, que personne ne s'en aperçoit, ni leur auteur, ni ceux qui l'écoutent. Ils sont alors simples, précis, gracieux, variés, dessinés tantôt avec un seul bras, tantôt avec les deux. Ils doivent précéder la parole et ne se terminer qu'avec elle.

Lorsqu'on demande à un jeune homme de remplir un rôle dans une petite comédie, il doit l'étudier avec soin, assister à toutes les répétitions, ne jamais se faire attendre, et sauvegarder sa dignité, même dans les scènes les plus comiques.

S'il chante, il le fait avec aisance, sans affectation, en évitant les grimaces, les contorsions, les poses théâtrales.

Il ne se rend pas au salon avec un rouleau de musique; il va le chercher dans l'antichambre au moment de l'exécution.

Il se tient debout près du piano, tourné de trois quarts vers l'assistance. Pour se donner un peu de contenance, il jette de temps en temps un coup d'œil sur la partition. Lorsque le morceau est redemandé, il ne répète qu'un des principaux passages. (Planche XVIII. — *Le chant.*)

Soirée musicale. — Le programme d'une soirée musicale doit être varié, relativement court, en rapport avec les goûts des invités. Quelques morceaux de poésie et de musique vocale, bien distribués, ajoutent à l'intérêt de la soirée.

En rédigeant un programme, il ne faut pas oublier que les morceaux trop longs provoquent souvent l'ennui et l'impatience; et que certains instruments n'ont pas toujours, comme la harpe de David, le pouvoir de calmer la fureur.

L'accompagnateur ne doit pas chercher à faire briller son talent, surtout au préjudice du chanteur. Il ne doit avoir qu'une seule préoccupation : soutenir l'exécutant, cacher ses défaillances et faire ressortir ses qualités.

C'est au maître de la maison, et non aux invités, à demander la répétition d'un morceau qui a fait plaisir.

Dans une société choisie, les applaudissements sont peu bruyants; le plus souvent, ils ne sont qu'un murmure approbateur. Ne jamais applaudir est une marque de suffisance;

manifester son mécontentement d'une manière quelconque serait une preuve de mauvaise éducation.

Pendant qu'on chante ou qu'on débite un morceau, il est inconvenant de sortir du salon, de battre la mesure, de fredonner un air, de parler à ses voisins, etc.

Au buffet et lorsqu'on passe des rafraîchissements, il faut montrer une grande réserve pour ne pas s'exposer à s'entendre dire par les domestiques, comme dans une soirée célèbre : *Mais allez donc doucement, messieurs, il ne restera bientôt plus rien.*

CHAPITRE ONZIÈME

DES PROMENADES

I. — Des Promenades à pied.

La promenade est un exercice salutaire qui délasse l'esprit. Elle se fait à pied, à cheval, à bicyclette ou en voiture. Lorsque, dans une réunion, on propose une promenade, ce n'est pas aux jeunes gens à prendre la parole, à en indiquer le but, les lieux et les moments de repos; ils ne doivent pas même faire connaître leur préférence, quand ils sont interrogés sur ce sujet.

Lorsqu'on se promène avec un supérieur, on doit lui témoigner beaucoup de déférence, régler son pas sur le sien et se tenir un peu en arrière, de manière cependant à être entendu commodément.

Dans la rue, on lui cède le haut du pavé, c'est-à-dire le côté des maisons; et, dans un chemin où il n'y a ni haut ni bas, on se place à sa gauche.

Quand on se promène trois de front, la première place est au milieu, la seconde à la droite du personnage le plus qualifié, et la troisième à sa gauche.

Si trois personnes de même dignité se promènent ensemble, la place du milieu est occupée successivement par chacune d'elles; habituellement, on la laisse à celle qui parle.

Pour mieux entendre un récit, des supérieurs mettent quelquefois un de leurs subalternes à la place d'honneur; celui-ci doit quitter cette place dès que son récit est terminé.

Lorsque quatre personnes se promènent, la plus honorable est considérée comme **un** centre ; la seconde place est
à sa droite, la troisième à sa gauche, et la quatrième à la
droite de la seconde.

A l'extrémité d'une allée, **on se tourne toujours en dedans**,
c'est-à-dire du côté du supérieur, et celui-ci vers l'inférieur
le plus qualifié ou vers celui qui parle. Pour ne pas faire
une évolution aussi peu naturelle que peu commode, on
reste du même côté de l'allée.

Il faut éviter de trop s'approcher des personnes avec qui
l'on se promène, de les coudoyer, de s'arrêter quand elles
marchent, de marcher quand elles s'arrêtent ; en un mot, de
les gêner d'une manière quelconque.

Dans un chemin étroit, on cède le pas au personnage le
plus qualifié ; mais si ce chemin est incommode ou dangereux, le jeune homme bien élevé prend les devants pour
aider à le franchir.

A moins d'une circonstance exceptionnelle, on ne quitte
pas ses compagnons de promenade pour aller avec un
parent ou un ami rencontré par hasard.

Lorsqu'il est nécessaire de demander des renseignements,
de reconnaître une route, de trouver des rafraîchissements,
ce sont les jeunes gens qui s'empressent de le faire.

Toutes les menues dépenses : location des chaises, friandises pour les enfants, voiture s'il survient un orage,... sont
évidemment à la charge des hommes.

Si, arrivés au lieu de la promenade, il n'y a pas suffisamment de sièges pour s'asseoir, les jeunes gens restent
debout.

Dans les jardins publics et les lieux fréquentés, il importe
de ne pas se faire remarquer. Attirer l'attention par une
démarche excentrique, des manières bruyantes, de grands
éclats de rire, interpeller les passants, montrer quelqu'un
ou quelque chose du doigt, sont autant d'actes grossiers,
qu'un jeune homme bien élevé ne se permet pas.

II. — Des Promenades à cheval.

Dans les promenades à cheval, on ne monte qu'après que le plus digne est en selle; au besoin on lui tient l'étrier. On ne part pas avant lui, et on lui laisse régler le pas des chevaux.

On se place à sa gauche, et de façon que la tête du cheval qu'on monte ne dépasse pas les épaules du sien.

Quand le chemin est boueux ou qu'il y a de la poussière, on s'écarte de manière à ne pas l'incommoder; si cela est nécessaire, on quitte la gauche.

S'il se rencontre une rivière, un gué ou un bourbier, on prend les devants; mais si l'on est derrière une personne à laquelle on doit du respect, il faut s'éloigner suffisamment pour que le cheval ne jette sur elle ni eau ni boue. (Bienséance et Civilité.)

III. — Des Promenades à bicyclette.

Beaucoup de jeunes gens montent à bicyclette pour se distraire ou faire rapidement quelques courses nécessaires.

Ils doivent prendre garde aux accidents, éviter de trop s'échauffer, et se montrer toujours aimables et polis.

IV. — Des Promenades en voiture.

En France, les personnes les plus honorables montent en voiture les premières et descendent les dernières; en Italie, c'est le contraire. Napoléon Ier, allant à la rencontre de Pie VII, qui venait le sacrer, monta le premier dans le carrosse impérial et prit la seconde place; il fit ensuite monter le Pape, à qui il donna la place d'honneur.

Dans une voiture, il y a ordinairement quatre places : la première est au fond et à droite; la seconde, au fond et à gauche ; la troisième, en face de la première, et la quatrième, en face de la seconde. (Planche XIX. — *En voiture.*)

Lorsqu'on est invité par un supérieur à monter le premier en voiture, il faut, après un léger refus, accepter l'honneur qui est fait et prendre la dernière place. On se couvre et l'on se met à ses côtés seulement après qu'il en a donné l'ordre.

On dit un jour à Louis XIV qu'un milord des plus polis ne manquait jamais aux règles du savoir-vivre. *Je le mettrai à l'épreuve*, dit le roi. A quelques jours de là, il l'invita à une promenade en voiture. La portière étant ouverte, Louis XIV lui dit : *Montez, milord.* Ce dernier obéit immédiatement et sans faire de cérémonie. *On ne se trompe pas,* dit le roi, *sur la politesse de cet homme ; un autre eût fait des façons et m'eût fort impoliment refusé.*

Il faut, en voiture, veiller sur sa tenue, ses manières, son langage, comme si l'on était dans un salon ordinaire. On ne doit pas cracher par la portière, se tenir nonchalamment, allonger ou croiser les jambes ; en un mot, manquer aux règles de la bienséance et du savoir-vivre. (Planche XX. — *Salut en voiture.*)

On doit offrir aux prêtres, aux dames, aux vieillards les places les plus honorables de sa voiture, monter le dernier, et, s'il est possible, reconduire jusqu'à leur domicile les personnes de considération.

Il est de la civilité de descendre le premier de carrosse pour aider les personnes de qualité en leur donnant la main, et de descendre par la portière la plus proche. (Bienséance et Civilité.) (Planche XXI. — *En voiture, descente et réception.*)

CHAPITRE DOUZIÈME

LES VOYAGES

I. — La Politesse et la Discrétion
dans les voyages.

C'est peut-être en voyage que la bonne ou la mauvaise éducation d'un jeune homme se révèle davantage. S'il est malhonnête, exigeant, égoïste, vaniteux, ces défauts apparaîtront dans toute leur laideur. Ses compagnons de route auront à supporter sa mauvaise humeur, son mécontentement, ses caprices. S'il est bien élevé, il sera complaisant, aimable et gracieux pour tous.

Même en voyage, la politesse ne permet pas de prendre ses aises aux dépens d'autrui. De plus, elle veut que, tout en défendant sa part de bien-être, on ne dépasse jamais les limites que le savoir-vivre impose, et qu'en toute circonstance on respecte les droits du sexe, de l'âge et de la souffrance.

En entrant dans un wagon, une voiture publique, un jeune homme bien élevé se découvre, prend une place convenable, évite d'encombrer les filets par ses bagages et d'être pour ses voisins un sujet de gêne.

Il parle peu, jamais de ses affaires personnelles, même avec des parents ou des amis intimes. Sa tenue est digne, sa parole affable, son ton bienveillant.

Il ne se familiarise avec personne; au besoin, il prend

un livre ou un journal pour se débarrasser poliment d'un importun.

Il évite tout ce qui pourrait fatiguer ses compagnons de route, comme de s'appuyer sur l'épaule d'un voisin, de mettre les pieds sur les coussins, d'étendre ou de croiser les jambes.

Si, par inadvertance ou par maladresse, il heurte un voyageur, lui marche sur le pied, il s'empresse de lui présenter des excuses.

Même avec des inconnus, le jeune homme bien élevé sait se gêner pour faire plaisir, rendre quelques légers services. Il fait passer les paquets, ouvre et ferme les portières, offre à une personne que le rebours fatigue de changer de place avec elle ; en un mot, il se montre envers tous aussi obligeant que les circonstances et les bienséances le permettent. S'il voyage avec un de ses supérieurs, il lui témoigne partout une grande déférence et n'oublie jamais le respect qu'il lui doit. Il ne se fait jamais attendre, s'accommode de tout et ne se plaint de rien.

II. — L'Égoïste et le Vaniteux en voyage.

Bien différente est la conduite de l'*égoïste* et du *vaniteux*.

Le *moi* est pour le premier la limite de l'univers; il ne voit rien au delà. Il ne pense qu'à lui, ne vit que pour lui, s'aime outre mesure, aux dépens d'autrui. *Il brûlerait la maison de son voisin pour se faire cuire un œuf*, dit Chamfort. Sa devise, *tous pour moi et moi pour personne,* le rend injuste et grossier.

En entrant en wagon, il ne fait nulle attention aux voyageurs présents; il s'empare de la meilleure place et ne la cède à personne, pas même à un infirme.

Il encombre les filets, les banquettes, étend nonchalamment les jambes, et s'installe aussi commodément que possible, comme s'il était seul.

Il lève ou baisse les glaces suivant son caprice, fume sans en demander l'autorisation, se met à la portière pour admirer le paysage sans s'inquiéter des autres voyageurs.

Il parle beaucoup de sa personne et de ses droits : *Moi, je paie ma place comme tout le monde ; moi, j'ai besoin d'air ; moi, je veux respirer.*

Pour l'égoïste, *le moi n'a rien de haïssable,* bien au contraire.

S'il va au buffet, il accapare les hors-d'œuvre, s'empare des meilleurs morceaux, interpelle les domestiques à distance, et leur fait les observations les plus désagréables.

Uniquement préoccupé de lui-même, l'égoïste ne tient aucun compte des règles de la bienséance : il gêne tout le monde et ne se contraint pour personne, dit La Bruyère.

Le *vaniteux* ne peut se résoudre à rester inaperçu ; il fait l'impossible pour attirer l'attention de ses compagnons de route. Habillé à la dernière mode et fortement parfumé, il s'installe avec mille précautions et beaucoup de cérémonie.

Il ouvre son porte-monnaie pour en faire admirer la monture, quitte ses gants pour montrer de belles bagues ornées de pierres fausses. Il frise sa moustache, met son lorgnon, passe délicatement les doigts dans ses cheveux et regarde avec complaisance autour de lui, pour juger de l'effet qu'il vient de produire.

Il engage immédiatement, et avec une certaine courtoisie, la conversation. Il parle de sa fortune, de son emploi, de ses voyages, de ses talents. Il invente, pour la circonstance, quelques histoires qui le font passer pour un grand personnage.

Comme il croit avoir de l'esprit, il cause beaucoup, et ceux qui ont la patience de l'écouter constatent une fois de plus que *la vanité et la sottise sont deux sœurs qui se quittent peu.*

Si, malgré ses efforts, les voyageurs paraissent indifférents, notre vaniteux prend un autre moyen pour provoquer leur attention.

Il se plaint de la lenteur des trains, du peu de commodité

des wagons, du mauvais état de la voie... Rien n'est bien
rien n'est bon, tout est indigne de cet illustre personnage.

Lorsqu'une occasion favorable se présente, il fait des
scènes violentes aux employés, au chef de gare, à quelques
voyageurs timides ; toutefois avec prudence, car il n'a pas
la bravoure en partage. Son ton, insolent et grossier devant
le public, devient doux et mielleux au commissariat.

Le vaniteux brille par sa parure et déplaît par sa personne ; c'est à la fois un orgueilleux et un sot.

CHAPITRE TREIZIÈME

L'HOSPITALITÉ ET LES CADEAUX

I. — De l'Hospitalité donnée.

L'hospitalité demande, de la part de celui qui la donne, beaucoup de cordialité, et, de la part de celui qui la reçoit, une très grande discrétion.

Il ne faut inviter quelqu'un à venir chez soi. qu'autant qu'on peut lui procurer tout le bien-être, tout le confortable dont il jouit habituellement.

On trouve assez souvent des personnes qui, très généreuses en paroles, offrent gracieusement l'hospitalité à leurs amis, à leurs connaissances et qui sont fort surprises, et surtout fort ennuyées, lorsqu'on prend au sérieux leur invitation. C'est pourquoi il est prudent de n'accepter d'aller chez les autres que si l'on est certain de faire plaisir, et seulement après que la date de l'arrivée et la durée du séjour ont été parfaitement déterminées.

Voulez-vous me faire l'amitié de venir passer une huitaine à N... la semaine prochaine, pour l'ouverture de la chasse?

— Très volontiers, mais je ne puis disposer que des quatre derniers jours de la semaine.

— Alors je vous attendrai mercredi prochain, au train de 7 heures 50.

Avant l'arrivée de l'invité, on inspecte avec soin l'appartement qui lui est destiné, et l'on s'assure que tout y est parfaitement propre et en ordre. Le lit demande une particulière attention. Les armoires doivent être époussetées et débarrassées de ce qu'elles peuvent contenir; la table de toilette garnie avec soin, afin que,

RENCONTRE D'UN SUPÉRIEUR

Dans l'escalier. — Tenir la droite si l'escalier est assez large. S'il est étroit, attendre, sur le palier, que le supérieur soit monté. Remarquer la tenue du personnage de gauche, et la position de ses pieds en descendant.

si l'invité a oublié quelque objet, il ne soit pas obligé de le demander.

Sur la table de travail, on place ce qui est nécessaire pour écrire, ainsi que des livres en rapport avec les goûts de l'invité.

Quelques personnes fatiguées ou malades ont l'habitude de prendre, entre les repas et même pendant la nuit, un léger réconfort; c'est pourquoi il est d'usage de mettre, sur la cheminée, des biscuits dans une boîte fermée, ainsi qu'un plateau contenant une carafe, un sucrier et un flacon d'eau de fleurs d'oranger.

Il ne faut pas négliger le luminaire; la lampe doit être garnie et les flambeaux munis de bougies neuves. A l'heure et au jour indiqués, il est très courtois d'aller attendre son invité à la gare, pour lui souhaiter la bienvenue et prendre soin de ses bagages.

En arrivant à la maison, on le présente aux membres de la famille; puis on le conduit à sa chambre, qui a dû être chauffée d'avance, si l'on est en hiver. Lorsque l'heure du repas est éloignée, on lui fait porter, suivant son désir, du lait, du bouillon ou du thé... C'est ce moment qu'on choisit pour lui demander ce qu'il prendra à son premier déjeuner.

On doit chercher à connaître les goûts de son hôte, surtout pour la nourriture, mettre à sa disposition tout ce que la maison offre de distractions, et organiser en son honneur des jeux, des promenades, quelques parties de chasse ou de pêche.

Quand il va se reposer, on l'accompagne, au moins une première fois, pour s'assurer que rien ne lui manque, que tout est parfaitement propre et en ordre.

De temps en temps on lui demande s'il est satisfait, si les domestiques ne le négligent pas, s'il n'a pas quelque désir, quelque besoin particulier.

Il faut se montrer aimable, mais non obséquieux, laisser à son hôte une grande liberté, et un peu de cette douce solitude qui fait le charme du séjour à la campagne.

A son départ on lui dit, en termes affectueux, combien sa visite a paru courte, et l'on se fait un devoir de l'accompagner jusqu'à la gare. Si le voyage est un peu long, on lui remet quelques provisions bien choisies.

Les devoirs de l'hospitalité sont souvent gênants et onéreux; il faut néanmoins les remplir dans toute leur étendue, si l'on ne veut être taxé de manquer de tact, de générosité et de savoir-vivre.

II. — De l'Hospitalité reçue.

C'est une grande indiscrétion de se rendre chez des amis, et même chez des parents, sans y avoir été spécialement invité. Ces surprises, loin de faire plaisir, causent souvent de sérieux ennuis et de graves mécontentements. L'hôte le plus aimable, s'il arrive à contretemps, devient gênant et ennuyeux.

Quand on a accepté une invitation, il faut arriver au jour et à l'heure indiqués; en cas d'accident ou d'empêchement grave, prévenir par lettre ou par dépêche.

L'invité, pendant toute la durée du séjour, doit manifester son contentement par son amabilité et sa bonne humeur, s'astreindre au règlement commun, éviter de se faire attendre, surtout à l'heure des repas.

Rien n'est plus vulgaire, plus inconvenant, que de se montrer difficile pour la nourriture et de faire le délicat à une table étrangère. On a remarqué que les personnes de basse naissance, qui vivent pauvrement chez elles, sont généralement très exigeantes chez les autres; ce qui les rend insupportables et même ridicules.

Sauf de rares exceptions, on laisse la liberté à ses hôtes durant la matinée; on ne se présente à eux que vers onze heures ou midi, au moment du premier repas.

Après le lever, on peut s'occuper à lire, à écrire, ou à faire quelques courtes promenades dans le jardin ou dans les environs.

Chez les autres, un homme de tact ne prend jamais les allures de propriétaire, même en parlant; ainsi il ne dit pas : *ma chambre,* mais : *la chambre que j'occupe.* Il ne touche ni aux fleurs du parterre, ni aux fruits du jardin; il ne s'empare jamais de ce qui n'a pas été mis à sa disposition.

Il tient ses appartements en ordre, sans se permettre de déplacer un meuble, une tenture, un rideau et, à plus forte raison, d'enfoncer des clous ou de fixer des portemanteaux dans la muraille.

Sa propreté et sa tenue sont irréprochables.

Très réservé, il ne demande aux domestiques que le strict nécessaire; sa réserve est encore bien plus grande s'il n'y a point de domestiques.

Un invité délicat ne se plaint jamais, ne fait aucune récrimination, aucune allusion pénible. Si, par exemple, une promenade l'a fatigué et même indisposé, il attribue son malaise, non à la longueur ou à la difficulté de la course, mais à son peu d'habitude de la marche.

Il ne parle jamais des côtés désagréables de la maison où il est reçu : du grand nombre d'escaliers, de la mauvaise disposition des appartements, du peu d'agrément du jardin; mais il fait, avec tact et à propos, l'éloge de ce qui le mérite. La critique réussit rarement ; dans certains cas, elle devient une impertinence.

Il y a des choses qu'un invité ne doit ni voir ni entendre et qu'il doit immédiatement oublier, s'il en est involontairement témoin. Sa discrétion ne saurait être trop grande.

Pour ne pas causer des dépenses exagérées à son hôte, il porte avec lui, autant que possible, ce qui est nécessaire pour sa toilette et ses distractions. Si, par exemple, il a pris la mauvaise habitude de travailler pendant la nuit, il met dans sa valise quelques bougies dont il use avec prudence, sans qu'on s'en aperçoive.

La question des gratifications a donné lieu à bien des controverses. Lorsqu'on n'a pas été prié formellement de n'en rien faire, il est très convenable de récompenser le travail de surérogation imposé aux domestiques, par un pourboire en rapport avec sa situation de fortune et la durée de son séjour.

Quand on n'est resté que deux ou trois jours, on donne une gratification au cocher qui a conduit et au valet de chambre qui a rendu des services personnels. Si l'on y est demeuré un temps plus considérable, on en doit aussi au cuisinier.

Quelque instance que fasse l'hôte pour retenir, il faut

partir au jour indiqué. Ces instances ne sont, le plus souvent, que des formules de politesse. Mieux vaut se faire regretter que d'être importun.

Dans la huitaine, on remercie par lettre de la gracieuse hospitalité reçue, et, plus tard, on saisit une occasion favorable pour faire parvenir un cadeau, si on ne l'a pas apporté avec soi en venant. Un jeune homme peut offrir une bourriche de gibier, des fruits de son jardin, un poisson de son étang, etc.

III. — Des Cadeaux.

Ce sont les petits présents qui entretiennent l'amitié. Quand celle-ci est vraie, le présent se fait sans mesquinerie, avec tact et délicatesse. La manière d'offrir un cadeau, son opportunité et son choix, en font le principal mérite : *la façon de donner vaut mieux que ce qu'on donne.*

Les cadeaux qu'on se fait entre parents ou entre amis affectent des formes bien différentes : bouquets, sacs de bonbons, livres, bijoux, armes, chevaux... Tout dépend du goût, de la fortune et de la générosité de celui qui donne.

A une personne riche, on offre des choses de luxe : bronze, porcelaine, tableau ; à une personne de position moyenne, un objet agréable et utile : pendule, toilette, service à thé ; à une personne pauvre, tout ce qui peut épargner une dépense : table, armoire, vêtement.

Avant tout, on doit consulter les goûts de celui à qui on veut faire plaisir et non ses propres préférences. Si, par exemple, on aime les huîtres, ce n'est pas une raison suffisante pour en donner à quelqu'un qui les a en horreur.

Si l'on envoie un cadeau par la poste ou par le chemin de fer, il est nécessaire de prendre les plus minutieuses précautions pour qu'il arrive en bon état. L'emballage doit être aussi soigné et aussi gracieux que possible ; le papier servant d'enveloppe, parfaitement propre ; les ficelles sans nœuds de rattache, et l'adresse mise avec goût.

Lorsque le donateur porte lui-même son présent, celui qui le reçoit doit s'empresser de le déballer, d'en faire l'éloge et de remercier, lors même que le cadeau ne satisfait pas pleinement et qu'il s'attendait à mieux ou plus. En demander le prix, la provenance, serait une grosse indélicatesse; comme aussi de profiter du présent reçu pour en solliciter plus ou moins directement un autre.

S'il n'est pas convenable de faire un éloge exagéré du présent offert, il ne faut pas non plus le déprécier pour se soustraire aux compliments.

Un objet promis doit être donné; un homme d'honneur ne manque jamais à sa parole, même dans les petites choses.

Au premier de l'an, à Pâques, au jour de leur fête, les parents font des cadeaux à leurs enfants, les parrains à leurs filleuls, les oncles à leurs neveux, les patrons à leurs domestiques. A ces différentes époques, les personnes de même sexe, de même âge, de même condition, peuvent aussi échanger des présents.

Les enfants profitent de la fête de leurs parents, les écoliers de celle de leur maître, les ouvriers de celle de leur patron, pour leur offrir des travaux personnels, un objet d'art ou un simple bouquet.

Demander à quelqu'un son portrait est souvent une indiscrétion; il faut être bien intime pour se le permettre.

Au premier avril, il est encore d'usage d'envoyer à des égaux, *jamais à des supérieurs*, des présents comiques, sous forme de poissons. Ces présents doivent être choisis avec beaucoup de délicatesse. Même en s'amusant, il faut éviter la trivialité et respecter les convenances.

Un tout jeune enfant disait un jour à son père : *Papa, qu'est-ce qu'un poisson d'avril? — C'est*, répondit le père, *un poisson sans arêtes, qu'on avale souvent, qu'on aime rarement, et qu'on ne digère pas toujours.*

Certains poissons d'avril sont cependant bien agréables. Vous envoyez à un ami un panier de vulgaires pâquerettes. En l'ouvrant, il hausse les épaules; mais, quand il sou-

lève les modestes fleurs, il trouve les huîtres qu'il aime tant
ou le poisson qu'il préfère ; ce qui lui procure un plaisir
d'autant plus grand qu'il s'y attendait moins.

On rend cadeau pour cadeau, mais sans se hâter, pour
ne pas laisser soupçonner qu'on a l'intention de payer le
présent reçu.

C'est manquer gravement aux convenances que de vendre
ou de donner un présent qu'on a accepté. Xavier Marmier
avait fait hommage d'un de ses ouvrages à un ami. Celui-ci,
après l'avoir lu, le serra dans sa bibliothèque, et, quelque
temps après, le vendit avec d'autres livres. Un jour qu'en
flânant l'écrivain examinait l'étalage d'un bouquiniste, il
aperçut, non sans dépit, son volume. Il l'acheta, le fit
relier richement et l'adressa de nouveau à son ami avec
ces simples mots : *Gardez-le, au moins pour la reliure.*

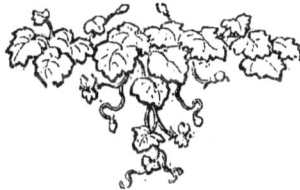

CHAPITRE QUATORZIÈME

LES FÊTES DE FAMILLE

I. — Des Fêtes de l'Église.

Les fêtes de famille contribuent puissamment à entretenir l'affection et à faire aimer le foyer. Elles ont lieu à propos de quelques solennités de l'Église, pour célébrer certains anniversaires ou la fête de nom d'un parent, d'un ami. Elles ne sont jamais trop nombreuses : elles permettent de se faire d'agréables surprises, de mutuels présents.

Noël. — Cette fête rappelle de touchants et de délicieux souvenirs. Elle est particulièrement chère aux petits enfants, qui sont heureux de trouver, dans leurs mignons souliers, les cadeaux du petit Jésus.

Après la mystérieuse messe de minuit, on se réunit pour le *réveillon*, repas joyeux et sans cérémonie, dont le menu est presque partout le même : *potage bien chaud, jambon, dinde froide et rôtie,* et le traditionnel *boudin.* Le réveillon sert aussi de prétexte à de véritables soupers.

Jour de l'an. — Au renouvellement de l'année, les supérieurs par la position, l'âge ou la parenté, reçoivent les hommages et les vœux de leurs inférieurs et leur donnent, en retour, quelque cadeau souvent accompagné de papillotes ou de bonbons.

De Noël au jour de l'an, la distance est courte, ce qui permet de confondre ces deux fêtes en une seule et d'envoyer ses cadeaux du 24 au 31 décembre. Cette période de l'année est particulièrement chère aux confiseurs, aux libraires, aux bijoutiers, ... qui étalent, dans leurs magasins, les objets les plus riches et les plus variés, ce qui rend le choix hésitant et difficile.

Les étrennes aux domestiques se font ordinairement en argent; elles équivalent à peu près au tiers des gages mensuels.

Qu'est-ce qu'un compliment?

> — Un éloge qui ment,
> Un brin de vrai parfois, mais un brin qu'on allonge;
> Un fruit confit dans du pavot
> Pour exalter d'abord, puis endormir le sot.

(L. RATISBONNE.)

Épiphanie. — C'est une fête charmante, où tous peuvent prétendre à une royauté exempte de soucis et d'inquiétudes.

Le gâteau contenant la fève occupe sur la table la place d'honneur. Après l'avoir découpé, on en met les morceaux dans une serviette; puis un jeune enfant, déguisé si l'on veut en petit page, les présente à chaque convive. On palpe son morceau avant de le porter à la bouche, afin de s'assurer qu'il ne contient pas un bébé en porcelaine ou un modeste haricot.

Celui que le sort favorise est immédiatement proclamé roi, et tous s'empressent de lui rendre les hommages qui lui sont dus.

Cette royauté éphémère, dans une société choisie, n'a rien de désagréable. Elle ne provoque guère autre chose que de gracieux compliments et de joyeux éclats de rire.

> Hier, j'étais roi! Cette petite fève,
> Vrai talisman, caché dans mon gâteau,
> M'a proclamé... Mais ce n'était qu'un rêve,
> Rêve enchanteur; je m'éveille trop tôt.

(ANATOLE COUTRIS.)

Le nouveau roi n'oublie pas les pauvres ; il va lui-même, ou il envoie son page leur porter son don de joyeux avènement et une part du gâteau.

Pâques. — En ce beau jour, la joie du père de famille est complète, s'il n'y a pas de vides à sa table et si tous ont rempli le devoir pascal.

A l'occasion de cette fête, les parents font d'agréables surprises à leurs enfants. Ils renferment de jolis cadeaux dans des coffrets ayant la forme d'œufs.

Bien avant Pâques, les commerçants étalent, dans leurs magasins, des œufs de toutes les dimensions, de toutes les qualités et aussi de tous les prix. On n'a que l'embarras du choix.

Quelques donateurs préfèrent ouvrir simplement un œuf de pigeon ou de poule et, après l'avoir vidé, le remplir de pièces d'or ou d'argent, et recoller la coquille. Ce souvenir de la poule aux œufs d'or cause toujours une agréable surprise.

II. — Baptême.

A la naissance d'un enfant, le père avertit les parents et les amis de la famille, par une visite ou par une lettre ; ceux-ci répondent de la même manière.

Après avoir choisi le parrain et la marraine, on fixe le jour du baptême à une date qui, d'après les prescriptions de l'Église, ne doit pas être trop éloignée.

Sauf des cas particuliers, le père du mari et la mère de la jeune femme sont parrain et marraine du premier-né. Pour un second enfant, ce droit revient au père de la jeune femme et à la mère du mari.

Il est permis de refuser d'être parrain, cet honneur imposant des obligations qu'il ne faut pas contracter à la légère, et des dépenses relativement considérables. Personne n'a le droit de s'offenser d'un tel refus.

Le parrain se charge de tous les frais d'église. Au prêtre

officiant, il offre une boîte de dragées dans laquelle il glisse une pièce d'or ou d'argent; et il dépose, à la sacristie, une certaine somme pour les servants et le carillonneur.

La quantité de dragées que doit donner un parrain dépend de sa situation de fortune et de sa générosité : six ou douze boîtes à la mère de l'enfant, autant à la marraine, Ces boîtes, d'un goût sobre, sans excentricité, sont grandes ou de moyenne taille, avec faveur *bleue* pour un garçon et *rose* pour une fille, à moins que la mode en ait décidé autrement. Elles sont envoyées la veille ou le matin du jour du baptême.

Aux dragées, qui doivent toujours être de bonne qualité, le parrain ajoute, pour la mère de l'enfant, un cadeau convenablement choisi; pour la marraine, un bouquet, une boîte de gants et un souvenir de bon goût. Il donne les premiers jouets à son filleul et des étrennes à la nourrice.

Dans quelques contrées, il est encore d'usage que le parrain jette des dragées et de la menue monnaie aux pauvres et aux enfants rencontrés sur le parcours.

Au jour fixé pour le baptême, le parrain va, le plus souvent en voiture, chercher la marraine pour la conduire à la maison du nouveau-né, puis à l'église.

Pendant la cérémonie, le parrain se tient à droite de l'enfant, la marraine à gauche; ils récitent ensemble le *Pater* et le *Credo,* et répondent, au nom de l'enfant, aux questions du prêtre. Ils se dégantent pour étendre, au moment de l'exorcisme, leur main droite sur la tête du nouveau-né. Après les dernières prières, ils se rendent à la sacristie pour signer l'acte de baptême. Le parrain ne prend la plume qu'après la marraine.

A la rentrée comme à la sortie de l'église, le parrain et la marraine marchent les premiers. Viennent ensuite : la nourrice et l'enfant, le père et les autres invités.

Au retour, un repas de famille, très joyeux mais sans grand apparat, est offert aux parents et aux intimes. Le parrain et la marraine occupent les places d'honneur, l'un à côté de l'autre, au centre de la table; ou bien l'un en face de l'autre, à la place des maîtres de la maison. Les dragées figurent au dessert.

Les serviteurs et les pauvres ne sont pas oubliés en cette circonstance ; on les fait participer à la joie de ce jour par quelques largesses.

A la campagne, le baptême passe moins inaperçu qu'en ville ; il est plus joyeux, plus populaire et plus solennel : c'est un événement pour le village.

Quinze jours environ après le baptême, le père annonce à ses parents et à ses amis l'heureuse naissance de son enfant et les noms qu'on lui a donnés.

Il ne faut pas chercher dans le calendrier les noms les plus bizarres, ni en prendre une liste interminable. Parmi les noms choisis doit se trouver celui du parrain ou de la marraine.

Monsieur et Madame X. ont la joie de vous faire part de l'heureuse naissance de leur fils, qui a reçu au baptême le nom de Jean, le 19e jour de novembre.

Suivant le degré d'intimité, on répond à une lettre de faire-part de naissance par une lettre de félicitations ou par une simple carte.

III. — Première Communion.

Cette fête est incontestablement la plus belle de toute la vie, comme le dit si bien Henri Bomel dans les vers suivants :

> Souviens-toi qu'ici-bas tout passe ;
> Que, comme un éclair dans l'espace,
> La vie est une vision ;
> Qu'il n'est qu'un souvenir sur terre
> Dont rien n'obscurcit la lumière :
> La première communion.

Il faut éviter avec soin de donner un caractère mondain à cette cérémonie et d'exciter dans le cœur de l'enfant des sentiments de vanité par une toilette prétentieuse. La simplicité est toujours ce qu'il y a de plus distingué ; elle rend l'enfance plus aimable encore s'il est possible.

Le premier communiant passe les derniers jours de sa préparation dans une sainte retraite, uniquement préoccupé de la grande action qu'il va faire. On ne doit pas troubler son recueillement par des visites nombreuses à des parents ou à des amis.

Suivant une pieuse coutume, la veille de cet heureux jour, l'enfant va s'agenouiller aux pieds de son père et de sa mère, pour leur demander pardon des fautes commises à leur égard et pour les prier de vouloir bien le bénir. Cette touchante cérémonie fait couler de bien douces larmes ; elle laisse dans l'âme de l'enfant un délicieux souvenir.

La première communion, étant une fête du cœur, doit s'écouler dans la plus grande intimité : les proches parents y sont seuls invités.

Le dîner, servi en cette circonstance, est fin, délicat, mais sans grand apparat. A cause de la cérémonie du soir, le vin ne doit être ni trop capiteux ni trop abondant.

L'enfant reste à l'église ou près de ses parents pendant toute cette inoubliable journée ; on ne le conduit pas en visite ou à la promenade, et encore moins à des fêtes mondaines.

Les vacances de première communion sont occupées à des plaisirs doux et tranquilles : visites à des parents habitant la campagne, à quelque sanctuaire renommé, à l'ecclésiastique qui a préparé à la réception du divin sacrement.

Dans cette dernière visite, les parents offrent au prêtre, avec leurs remerciements, un cadeau en rapport avec leur situation de fortune. On peut donner à un jeune vicaire un ouvrage de théologie ; à un prêtre plus âgé, un objet d'art ; à un curé de campagne peu fortuné, un objet utile : fauteuil, prie-Dieu, service de table.

L'usage se répand de plus en plus que le premier communiant offre à ses parents et à ses amis un souvenir de cette grande action. C'est, le plus souvent, une image symbolique avec son nom imprimé au verso.

A son tour, l'enfant reçoit de ses parents ou de ses intimes quelques cadeaux de circonstance : médaille, livre, bijou. Tout ce qui est luxe ou frivolité est de mauvais goût en cette occasion.

IV. — Mariage.

Au jour fixé pour la cérémonie du mariage, des voitures, louées pour la journée, vont prendre les invités qui doivent faire partie du cortège, pour les conduire au domicile de la mariée. Là ils attendent, au salon, le moment du départ pour l'église.

Les jeunes époux et leurs parents prennent place dans les deux premières voitures ; les témoins, dans la troisième ; et, dans les suivantes, les autres invités, dans un ordre déterminé par le garçon d'honneur.

Les personnes qui ne font pas partie du cortège se rendent à l'église avant l'arrivée des jeunes époux. Les connaissances du mari se placent à droite ; celles de la mariée, à gauche, et celles qui ont des relations avec les deux familles, du côté de la mariée. Les retardataires se mettent où il y a le moins de monde.

On se tient debout pendant que les époux et leurs proches parents vont prendre place dans le chœur, et on conserve, durant toute la cérémonie, une tenue digne et recueillie. C'est manquer gravement aux convenances et au respect qu'on doit à Dieu et à la famille que de parler ou de plaisanter pendant une messe de mariage.

Lorsque l'office est terminé, on se rend à la sacristie pour complimenter les jeunes mariés et signer l'acte de mariage. Les parents du mari se placent à sa droite, et ceux de la mariée à la gauche de leur fille.

Les invités défilent rapidement devant les nouveaux époux en leur serrant la main et en leur adressant quelques bonnes paroles. Après ces courtes félicitations, ils rentrent à l'église, et restent debout, à leur place, pendant le défilé du cortège. C'est la seule occasion où il soit permis de donner le bras à une dame dans une église.

Au retour, les nouveaux époux montent dans la première

voiture; puis viennent les parents, les témoins et les autres
invités dans un ordre déterminé par le garçon d'honneur.

Lorsqu'on donne un grand dîner, le maître de la maison
conserve sa place ordinaire et fait asseoir sa fille à sa droite;
le gendre est à côté de sa belle-mère, qui fait face au maître
de la maison.

Dans quelques localités, les jeunes mariés sont assis l'un
à côté de l'autre à la place d'honneur, et les parents leur
font face; dans d'autres, ils sont placés aux extrémités
de la table, entourés des garçons ou des demoiselles d'honneur. Il faut se conformer aux usages du pays qu'on habite.
Au dessert, on porte habituellement la santé des jeunes
époux; c'est aux pères à remercier pour eux.

Ce n'est qu'après la célébration du mariage, qu'on envoie
des lettres de faire-part aux parents et aux amis qui n'ont
pas été invités pour cause d'éloignement ou pour tout autre
motif. On répond à ces lettres dans les trois ou quatre jours
qui suivent leur réception, soit par une lettre, soit par une
carte.

Suivant le degré d'intimité, les conviés à une messe de
mariage font une visite de félicitations à la famille, ou lui
envoient une simple carte dans la quinzaine qui suit la cérémonie. Ce n'est qu'après s'être installés dans leur nouvelle
demeure, que les jeunes mariés font leurs visites de noces,
visites qui ne leur sont rendues que quinze jours après et
même plus tard.

Avant le mariage, les parents et les amis des fiancés leur
font un présent choisi avec soin. Il serait avantageux de
pouvoir s'entendre entre donateurs, afin de ne pas offrir
trois ou quatre fois le même objet.

Le jeune marié doit un cadeau aux frères et aux sœurs de
sa fiancée, à ses garçons d'honneur et à la personne qui a
servi d'intermédiaire pour le mariage.

Après un certain temps, les invités aux noces offrent
aux nouveaux époux et à leurs parents un dîner qu'on
appelle *rendu de noces* ou *retour de noces*. Cet usage tend
à disparaître, ce qui est regrettable.

CHAPITRE QUINZIÈME

LE DEUIL

... Vous, du malheur victimes passagères,
Sur qui veillent d'un Dieu les regards paternels,
Voyageurs d'un moment aux terres étrangères,
Consolez-vous : VOUS ÊTES IMMORTELS.

(DELILLE.)

I. — La dernière maladie.

Lorsqu'un malade est en danger de mort, c'est un devoir de l'avertir de son état et de lui proposer de recevoir les derniers sacrements. S'il accepte, on prépare, avec calme et sans avoir l'air inquiet, tout ce qui est nécessaire pour la cérémonie.

Sur une table recouverte d'un linge blanc, on place un crucifix, deux flambeaux allumés et quelques fleurs. On y met aussi un verre contenant de l'eau bénite et un rameau ; puis une cuvette, un pot à eau, une serviette et, sur une assiette, quelques boules de coton et un morceau de mie de pain.

Pendant toute la durée de l'administration du sacrement, il faut être très attentif pour qu'il ne manque rien au malade ni à l'officiant.

C'est un devoir de rester auprès du moribond jusqu'à son dernier soupir, et de réciter, pendant son agonie, les prières prescrites par l'Église.

Quelques instants après le décès, on lui ferme la bouche et les yeux, et l'on étend ses membres avant qu'ils se raidissent. On fait sa toilette et on l'habille suivant les usages du pays, sans oublier de mettre entre ses mains un christ ou un autre emblème religieux.

A côté du lit, sur une table recouverte d'une nappe, on met un crucifix entre deux cierges allumés, un verre contenant de l'eau bénite et un petit rameau. L'appartement est mis en ordre, les portes et les volets sont fermés, les enfants éloignés, et l'on établit autour du mort un religieux silence.

Six ou douze heures après le décès, le corps, mis en bière, est transporté au salon ou laissé dans la chambre mortuaire transformée en chapelle ardente. On ne refuse à personne, pas même à un ennemi, l'accès de cette chambre.

Une lettre de faire-part est immédiatement adressée à toutes les connaissances du défunt; on doit prendre garde de n'en oublier aucune. Pour cela, il est bon d'avoir un registre sur lequel sont inscrits les noms et les adresses de toutes les personnes qui ont des relations d'affaires ou d'amitié avec la famille.

II. — Funérailles.

Des raisons graves peuvent seules dispenser d'assister à des funérailles auxquelles on est invité. On s'empresse alors d'envoyer à la famille du défunt une lettre de condoléances ou une simple carte, suivant le degré d'intimité.

Quand on doit assister à un enterrement, il faut se rendre à la maison mortuaire, quelques instants avant la levée du corps, pour jeter de l'eau bénite sur le cercueil, écrire son nom sur un registre ou déposer sa carte cornée dans une coupe placée à cet effet sur une table. On se présente ensuite au salon pour saluer les parents chargés de conduire le deuil. Si on les connaît, on leur serre la main sans rien dire. En ce triste moment, un témoignage spontané d'affection est plus éloquent que les plus belles phrases.

A un supérieur. — S'arrêter. — Joindre les pieds. — Se découvrir en faisant passer la coiffure dans la main gauche. — Attendre que le supérieur tende le prendre la main. — Présenter toujours la main droite.

Entre camarades. — S'arrêter. — Joindre les pieds en serrant la main chaleureusement. — On peut garder sa coiffure.

... Sentir, à défaut de mots cherchés en vain,
Tout son cœur me parler d'un serrement de main ;
Car, lorsque l'amitié n'a plus d'autre langage,
La main aide le cœur et lui rend témoignage.

(LAMARTINE.)

En attendant que la funèbre cérémonie commence, on peut s'asseoir ou rester debout, mais en silence. Il serait tout à fait inconvenant de tenir une conversation, même à voix basse, en cet instant.

Si l'on a l'honneur de porter les cordons du poêle (honneur qui ne se refuse pas), on se tient durant toute la cérémonie à l'un des angles du catafalque.

Dès que le convoi funèbre se met en marche, les parents, en grand deuil, la tête nue, s'avancent les premiers ; puis viennent les invités en habits au moins sombres.

Par respect pour le mort et pour la douleur de la famille, il faut être grave et recueilli durant l'office religieux et pendant qu'on suit le convoi. Qu'il est pénible d'entendre parler, et même plaisanter, à quelques pas d'un cercueil !

Les intimes se font un devoir d'accompagner jusqu'au lieu de la sépulture la dépouille mortelle de celui qu'ils ont aimé sur la terre et qu'ils ne reverront qu'au ciel.

Immédiatement après les dernières prières, les parents du défunt se rendent à la porte du cimetière, où les invités les saluent ou leur serrent affectueusement la main. Si un discours était prononcé sur le bord de la tombe, il serait inconvenant de donner une marque quelconque d'approbation ou de critique.

Lorsque les funérailles ont lieu à la campagne, les lettres de faire-part doivent indiquer les moyens de communication et les heures du départ des trains. Après la cérémonie, il est très convenable d'offrir des rafraîchissements et même un repas aux invités venus de loin. Ce repas, quelle que soit la position des amphitryons, doit être simple et modeste. Dans certaines contrées, celui qui a présidé la table termine par la récitation de la prière des morts.

Quelques personnes aiment à être entourées de leurs

amis durant les jours de deuil; d'autres, au contraire, recherchent la solitude; suivant le cas, il faut savoir prolonger ou abréger une visite de condoléances.

Les anniversaires et les services de fin de mois ne sont pas obligatoires; les proches parents y sont seuls invités.

III. — Deuil.

C'est la peine imposée à ceux qui longtemps vivent
De voir sans cesse, ainsi que les mois qui se suivent,
Les deuils se succéder de saison en saison,
Et les vêtements noirs entrer dans la maison.

(V. Hugo.)

Le deuil, marque d'affection et de douleur, est porté plus ou moins longtemps. Il se divise en *grand deuil* et en *petit deuil*. Le *grand deuil* exige les vêtements noirs et un large crêpe au chapeau; il ne supporte aucun bijou, même en bois durci. Le *petit deuil* est moins sévère, il admet les nuances grises et les boutons d'or.

Les fleurs et les réjouissances ne sont pas tolérées dans une maison où la mort a passé récemment.

Une personne en grand deuil s'abstient des réunions nombreuses et de toute cérémonie ayant un caractère de fête. Si, par exemple, elle est obligée d'assister à un mariage, elle ne va qu'à l'église. Durant les trois premiers mois qui suivent le décès, elle ne rend aucune visite, pas même celles de condoléances. Ce n'est qu'après l'expiration de ce temps qu'elle reprend peu à peu les visites ordinaires.

Il serait inconvenant de souhaiter la fête et d'envoyer des invitations à une personne que l'on saurait être en grand deuil.

Le papier à lettres, les enveloppes, les cartes de visite ont un cadre noir plus ou moins large; la cire à cacheter est de couleur noire pendant toute la durée du deuil.

Cette durée varie avec le degré de parenté : pour une femme et un enfant, deux ans; pour un père et une mère, un an; pour un frère et une sœur, six mois; pour un oncle et une tante, trois mois.

Chacune de ces périodes est divisée en deux parties égales de grand et de petit deuil.

Le deuil du beau-père et de la belle-mère est le même que celui du père et de la mère.

Celui d'un ami, d'un cousin éloigné, nommé *deuil de courtoisie,* devrait plutôt s'appeler *deuil de cœur;* car il n'est pas obligatoire.

Le deuil ne doit pas disparaître brusquement, mais décroître peu à peu. Quelques personnes le prolongent indéfiniment.

CHAPITRE SEIZIÈME

CERTAINS USAGES DISPARAISSENT
LA POLITESSE DEMEURE

___

I. — Usages surannés.

La politesse, variable dans ses formes, a quelques règles
et beaucoup d'exceptions. Des usages, considérés jadis
comme obligatoires, sont maintenant complètement délais-
sés. Ceux qui causent de la répugnance ou n'ont aucune
raison d'exister doivent disparaître pour toujours. Le *rince-
bouche* est de ce nombre.

Est-il nécessaire d'envoyer un bouquet à une maîtresse de
maison dont on a accepté l'invitation à dîner? Si le mouchoir
est propre, pourquoi se tourner de côté ou faire attention à
l'ourlet quand on se mouche?

Toutes ces coutumes et d'autres semblables, qui n'ont
aucune raison d'exister, ont été abandonnées; mais il ne
doit pas en être de même des usages que le caprice ou la
mode voudrait faire disparaître.

Pourquoi, par exemple, défendre d'écraser une coquille
d'œuf durant le repas? Si le domestique, en desservant,
vient à la faire rouler sur un convive ou sur la table, est-ce
qu'on ne regrettera pas d'avoir provoqué un accident qu'on
aurait pu prévenir si facilement?

Après avoir débouché une bouteille, un maître de maison
en verse les premières gouttes dans son verre, pour ne pas

s'exposer à donner à ses invités des parcelles de cire ou de bouchon; peut-on le blâmer de cette attention délicate?

Si l'on ne doit pas renoncer sans raison à des usages reçus, il faut encore moins se soumettre aveuglément aux règles que certains excentriques cherchent à imposer : comme de tenir une canne le bout en l'air ou de se démettre le coude en donnant une poignée de main.

Tout ce qui est bizarre, trivial, attire par trop l'attention, est de mauvais goût et doit être rejeté.

La politesse n'a pas de règles invariables; elle tient compte des temps, des lieux et des personnes.

Celui qui ferait, comme au temps de Louis XIV, des révérences profondes, des saluts répétés, des compliments interminables, paraîtrait ridicule et provoquerait de nombreux et malins sourires.

Un Français qui, suivant l'usage italien, monterait le premier dans sa propre voiture, manquerait gravement aux convenances.

Parler à un petit enfant avec autant de respect qu'à un magistrat, à un homme illettré comme à un académicien, à une dame comme à un vieux militaire, serait déplacé et parfois blessant.

La politesse exige beaucoup de tact. *Elle veut*, dit saint Jean-Baptiste de la Salle, *qu'on montre à tous, suivant les circonstances, des marques de respect, de sympathie ou d'affection.*

II. — Le Tact.

Le grand secret pour être aimable et poli est d'avoir du tact et un bon cœur. Le tact est une espèce de toucher idéal qui fait deviner ce que les autres souffrent, et aller au-devant de ce qu'ils désirent. Il indique ce qu'on peut dire et ce qu'on doit taire, ce qu'on peut faire et ce qu'il faut éviter.

Le jeune homme qui a du tact saisit avec adresse et empressement l'occasion de faire plaisir, de dire une parole affectueuse, de mettre un peu de baume sur une blessure.

C'est manquer de tact que de parler de la beauté d'un paysage
devant un aveugle, des avantages des voyages à un infirme,
de corde dans la maison d'un pendu.

Le tact donne de la valeur aux actions les plus communes.
Saluer, ramasser un gant, offrir une fleur, sont des choses
bien ordinaires qui cependant demandent, pour être faites
convenablement, du tact et de la délicatesse.

C'est surtout par la fréquentation d'une société choisie, où
règnent la distinction et l'urbanité, qu'on acquiert cette précieuse qualité.

Veiller constamment sur soi, parler et agir avec prudence,
se rendre compte de la portée de ses actes et de ses paroles,
est une des premières conditions pour avoir du tact.

La seconde est de s'habituer à saisir, d'un coup d'œil
rapide, ce qu'il faut dire et faire pour être agréable aux personnes avec lesquelles on vit, pour les tirer d'une situation
délicate, pour leur faire accepter un compliment et même
un reproche, pour être toujours aimable et gracieux.

Avec du tact et un petit code de politesse raisonnable,
fondé sur les principes du bon sens et l'expérience personnelle, un jeune homme ne sera jamais embarrassé. Il aura
ce *savoir-faire,* souvent plus utile que le véritable savoir.

III. — Ce qui est de tous les temps.

La Bruyère nous dit: *On peut définir l'esprit de politesse, mais on ne saurait en fixer la pratique. Elle suit
les âges et les coutumes reçues; elle est attachée aux
temps, aux lieux, aux personnes, et n'est point la même
dans les deux sexes, ni dans les différentes conditions.
L'esprit tout seul ne la fait pas deviner; elle fait qu'on la
suit par imitation et qu'on s'y perfectionne.*

S'il y a une politesse qui varie dans ses formes, il y en a
une autre, toute faite de complaisance et de bonté, qui est
invariable.

Cette politesse, qui n'est autre que la manifestation des vertus chrétiennes, repose sur ce principe divin que Notre-Seigneur a révélé au monde, il y a dix-neuf cents ans : *Aimez-vous les uns les autres.*

Celui qui affectionne véritablement son prochain, qui pratique la charité, est un homme parfait, même au point de vue de la politesse. Il sait réprimer les rudesses et les brusqueries de son caractère, mettre de la douceur dans sa voix, refouler le rire involontaire qui monte à ses lèvres en présence d'un être ridicule. Il retient le mot vif et piquant qui peut blesser ; il garde le silence sur les défauts d'autrui, que son œil bienveillant ne veut pas voir ; il mérite, comme sainte Thérèse, le beau titre d'*avocat des absents.*

La raillerie mordante, la moquerie cruelle, l'avilissante flatterie, la basse jalousie, lui font horreur.

Il juge avec bonté, donne la louange à qui la mérite et ne critique jamais avec amertume.

Ami de ceux qui souffrent, il a du baume pour toutes les blessures, des consolations pour toutes les tristesses.

Être bon envers le pauvre comme envers le riche, envers le faible comme envers le puissant; compatir à toutes les misères, à toutes les infortunes : voilà ce qui donne, dit la baronne Staffe, *l'élégance véritable, l'élégance morale, grâce à laquelle il est si facile de se familiariser avec celle des salons.*

En réunissant la politesse du cœur à celle des manières, on gagne rapidement toutes les sympathies. *Bienheureux ceux qui sont doux, car ils posséderont la terre.*

CHAPITRE DIX-SEPTIÈME

POLITESSE A L'ÉCOLE

I. — Sa nécessité et son avantage.

L'enfant doit toujours veiller sur lui, mais particulièrement en classe, où il trouve de si nombreuses occasions de s'habituer à pratiquer toutes les règles du savoir-vivre.

L'école est le monde en miniature. On y rencontre des supérieurs, des égaux et des inférieurs ; des camarades polis, aimables, gracieux ; d'autres, au caractère difficile, qui sont querelleurs, vindicatifs, méchants. Envers tous, il faut être bon, indulgent, *savoir s'oublier pour faire plaisir.*

C'est surtout en pratiquant la politesse à l'école que l'enfant acquiert l'habitude des bonnes manières, qu'il devient ce jeune homme distingué, si rare de nos jours, même en France, le pays classique de l'urbanité et des bonnes manières.

II. — A la Chapelle.

En entrant à la chapelle, l'enfant bien élevé prend de l'eau bénite, en offre à ses voisins et fait le signe de la croix.

Il se rend ensuite posément à sa place, fait la génuflexion avec gravité et se tient debout pour laisser passer un camarade en retard.

Assis ou à genoux, il évite de croiser les jambes, de mettre la tête dans ses mains, de regarder de côté et d'autre. Il est grave, retenu, modeste. Il n'imite pas certains étourdis, qui rient sans motif ou pour des riens. Un enfant de chœur fait-il une mala-

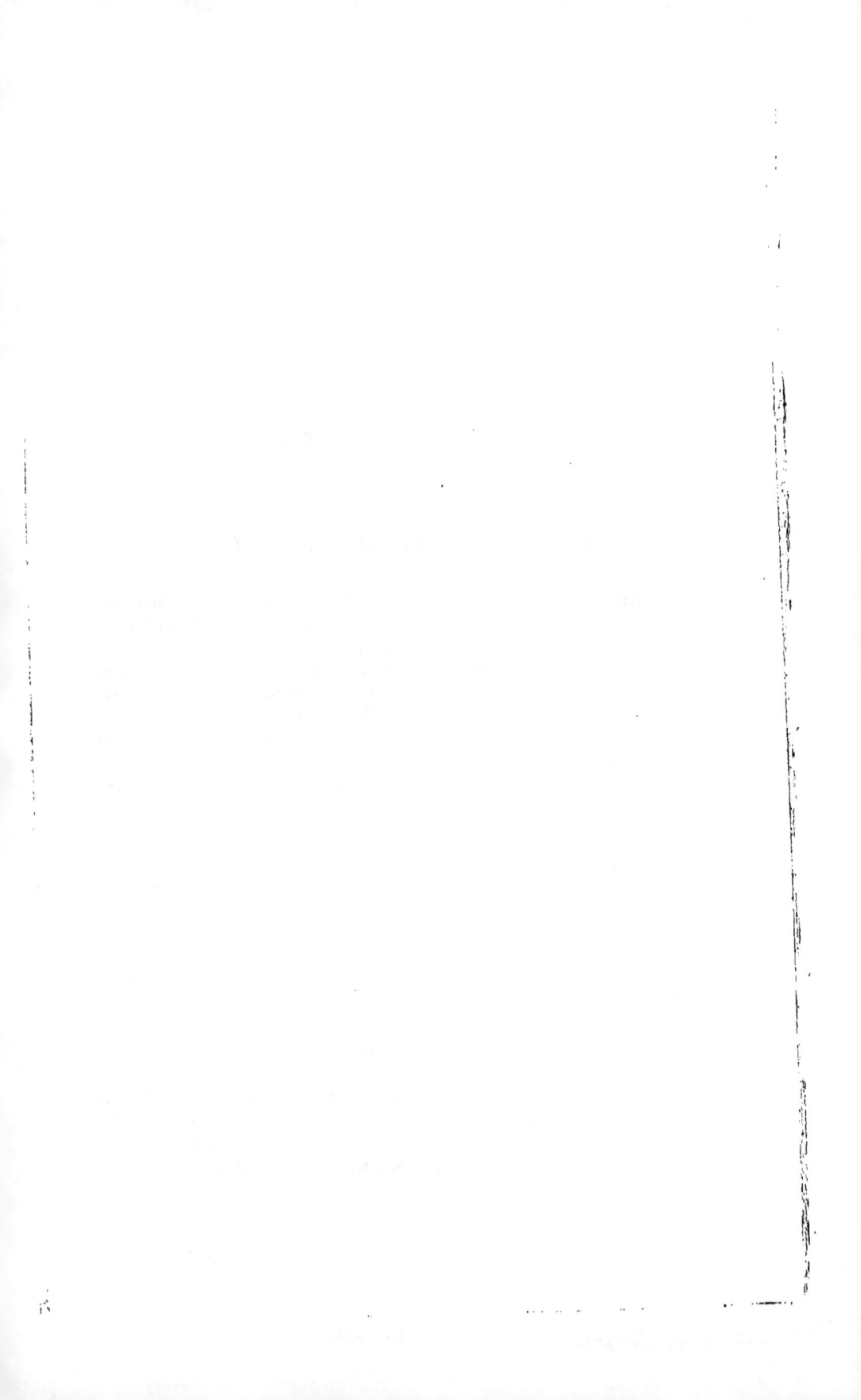

PLANCHE XI.   **RÉCEPTION DANS UN SALON**

S'arrêter. — Joindre les pieds. — S'incliner en regardant la personne
que l'on salue. — Laisser tomber les bras le long du corps.

Remarque. — La personne qui reçoit est assise parce qu'elle est supposée
tenir la place de la maîtresse de maison.

dresse? un élève se trompe-t-il en chantant?... ils sont pris d'un
fou rire, aussi ridicule qu'inconvenant. On comprend qu'un sourire, dans quelques circonstances, vienne effleurer les lèvres; mais
un enfant sans piété et sans éducation est seul capable de s'amuser et de babiller durant les offices religieux.

Crier en chantant, prendre un ton nasillard, aller trop vite ou
trop lentement, prolonger les notes finales, sont autant de fautes
qui annoncent un goût musical dépravé et un manque de savoir-
vivre. Le chant doit être doux et expressif.

III. — En Classe.

En classe, aussi bien qu'à la chapelle, les prières doivent se réciter posément, d'un ton modéré et avec recueillement. Ce n'est pas
le moment de regarder de côté et d'autre, d'ouvrir un bureau pour
ranger un livre ou tout autre objet.

Lorsqu'un professeur entre en classe, les élèves se tiennent
debout, et ils attendent, pour s'asseoir, que le maître en ait donné
l'autorisation ou qu'il se soit lui-même assis. Durant la leçon, ils
s'abstiennent de tout ce qui peut fatiguer le professeur ou distraire
leurs camarades, comme d'ouvrir un pupitre, de secouer le banc,
de se moucher avec bruit, etc. Tenir la tête dans ses mains, bâiller,
se coucher nonchalamment sur le bureau, sont des manquements
au respect et aux convenances.

S'amuser avec son porte-plume ou son crayon, les porter à la
bouche, les mettre sur l'oreille, s'en servir comme d'une baguette
de tambour, sont des fautes que les étourdis commettent souvent.

Lorsqu'un enfant bien élevé est interrogé, il se tient debout et
ne répond jamais par les monosyllabes : *si, oui, non*, sans y
ajouter un appellatif convenable : *Oui, monsieur. — Je vous
demande pardon, monsieur.*

Ses yeux sont vaguement dirigés vers le bas du visage de la
personne qui le questionne, sans timidité comme sans effronterie.
Rien n'est plus engageant qu'un œil limpide et un regard franc.

Parler avec arrogance à un professeur, s'obstiner à ne pas lui
répondre est le fait d'un impertinent, d'un entêté ou d'un sot.

Lorsqu'une occasion de rire se présente, l'enfant bien élevé ne
pousse pas de cris, ne fait pas de contorsions, et sait s'arrêter à
temps.

Lire une lettre adressée à un camarade, emprunter un objet
avec l'intention de ne pas le rendre, falsifier des notes, des témoi-

Man. de politesse.   5

gnages de satisfaction, sont des fautes contre l'honneur, qu'un enfant délicat ne se permettra jamais.

Le bon élève gagne la sympathie de ses camarades par sa douceur et sa bonté. Il évite de leur causer de la peine et cherche à leur faire plaisir. Sa tenue et sa propreté sont irréprochables. Ses habits, toujours bien portés, ne sont ni froissés ni tachés. On ne trouve aucune caricature sur ses livres ou sur ses cahiers. Dans son pupitre, tout est parfaitement en ordre ; chaque objet a une place déterminée et invariable.

Il est d'une scrupuleuse délicatesse pour tout ce qui touche à la sincérité, à la loyauté, à la probité et à l'honneur. Jamais il n'a recours à la dissimulation et au mensonge ; jamais il ne se permet d'ouvrir un bureau pour y prendre même le plus petit objet, sans la permission du propriétaire.

Le bon élève aime à faire le bien ; il est apôtre quelquefois en paroles, toujours en exemples. Ses jugements sont pleins d'indulgence. Il ne critique jamais avec amertume et donne volontiers la louange à qui la mérite. Il ne s'aigrit de rien et supporte avec patience les contrariétés inséparables de la vie d'écolier.

Comme le célèbre statuaire d'Athènes, il admire et prend dans chacun de ses condisciples ce qu'il y a de mieux et de plus parfait. Il imite l'urbanité et la distinction de celui-ci, la franchise et la bonne humeur de celui-là, l'activité de l'un, la ténacité de l'autre... Délicat, soumis et laborieux, il travaille avec courage et profite de toutes les circonstances pour témoigner à ses maîtres sa reconnaissance et son affectueux respect.

IV. — En dehors de la Classe.

Dans les corridors, dans les escaliers, l'élève poli marche avec aisance, sans précipitation ni lenteur, la tête droite et les *coudes au corps*.

Quand il rencontre, dans l'intérieur de la maison, un supérieur, un professeur ou un étranger, il le salue gracieusement, lui cède le pas, s'efface pour le laisser passer ; à tous il donne des témoignages de déférence ou d'affection.

Il n'écrit jamais sur les portes, sur les murs ; et il évite de faire la plus petite dégradation. Avant d'entrer dans un appartement, il frappe discrètement, se découvre, puis il s'avance vers la personne à laquelle il veut parler, et la salue avec aisance et sans précipitation.

V. — Dans la Salle à manger.

L'enfant bien élevé respecte le pain qui, hélas ! manque si souvent aux pauvres ; il prend garde d'en laisser tomber à terre et de faire des miettes.

Certains élèves sont parfois bien exigeants pour la nourriture. Il y a des plats auxquels ils ne touchent pas. On a remarqué, depuis longtemps, que ce sont les élèves des conditions les plus modestes qui se montrent les plus difficiles. L'enfant bien élevé mange avec élégance et propreté tout ce qu'on lui sert. Il évite ce qui pourrait être pour ses camarades un sujet de gêne ou de dégoût : comme de salir la table, son verre, son couvert ; de parler la bouche pleine et de laisser les restes d'une façon malpropre. Il prend son verre le plus bas possible, avec trois doigts, et ne le vide pas d'un trait. Le couteau ne touche jamais ses lèvres, et, lorsqu'il ne s'en sert pas, il en appuie la pointe sur le bord de son assiette. Pendant qu'il mange le potage ou un mets quelconque, il laisse la cuiller ou la fourchette dans son assiette. Il ne porte à la bouche, avec la main, que les aliments secs : pain, fruits, radis...

Les élèves, qui aiment tant à obtenir la permission de parler au réfectoire, en abusent souvent. Au bruit des verres, des fourchettes, des assiettes, se mêle celui des cris, des éclats de rire, des causeries bruyantes, ce qui produit un tapage assourdissant. Pourquoi ne pas s'habituer à converser d'un ton modéré, comme le font les personnes polies ?

Après le repas, chaque élève doit nettoyer son service et le plier avec soin. Le verre et la fourchette demandent une particulière attention.

VI. — A la Salle des fêtes.

C'est surtout en public, en présence des étrangers, qu'un enfant bien élevé se montre digne et réservé. Il évite de parler trop haut, de faire de grands gestes, de montrer quelqu'un ou quelque chose du doigt, etc... Les cris, les rires bruyants, les applaudissements prolongés ou trop tapageurs sont de mauvais goût. Critiquer d'une manière acerbe les acteurs, qui sont le plus souvent des camarades, est le fait d'un vaniteux et d'un sot. S'organiser d'avance *une claque de commande* est aussi puéril que ridicule.

Pendant qu'on chante ou qu'on débite un morceau sur la scène, un élève poli reste assis pour ne pas gêner la vue des personnes placées derrière lui, et il ne se permet pas de lire ou de parler à ses voisins.

VII. — Au Parloir.

En entrant au parloir, l'élève, après s'être découvert, se dirige vers ses parents, et les embrasse affectueusement.

Il fait les honneurs de *chez lui,* présente des chaises, prend la place la moins honorable, le siège le moins commode, et ne s'assied que le dernier.

Il demande immédiatement des nouvelles des membres de toute la famille, particulièrement de ceux qui sont jeunes, âgés ou souffrants. Il évite de trop parler de lui, de médire de ses camarades et de se répandre en plaintes, en récriminations. Une mère disait un jour à un supérieur d'établissement : *Mon fils a dû être bien sage cette semaine : il ne s'est plaint ni de ses professeurs ni de ses camarades.*

Celui qui n'est content de personne est ordinairement un pauvre élève et un mauvais caractère.

Au parloir, il faut avoir une tenue digne, correcte, sans laisser-aller ; éviter de se balancer sur sa chaise, de croiser les jambes, de regarder de côté et d'autre, et de parler trop haut.

Transformer le parloir en une salle à manger est inconvenant. Tout au plus peut-on se permettre d'y manger un gâteau, une orange, un fruit ; et encore faut-il avoir la précaution d'en offrir aux personnes présentes, et de ne rien jeter à terre. Les jeunes gens font bien de refuser ces *gâteries* qui ne sont plus de leur âge.

Lorsque la visite est terminée, l'élève accompagne ses parents, leur cède le pas à la porte du parloir, se découvre pour les embrasser, et, avant de les quitter, n'oublie pas de se rappeler au bon souvenir de tous les membres de la famille.

VIII. — Dans les Récréations.

Les élèves, qui restent si longtemps assis, doivent prendre beaucoup d'exercice en récréation, et s'adonner, de préférence, aux jeux les plus mouvementés : à la paume, aux barres, au ballon.

L'exercice, nécessaire à la santé, favorise le travail intellectuel et entretient le bon esprit.

Il y a quelque chose de malade ou qui va l'être dans une jeunesse qui ne joue pas. (Mgr DUPANLOUP.)

C'est surtout en récréation qu'un enfant se montre avec ses qualités et ses défauts.

Pierre est un être insupportable. Il trouve à redire à tout, n'est content de rien ; il est toujours d'un avis opposé à celui de ses condisciples. Lorsqu'il joue, il est susceptible, grognon, querelleur. Au besoin, il se sert de l'argument du portefaix : le coup de poing ou le coup de pied. C'est un hérisson qu'il est difficile d'approcher, et que tout le monde redoute.

Tout en mettant dans les récréations beaucoup d'entrain, il faut éviter les cris, les termes grossiers, les expressions boulevardières, les jeux de mains, nommés par nos pères *jeux de vilains*.

Se moquer d'un camarade infirme ou peu intelligent, donner des surnoms, des sobriquets, c'est le fait d'un enfant sans éducation et d'un mauvais cœur.

Les nouveaux venus doivent être traités avec bonté. Partout les brimades ont été abolies : c'était un amusement stupide, méchant, et parfois cruel.

En récréation, comme en classe, l'enfant bien élevé évite de faire de la peine et cherche à faire plaisir Par sa bonté, il gagne rapidement toutes les sympathies. Plus tard, ses camarades, devenus des hommes, se rappelleront avec bonheur son souvenir. *Les amitiés, comme les inimitiés d'enfance, sont très tenaces.*

IX. — A la Promenade.

Lorsqu'on sort de la maison, il faut être d'une tenue et d'une propreté irréprochables ; avoir les cheveux peignés, la coiffure et les vêtements brossés, la cravate bien mise et les souliers cirés.

On marche sans balancer le corps ou les bras et sans faire de grandes enjambées ; on tient la tête et le corps droits, regardant devant soi pour ne pas heurter les passants. Mettre les mains dans les poches est aussi inconvenant que disgracieux ; quand on a froid, on prend des gants.

Dans les rues, un enfant bien élevé évite de parler trop haut, de rire avec éclat, de s'arrêter près d'un saltimbanque, comme le font les badauds.

Il salue toutes les personnes de sa connaissance qu'il rencontre, ainsi que les prêtres et les religieux.

Certains camarades sont dangereux par leurs conversations, entre autres les flatteurs et ceux qui ont toujours la critique à la bouche ; il faut éviter de leur donner une marque quelconque de sympathie ou d'affection. Ce sont des égoïstes, sans abnégation, sans dévouement, incapables de comprendre et de remplir les devoirs qu'impose l'amitié.

Pour les cœurs corrompus, l'amitié n'est point faite. (VOLTAIRE.)

X. — Au Dortoir.

Avant de prendre son repos, il est bon de faire un examen sérieux de sa conscience. *L'homme qui, chaque jour, s'interroge sans faiblesse sur lui-même et se juge avec sévérité, devient rapidement meilleur.* (FRANÇOIS COPPÉE.)

Chaque soir, l'illustre Franklin marquait d'une croix blanche les défauts qu'il avait évités pendant la journée, et d'une croix rouge ceux dans lesquels il était tombé.

On doit se lever promptement et au premier signal, faire sa toilette avec soin, et ne pas oublier que la propreté, recommandée par la politesse, est nécessaire à la santé.

La bouche doit être lavée souvent ; c'est un réceptacle de mauvais germes, qui n'attendent qu'une occasion favorable pour envahir l'organisme, se développer et causer des maladies souvent mortelles.

Pour éviter ou retarder la carie des dents, il faut les nettoyer chaque matin avec un linge ou une brosse légère, en se servant de poudres dentifrices : le bicarbonate de soude est une des meilleures et des moins coûteuses. Que de maladies d'estomac seraient évitées si, dès le jeune âge, on prenait un plus grand soin de ses dents !

DEUXIÈME PARTIE

SAVOIR-PARLER

CHAPITRE PREMIER

LA CONVERSATION

I. — Importance de la Conversation.

La conversation est un échange d'idées entre deux ou plusieurs personnes sur les sujets les plus divers. Elle est une des conditions de la vie humaine. Être éminemment social, l'homme a besoin de communiquer à ses semblables les pensées de son esprit et les sentiments de son cœur, de correspondre avec eux par la parole et par l'écriture.

Tout en procurant un agréable délassement, la conversation permet d'acquérir, sans travail et sans peine, de nombreuses connaissances. Heureux ceux qui, dès le bas âge, entendent une parole vivante, qui anime l'esprit, provoque l'attention et inspire d'utiles réflexions. Ils acquièrent, en peu de temps, une grande activité intellectuelle et une particulière facilité d'assimilation des pensées d'autrui.

C'est aussi par la conversation que les affaires commerciales naissent, se développent et se multiplient. Quelle habileté de parole ne faut-il pas au négociant pour faire valoir sa marchandise, gagner le client et mériter sa confiance !

La conversation est encore un moyen puissant pour encourager et consoler, pour s'insinuer dans les esprits et dans les cœurs, mener à bonne fin une négociation délicate, faire réussir une entreprise difficile. Elle demande beaucoup de tact, d'habileté et de jugement.

Peu de personnes excellent dans l'art de bien dire, parce que peu s'y exercent; et cependant rien n'est plus utile, surtout de nos jours, où la vie publique a tant d'exigences.

Pour être convenable, une conversation doit être polie sans affectation, gaie sans trivialité, gracieuse sans afféterie, littéraire sans pédantisme, et surtout respectueuse des droits de la conscience.

L'homme qui mérite d'être écouté, dit Fénelon, *est celui qui ne se sert de la parole que pour la pensée, et de la pensée que pour la vérité et la vertu.*

Notre belle langue française est un admirable instrument de conversation: vive et animée quand elle discute, fine et malicieuse quand elle plaisante, nette et précise quand elle expose, elle a toutes les qualités voulues pour rendre un entretien utile et intéressant. Sa concision, sa clarté, son élégance, lui ont acquis le premier rang, non seulement dans le monde diplomatique, mais encore dans celui des salons.

Avant de parler, il faut réfléchir. Le sage pèse ses paroles au poids de l'or : *Un homme qui a réellement de l'esprit en emploie une petite partie à parler et une plus grande à se taire.* (TERRASSON.) Les sots babillent beaucoup et réfléchissent peu.

Le bavard est un véritable fléau. Les paroles coulent de ses lèvres comme le ruisseau de sa source, sans interruption ni relâche. Il parle de ce qu'il sait et de ce qu'il ne sait pas. Le plus souvent, il ouvre la bouche pour dire des sottises ou des riens; il soumet à une rude épreuve la patience de ceux qui l'écoutent.

Ne parlez qu'à propos : quand on parle toujours,
On ennuie, on déplaît, et, dans son verbiage,
Pour un mot raisonnable, on tient cent sots discours.

(MOLIÈRE.)

II. — Du Ton de la Conversation.

La parole doit être douce et harmonieuse. Si l'on a un timbre de voix dur, criard, peu sympathique, il faut s'appliquer à le modifier : ce qui est toujours possible avec du travail et de la bonne volonté.

Une chose à laquelle on doit bien prendre garde en parlant est qu'il n'y ait rien de rude, ni d'aigre, ni de hautain dans la voix. (Bienséance et Civilité.)

Dans les salons, où l'on se pique de bonnes manières, on parle d'une voix distincte, mais modérée ; à la campagne, au cabaret, dans certaines réunions, on crie et l'on rit aux éclats. *J'entends Théodecte dans l'antichambre ; il grossit sa voix à mesure qu'il approche ; le voilà entré: il rit, il crie, il éclate: c'est un tonnerre.* (LA BRUYÈRE.)

Rien de plus facile à constater que le niveau d'éducation d'une réunion nombreuse ; il est d'autant plus élevé qu'on y parle avec *plus* d'animation et *moins* de bruit.

Même dans un moment d'impatience, de mauvaise humeur, une personne bien élevée ne parle pas trop haut, ne crie pas.

Un ton bas indique la timidité ; un ton haut, l'outrecuidance ; un ton solennel, la petitesse d'esprit et la suffisance ; un ton brusque et saccadé, l'impatience et la colère.

Il en est qui ne peuvent parler sans qu'il y ait de la tendresse et des larmes dans leur voix.

Et jusqu'à je vous hais, tout s'y dit tendrement.

Certaines personnes ont une prononciation molle, languissante ; il semble qu'elles aient toujours à se plaindre. Cette manière de prononcer marque en elles beaucoup de lâcheté. (Bienséance et Civilité.)

Il faut que le ton soit doux sans langueur, vif sans rudesse. Comme la tenue, il doit être un composé de réserve et de naturel, de modestie et d'assurance. S'il était toujours convenable, on pourrait parler et même discuter sans craindre d'irriter ; car, le plus souvent, c'est le ton qui blesse.

Beaucoup de jeunes gens doivent la triste réputation d'être arrogants à ce qu'ils ne surveillent point assez les inflexions de leur voix et leur manière de dire.

III. — Des Qualités d'une bonne prononciation.

La bonne prononciation est nette, ferme, vigoureuse, sans mauvais accent. Pour bien articuler, il faut donner aux organes la position voulue et leur imprimer un mouvement assez énergique.

Presque tous les défauts de prononciation viennent de ce qu'on articule les consonnes d'une manière molle, indécise, sans remuer suffisamment la langue et les lèvres.

Quand on parle, il est important de bien faire sonner toutes les lettres et toutes les syllabes. (Bienséance et Civilité.)

Un excellent moyen pour se corriger d'un vice quelconque de prononciation est de se placer en face d'un ami complaisant et de lui parler à voix basse, de manière à ce qu'il comprenne surtout par le mouvement des lèvres.

Pour se faire bien comprendre, même quand on a un timbre de voix assez bas, il faut:

1° Donner à chaque syllabe la durée convenable, s'arrêter davantage sur les longues : *âge*, *apôtre*, *fenêtre*, et moins sur les brèves : *fat*, *charité*;

2° Observer l'accent tonique, c'est-à-dire appuyer légèrement sur la dernière syllabe, si elle est masculine : *voyageur*, *chanter*; sur l'avant-dernière, si la dernière est féminine : *armoire*, *solitaire*;

3° Faire les inflexions exigées par le sens, mais sans les

EN VISITE

Salut entre deux personnes. — S'arrêter. — Joindre les pieds. — S'incliner en regardant la personne que l'on salue Laisser tomber les bras le long du corps.

exagérer, sans prendre un ton déclamatoire : le langage
familier demande beaucoup d'abandon et de naturel ;

4° Donner aux repos la durée voulue, appuyer sur les
mots de valeur et éviter les accents défectueux.

IV. — Des Défauts de prononciation.

Les principaux défauts de prononciation sont : le *zézaiement*, le *grasseyement*, le *bégaiement*, le *bredouillement*
et l'*ânonnement*.

Le *zézaiement* transforme *j* et *ch* en *ze* et *se*. Exemple :
zardin, seval, sapeau, pour : jardin, cheval, chapeau. Ce
défaut, toléré et même encouragé chez les petits enfants,
donne un air puéril et niais aux grandes personnes. Pour
s'en corriger, il suffit de veiller à ce que la langue ne dépasse
jamais les dents.

Le *grasseyement* consiste dans la suppression ou dans la
prononciation imparfaite et trop molle de la lettre *r*. On se
tromperait étrangement si l'on croyait que ce défaut, commun à Paris et à Marseille, donne plus d'élégance et plus de
grâce au langage. D'ailleurs tous les accents sont désagréables, dès qu'ils sont nettement caractérisés.
C'est en s'exerçant à prononcer alternativement et avec
vivacité les lettres *t*, *d*, *r*, puis *d*, *r*, et enfin seulement la
lettre *r*, qu'on parvient à ne plus grasseyer.

Le *bégaiement* ou répétition saccadée des mêmes syllabes
tient tantôt à l'intelligence, tantôt à l'organe.
Souvent la langue bégaye, dit Legouvé, *parce que
l'esprit bégaye, parce que le caractère bégaye, parce
qu'on ne sait nettement ni ce qu'on veut, ni ce qu'on veut
dire, parce qu'on est craintif, parce qu'on est colère,
parce qu'on veut parler trop vite. Impatience, timidité,
manque de précision dans les idées : telles sont les causes*

de cette sorte de bégaiement, qui n'est pas sans remède. Habituez-vous à parler lentement, et à ne parler que quand vous êtes maître de vous, et vous cesserez de bégayer.

Pour se corriger de ce défaut, Démosthène, dit-on, déclamait de longs morceaux sur les bords de la mer, en ayant de petits cailloux dans la bouche. De nos jours, on a imaginé une sorte de gymnastique vocale qui permet de faire disparaître ou d'atténuer en peu de temps presque tous les défauts de prononciation.

L'*ânonnement* consiste à faire entendre de temps en temps un son inarticulé, ou bien à prolonger la dernière syllabe d'un mot, en attendant qu'on trouve le mot suivant. L'élocution est alors pénible et languissante; elle cause un véritable tourment à celui qui parle et à ceux qui écoutent.

Ce vilain défaut est difficile à corriger, surtout à un âge avancé. Il faut veiller sur soi, *parler lentement,* s'arrêter court quand le mot ne vient pas, et tâcher d'acquérir, par l'étude et par l'exercice, l'habitude de la parole.

Les professeurs devraient être impitoyables pour les élèves qui, ne sachant pas leurs leçons, prolongent la dernière syllabe des mots et prennent ainsi l'habitude d'ânonner.

Certaines personnes, en parlant, suppriment des lettres, des syllabes, et ne s'appliquent point à prononcer les finales muettes. Ces élisions donnent au langage une trivialité que le savoir-vivre réprouve. On ne doit pas dire : *catéchime* pour catéchisme; *ben* pour bien; *vlà* pour voilà; *mouri* pour mourir; *aimab* pour aimable; *peup* pour peuple; il faudrait *pouvoi mouri* sans *ben souffri.*

Substituer une consonne à une autre, articuler des consonnes qui ne doivent pas l'être, sont des défauts assez communs dans quelques contrées. Exemple : *collidor* pour corridor ; *diffigulté* pour difficulté; *boule* pour poule; *boisson* pour poisson; *chocolate* pour chocola(t); *laite* pour lai(t); *tabaque* pour taba(c); *estomaque* pour estoma(c); *accroque* pour accro(c).

Trop souvent, les syllabes longues sont transformées en syllabes brèves, les *e* fermés en *e* muets et réciproquement: *Pentécôte* pour Pentecôte ; *Dole* pour Dôle ; *âffreux* pour affreux ; *reciter* pour réciter ; *dépuis* pour depuis ; *père, mère, frère,* pour père, mère, frère ; le gouverneur de *Calé* (Calais).

L'*è* ouvert a quelque chose d'emphatique ; il faut en adoucir la prononciation dans le langage familier, sans cependant lui donner le son de l'*é* fermé.

Dans le laisser-aller de la conversation, on fait souvent des ellipses non admises par la grammaire : *Kekcekça,* pour qu'est-ce que c'est que cela ; *aimer rire,* pour aimer à rire; *possible qu'il arrive,* pour il est possible qu'il arrive ; *en face l'église,* pour en face de l'église.

On ne doit point parler une langue avec des sons qui ne lui appartiennent pas, cela sent le prétentieux. On ne dira pas: *Tchivita Vecchia,* mais : Sivita Vekkia ; *Matchjerata,* mais : Macerata.

Lorsqu'un mot est naturalisé dans une langue, il ne faut pas s'inquiéter de la manière dont il est prononcé dans son pays d'origine. On ne dira pas: *Nioutonn,* mais Neuton.

Le double *w* des mots anglais se prononce *ou* : *Ouarouik* (Warwik) ; et celui des mots allemands comme un *v* simple : *Véser, Vorms, Vestphalie,* et non : Ouéser, Ouorms, Ouestphalie.

Toutes les liaisons doivent être adoucies. Trop accusées ou trop nombreuses, elles blessent à la fois l'oreille et le goût.

Lorsque les consonnes *s* et *t* terminent un mot et sont précédées d'autres consonnes, on ne fait pas la liaison de l'*s* et du *t.* On ne dira pas : *des cours z'intéressants, il est mort t'et enterré, son respect t'est grand;* mais : des cour(s) intéressants, il est mor(t) et enterré, son respe(ct) est grand.

On doit aussi éviter avec soin le rapprochement de sons qui peuvent blesser l'oreille ou dénaturer le sens d'une

5*

phrase : *Ciel, si ceci se sait, ces soins sont sans succès.* — *Ton thé t'a-t-il ôté ta toux?* — *Ces cyprès sont si loin, qu'on ne sait si c'en sont.*

Arrête, lâche, arrête (la charrette). — *Et je sors de la vie comme un vieillard en sort* (vieil hareng saur). — *L'abus énorme* (la buse énorme).

CHAPITRE DEUXIÈME

LES QUALITÉS DU LANGAGE

I. — De la Pureté du langage.

On pèche contre la pureté du langage, soit en se servant de mots dont la forme a été altérée, soit en leur donnant une signification autre que celle du dictionnaire : *cacaphonie* pour cacophonie; *trémontane* pour tramontane.

Je languis, pour je m'ennuie; *lire sur le journal*, pour lire dans le journal; *jouir d'une mauvaise santé*, pour avoir une mauvaise santé.

On n'emploie pas indistinctement des mots qui ont une apparence de synonymie. On ne dira pas : *un appareil de chirurgie, un instrument de cuisine, un ustensile de physique;* mais : un instrument de chirurgie, un ustensile de cuisine, un appareil de physique.

Il faut éviter les expressions impropres qui ne sont pas conformes à la pureté de la langue; et, quoiqu'il ne soit pas convenable d'user de termes ou d'expressions trop étudiés, il ne faut pas cependant se servir d'un français corrompu. (Bienséance et Civilité chrétienne.)

II. — De la Correction du langage.

La correction du langage veut qu'en parlant on respecte les règles de la grammaire.

Lorsqu'on ne se surveille pas, on commet généralement beaucoup de fautes; nous ne signalerons que les principales :

1° Les fautes relatives au genre et au nombre.

Age, amadou, emplâtre, évangile, incendie, légume, ongle, sont masculins.

Atmosphère, antichambre, énigme, image, oriflamme, paroi, sont féminins.

Annales, arrhes, bésicles, broussailles, catacombes, légumes, vacances (repos), sont toujours du pluriel.

2° Les fautes plus nombreuses encore de l'emploi défectueux des modes et des temps des verbes.

En général, le présent de l'indicatif et le futur veulent le présent ou le passé du subjonctif, tandis que les passés de l'indicatif et le conditionnel demandent l'imparfait ou le plus-que-parfait du subjonctif : *Il faut, il faudra qu'il restitue. Il fallait, il faudrait qu'il restituât, que tu vécusses, que j'aimasse.*

Les terminaisons en *asse*, en *isse* et en *usse* sont peu élégantes et donnent au langage un ton prétentieux. *Je voudrais que vous marchassiez plus droit. Il faudrait que je courusse plus vite. Je voudrais que vous vous enthousiasmassiez.* Pour éviter ces formes, mieux vaut employer l'infinitif. Au lieu de : *il faudrait que vous me donnassiez,* on dira : *il faudrait me donner;* expression plus concise et plus harmonieuse.

On tolérera le présent du subjonctif, au lieu de l'imparfait, dans les propositions subordonnées, dépendant de propositions dont le verbe est au conditionnel présent. (Arrêté du 26 février 1901.) Exemple : *Il faudrait qu'il vienne.* C'est plus euphonique et moins prétentieux.

Emploi du futur et du conditionnel. — C'est le présent du conditionnel, et non le futur simple, qu'on emploie pour marquer un futur relatif à un temps passé. *On pensait que je viendrais, que je dirais. On espère que je viendrai, que je dirai.*

Si le verbe de la proposition conditionnelle est au présent de l'indicatif ou au passé indéfini, on emploie le futur dans la proposition principale : *Si je finis, si j'ai fini avant toi, je t'aiderai;* s'il est à l'imparfait ou au plus-que-parfait, on se sert du conditionnel : *Si je finissais, si j'avais fini avant toi, je t'aiderais.*

Emploi du passé défini. — Le passé défini est généralement peu élégant : *Nous allâmes, nous vîmes, vous fûtes.* On ne l'emploie pas lorsque le temps pendant lequel l'action s'est faite n'est pas entièrement écoulé. On ne dira pas : *Je fis ce matin telle rencontre;* mais : J'ai fait ce matin telle rencontre.

Emploi des auxiliaires être et avoir. — L'auxiliaire *avoir* ne s'emploie pas indifféremment au lieu de l'auxiliaire *être.*

On ne doit pas dire : *Il a tombé,* mais : il est tombé ; *il a promené ce matin,* mais : il s'est promené ce matin ; *je suis été,* mais : j'ai été, ou je suis allé.

L'auxiliaire *être* exprime généralement un état permanent, et l'auxiliaire *avoir* un état transitoire : *Monsieur est descendu au premier étage,* signifie que Monsieur est encore au premier étage. *Monsieur a monté trois fois cet escalier durant la matinée.*

Tout en veillant sur la correction de son langage, on doit éviter la recherche, l'afféterie, le purisme.

Les puristes ne hasardent pas le moindre mot; rien d'heureux ne leur échappe, rien ne coule de source et avec liberté : ils parlent proprement et ennuyeusement. (La Bruyère.)

Le grammairien Saumaize, sur le point d'expirer, disait : *Je m'en vais, ou je m'en vas, l'un et l'autre se dit ou se disent.* C'était pousser le purisme un peu loin.

Dans le langage familier, il est important que le travail de la forme ne se montre pas. Il faut, autant que possible, exprimer ses idées d'une manière claire, en se servant de phrases courtes, simples et naturelles.

III. — Des Fautes de langage.

Ne dites pas :

Être parent avec quelqu'un, mais : être parent de quelqu'un.

Partir avec le premier train, mais : partir par le premier train.

Déjeuner avec du jambon, mais : déjeuner de jambon.

Saigner au nez, mais : saigner du nez.

Faire son embarras, mais : faire ses embarras.

Un vieillard en cheveux blancs, mais : à cheveux blancs.

A couvert de la pluie, mais : à l'abri de la pluie.

Prendre quelqu'un à brasse corps, mais : à bras le corps.

Je l'ai connu dans le temps, mais : je l'ai connu autrefois.

Trois heures d'horloge de temps, mais simplement : trois heures.

Partir à bonne heure, mais : partir de bonne heure.

Faire un habit une idée plus grand, mais : faire un habit un peu plus grand.

Vous le savez aussi bien comme lui, mais : vous le savez aussi bien que lui.

Cet homme est riche comme tout, mais : cet homme est très riche.

Comme santé il va très bien, mais : sa santé est excellente.

Comme pain il n'y en a plus, mais : il n'y a plus de pain.

Il ne décesse de parler, mais : il ne cesse de parler.

La chrétienneté, mais : la chrétienté.

Un dinde, mais : une dinde.

Un écritoire, mais : une écritoire.

Une fièvre maline, mais : une fièvre maligne.

Minuit précise, mais : minuit précis.

Forêt ombrageuse, mais : forêt ombreuse.

Eau de fleur d'orange, mais : eau de fleurs d'oranger.

Une rue passagère, mais : une rue fréquentée.

Mes père et mère, mais : mon père et ma mère.

Tant pire, de mal en pire, mais : tant pis, de mal en pis.
Traverser le pont, mais : passer le pont.
A revoir, mais : au revoir.
Une tête d'oreiller, mais : une taie d'oreiller.
Venimeux se dit des animaux, *vénéneux* des plantes.

IV. — De la Bienséance du langage.

Il faut, en parlant, être non seulement correct, mais encore élégant et digne.

La première condition pour qu'un langage soit élégant, c'est qu'il soit *net* et *précis.*

Par habitude ou pour suppléer à une expression qui ne vient pas, beaucoup de personnes emploient des mots parasites, de pur remplissage, qui ne signifient rien. Presque toutes leurs phrases contiennent des mots comme ceux-ci : *alors, puis, évidemment, dame, or çà, il m'a dit comme ça, comprenez-vous, voyez-vous, savez-vous, n'est-ce pas vrai?* Surchargé de ces mots inutiles, le langage est lourd, diffus.

Toute personne qui se respecte bannit scrupuleusement de ses conversations les expressions triviales, grossières ou messéantes.

De nos jours, il y a malheureusement une grande tendance à sacrifier notre admirable langue française à celle du boulevard et de la caserne. Ainsi, on dira *abouler,* pour : venir; *plus de mousse sur le caillou,* pour désigner une tête chauve; *gifle, calotte,* pour : soufflet; *embêter,* pour : ennuyer; *gamin, moutard,* pour : enfant; *blouser,* pour : tromper.

Voici les premières lignes d'une lettre écrite par un jeune humaniste à l'un de ses camarades : « Figure-toi, ma *vieille,* que j'étais en *tuyau de poêle* et en *sifflet* (jadis on disait : queue de morue). Comme il pleuvait, j'envoie le *larbin* me chercher un *sapin.* Il *roule sa bosse* pendant une heure sans en trouver; c'était *bassinant.* J'expédie le *pipelet* qui, enfin, *décroche une voiture, et je me fourre dedans.* » (NICOLAY.)

Ces expressions boulevardières ne se trouvent jamais dans la bouche d'une personne qui a une certaine élévation dans les idées et les sentiments. *Autant vaut la pensée, autant vaut la parole*, dit Lacordaire.

La trivialité dans le langage, signe certain d'une mauvaise éducation, amène insensiblement la vulgarité de l'esprit et l'abaissement du caractère.

Quand on a pris l'habitude de prononcer des paroles grossières, souvent elles échappent devant des personnes à qui on doit du respect, ce qui couvre de confusion. Nous en avons eu de malheureux exemples jusque dans nos assemblées parlementaires.

Sans être trop triviales, certaines formes de langage ont cependant je ne sais quoi de vulgaire, qui ne permet pas aux personnes bien élevées de s'en servir, comme : *casser une croûte, boire un coup, avaler un morceau.*

Les expressions hyperboliques : *horriblement, énormément, fabuleux, phénoménal, adorable, divin...*, loin de donner de la force et de l'intérêt au récit, le rendent ridicule. J'ai *affreusement* faim et *épouvantablement* soif. Mon *monstre* de frère a un caractère *horriblement* mauvais. Ce paysage est *adorable, divin.*

Tout ce qui dépasse les limites du vrai est de mauvais goût.

Rien n'est beau que le vrai, le vrai seul est aimable.

(BOILEAU.)

CHAPITRE TROISIÈME

LES
CONVENANCES DE LA CONVERSATION

I. — Convenances sociales de la conversation.

C'est une impolitesse de désigner une personne à laquelle on doit du respect par les pronoms : *il, elle, lui*. On ne dira pas : *Il m'a dit ceci, je lui ai dit cela ;*... mais : Monsieur X... m'a dit ceci ; j'ai dit cela à Madame Z...

Les appellatifs : *Monsieur, Madame*, etc., atténuent la sécheresse des mots trop courts ; ils sont de rigueur après les monosyllabes : *si, oui, non, vous, merci ;* mais ils ne doivent pas être répétés trop souvent, cela deviendrait fastidieux.

Lorsqu'on parle à quelqu'un des membres de sa famille, il faut user de formes respectueuses. On dira : *Monsieur votre père, Madame votre mère ;* ou bien on remplacera les mots *monsieur, madame*, par une épithète plus polie : *votre bonne mère, votre vénérable grand-père.* Cette règle s'étend jusqu'aux cousins inclusivement.

Comme le tutoiement s'allie mal avec les formules de respect, il serait ridicule de dire : *Monsieur ton père, Madame ta mère ;* mais on dira fort bien : Ton respectable grand-père, ta mère si dévouée.

Les personnes mariées se servent des mots *mari* et *femme ;* on peut aussi s'en servir en leur absence, mais jamais en leur présence. On ne dira pas : *Comment se porte votre mari, monsieur votre mari?* mais : Comment se porte monsieur X...?

Louis-Philippe, s'étant rendu dans une localité où il avait un château, fut reçu par la population ayant à sa tête M. le maire. Après avoir harangué le souverain, le magistrat, enhardi par la bonne simplicité du roi, lui dit : *Quel dommage, Sire, que vous n'ayez pas amené votre femme! la fête aurait été complète. — Hélas!* répondit le monarque en souriant, *je le regrette plus que vous, monsieur le maire; mais il fallait bien que quelqu'un restât pour garder la maison.*

Lorsqu'on parle à des parents de leurs enfants, on doit dire : *Monsieur votre fils, Mademoiselle votre fille,* ou, plus familièrement : *Monsieur Louis, Mademoiselle Jeanne.* En leur absence, on peut se servir des mots *fils* et *fille,* mais jamais de ceux de *garçon, demoiselle, petit. — J'ai vu,* disait un paysan, *l'empereur, son épouse et leur petit.*

On donne aux personnes élevées en dignité le titre qui leur convient : *Monseigneur, Monsieur l'amiral, Monsieur le général, Monsieur le préfet.* Ce titre, énoncé une première fois quand on aborde les ayants droit, n'est pas répété trop souvent dans le cours de la conversation.

Un jeune homme âgé de plus de quinze ans ne dit pas en société : *papa, maman;* mais, en famille, ces mots sont toujours bien acceptés.

Dans une énumération, la troisième personne passe avant la première, et la deuxième avant la troisième. On ne dira pas : *moi et mon frère,* mais : mon frère et moi; *lui et vous,* mais : vous et lui.

On ne doit jamais parler à quelqu'un d'une manière impérieuse. C'est pourquoi, au lieu de dire : *Allez, venez, faites cela,* il faut user de circonlocutions, disant, par exemple : *Oserais-je vous prier de...? — Voudriez-vous me rendre ce service?... — Vous m'obligeriez en vous donnant la peine de...,* etc. (Bienséance et Civilité chrétienne.)

Salut avec chapeau. Joindre les pieds. — S'incliner.
Tenir le chapeau de la main droite.

Salut sans chapeau. — Même attitude que dans la
figure ci-contre. — Laisser tomber les mains naturellement.

Pour remercier, on se servira, suivant la circonstance, des expressions suivantes : *Merci. — Je vous remercie. — Recevez mes remerciements. — Daignez agréer l'expression de ma reconnaissance.*

Il faut une certaine habileté et une grande habitude des usages du monde, pour savoir garder les nuances et varier ses formules, suivant qu'on s'adresse à des inférieurs, à des égaux ou à des supérieurs.

A propos de nuances, on cite souvent la leçon dite *du bœuf,* donnée par Talleyrand.

Un jour, ce prince avait une douzaine de personnes à dîner. Après le potage, il offre du bœuf à ses convives.

Monsieur le duc, dit-il à un premier avec un air de déférence et en choisissant le meilleur morceau, *aurais-je l'honneur de vous offrir du bœuf?*

Monsieur le marquis, dit-il à un second avec un sourire plein de grâce, *aurais-je le plaisir de vous offrir du bœuf?*

A un troisième, avec un signe d'affabilité particulière : *Cher comte, vous offrirai-je du bœuf?*

A un quatrième, avec bienveillance : *Baron, accepterez-vous du bœuf?*

Enfin, à un monsieur placé au bout de la table, le prince, montrant le plat de son couteau, dit avec un mouvement de tête et un sourire bienveillant : *Un peu de bœuf?*

C'est un grand art de savoir proportionner les égards à la qualité et au mérite de chacun.

Les mots : *avantage, plaisir, honneur,* n'étant pas synonymes, ne doivent pas s'employer indifféremment. A un supérieur, on dira : *Aurai-je bientôt l'honneur de vous voir?* à un ami : *Aurai-je bientôt le plaisir?*

C'est manquer gravement aux convenances que de mettre en doute la parole de quelqu'un, disant par exemple : *Vous vous trompez, ce n'est pas vrai, ce n'est pas cela;* comme aussi de répondre par un *oui* ou par un *non* tout court, lorsqu'on est interrogé.

II. — Convenances morales de la conversation.

Dans toute conversation, il faut éviter de prononcer le saint nom de Dieu sans respect, de critiquer les décisions de l'Église, de plaisanter sur les choses saintes : les pratiques de piété, les paroles de la sainte Écriture, les cérémonies du culte, etc. On doit se faire un devoir rigoureux de ne rien dire qui puisse blesser la religion et la morale. Lorsqu'on manque à ce devoir, on s'expose à peiner les personnes présentes et à recevoir parfois de vertes leçons.

Il ne faut pas non plus se servir des saints noms de *Dieu*, de *Jésus* et de *Marie*, comme de mots parasites de pur remplissage : *Mon Dieu, qu'il fait chaud ! Ah ! Jésus, quel babillard !* ainsi que des expressions : *Que diable, ma foi, sacristi, pardieu, morbleu,* et autres. Les charretiers seuls se permettent les *s.*, les *b.*, les *f...* et autres vilaines expressions.

III. — De la Discrétion.

La discrétion est une qualité précieuse, qui double le prix de toutes les autres. Elle consiste à n'être jamais importun, à n'abuser de rien, à respecter le temps et la liberté d'autrui, ainsi que ses secrets.

Elle oblige tout le monde. Il n'y a personne qui ne soit tenu de garder le silence sur des choses intimes concernant sa famille, ses amis ou ses connaissances ; personne qui ne soit obligé d'éviter cette grossière indiscrétion d'écouter aux portes, de lire des registres ou des papiers laissés sur un bureau ; personne qui n'ait le devoir de ne pas révéler un secret, que la confiance ou le hasard a mis en sa possession. Lire une lettre adressée à un autre est une indiscrétion impardonnable, un manquement à l'honneur, le fait d'un malhonnête homme.

C'est aussi être indiscret que de chercher à deviner, par l'inspection d'une enveloppe, d'où une lettre vient, par qui elle a été écrite, et de faire à ce sujet des suppositions plus ou moins fantaisistes, qu'on ne garde pas pour soi.

Certaines personnes, dévorées du désir de tout savoir, sont on ne peut plus pénibles par leurs questions indiscrètes sur la famille, la fortune, la vie intime... Repoussées une première, une seconde, une troisième fois, elles ne se lassent pas et reviennent à la charge jusqu'à ce que leur curiosité soit satisfaite. Ce désir de tout connaître les rend insupportables et leur fait de nombreux ennemis.

La curiosité, sœur de l'indiscrétion, n'est pas un vice de cœur; c'est le défaut des enfants et la manie des sots. Elle peut devenir intolérable.

Profiter d'une cordiale hospitalité pour pénétrer les secrets d'une famille, en dévoiler les misères intimes, est le fait d'un homme sans cœur et sans éducation. Tout foyer domestique est sacré. En ouvrir les portes à tout le monde par des récits bavards et indiscrets est une action basse, honteuse et humiliante. *Si tu as vu ou entendu quelque chose*, dit le vieil Érasme, *fais semblant de ne pas savoir ce que tu sais.*

Le monde est justement sévère pour les indiscrets; il les tient pour des gens peu délicats, qui ne méritent aucune confiance et qui manquent de la plus vulgaire éducation.

IV. — De la Modestie.

La douce et bienveillante modestie est non seulement une vertu; c'est aussi une puissance qui procure plus d'amis que la richesse, et plus de crédit que le pouvoir. Elle met en relief toutes les autres qualités.

L'homme modeste évite de se mettre en scène, de se faire valoir et d'attirer sur lui l'attention. Il aime et recherche la vie cachée. Il ressemble à cette fleur qu'une humble tige dérobe à la vue et que son parfum seul fait découvrir.

Il discute rarement, ne donne son avis qu'autant qu'on le demande, et jamais d'un ton impérieux et tranchant. Il parle rarement de lui,

> De ses talents, de son emploi :
> Il sait combien l'orgueil est dupe
> Quand il ramène tout à soi.

Comme il désire passer inaperçu, il accepte sans difficulté la fonction la plus modeste. La louange le fatigue, et la flatterie l'épouvante.

Il est tout dévoué aux amis qu'il a choisis, leur trouve de nombreuses qualités et se montre toujours disposé à leur rendre service. Volontiers il défère à leurs désirs, il ne cherche pas à leur imposer ses vues et ses goûts.

D'une humeur toujours égale, la réussite ne l'enfle pas plus que l'insuccès ne le décourage. Sa modestie le met à l'abri des violences hautaines et méprisantes, qui aliènent tous les cœurs.

Après une grande victoire, Turenne écrivait à sa femme : *Les ennemis sont venus à nous; ils ont été battus, Dieu en soit loué. J'ai un peu fatigué toute la journée, je vous donne le bonsoir et je vais me coucher.* Quelle admirable simplicité !

Les ignorants et les sots ne sont jamais modestes; ils ne comprennent pas que le *moi* est un sujet presque toujours gênant et ennuyeux pour autrui; ils se mettent volontiers en scène et cherchent à se faire valoir.

Le *vantard* parle constamment de lui et de ce qui peut tourner à sa louange. Il oublie que l'orgueil est frère de la sottise, *qu'un sot a beau faire broder son habit, ce n'est toujours que l'habit d'un sot.* (RIVAROL.)

Il porte la fatuité jusqu'au ridicule : il a tout vu, tout entendu, il sait tout. Il a lu Homère, Cicéron, Hippocrate; il les sait par cœur.

Dans moins d'un quart d'heure, il résout quatre cas graves

de théologie, donne trois remèdes infaillibles pour guérir une maladie incurable, et indique avec assurance quelle est la meilleure forme de gouvernement.

Cet homme prodige a partout, à son dire, joué un rôle important. Il n'a jamais eu d'insuccès, tout lui a parfaitement réussi; et cependant il est resté pauvre.

Il connaît, dit-il, presque tous les grands personnages contemporains; beaucoup l'honorent de leur amitié, et quelques-uns lui écrivent les lettres les plus flatteuses. Aujourd'hui il dîne chez le comte de X.; demain, chez le marquis de Y.; après-demain, peut-être qu'il ne dînera pas!

Il appartient à une famille illustre, qui descend probablement des Croisés. Son père est un ouvrier modeste; mais son aïeul était un grand seigneur, et son trisaïeul un général distingué qui a sauvé son roi et son pays.

Il est avide de compliments et accepte avec une ridicule satisfaction les louanges les plus exagérées.

Se vanter est pour lui un besoin, une nécessité à laquelle il sacrifie tout, même la vérité. Ni les contradictions, ni les démentis, ni les humiliations ne peuvent l'empêcher de satisfaire cette manie. Il s'est vanté aujourd'hui, il se vantera encore demain.

Il est d'un homme sage, dit saint Jean-Baptiste de la Salle, *de ne jamais parler de ce qui le regarde; et c'est une marque d'un petit esprit, de se vanter et de parler avantageusement de soi. Un chrétien ne doit se faire connaître que par sa conduite.*

CHAPITRE QUATRIÈME

LES DÉFAUTS DES CONVERSATIONS

I. — De la Plaisanterie.

La plaisanterie est une arme dangereuse, qui demande à être maniée avec esprit et délicatesse. Plaisanter agréablement est une chose aussi difficile que rare. *On marche sur les mauvais plaisants,* dit La Bruyère, *et il pleut par tout pays de cette sorte d'insectes.*

Pour être permise, la plaisanterie doit être fine, délicate, exempte de tout sentiment grossier, de toute expression triviale. Elle doit porter sur les choses, rarement sur les personnes. Il n'y a qu'un malappris ou un mauvais cœur qui soit capable de plaisanter sur la misère, l'infortune, les difformités physiques. *C'est une lâcheté et une bassesse d'esprit que de railler quelqu'un sur ce qu'il est borgne, boiteux ou bossu.* (Bienséance et Civilité.)

Souvent, pour placer un bon mot, un trait piquant, on ne craint pas de faire de la peine, même à un ami. Comment peut-on ainsi sacrifier, au désir de faire briller son esprit, le plaisir bien plus doux d'être aimable et bon?

Toute plaisanterie qui blesse la religion ou la morale est grossière et de mauvais goût; celle qui fait de la peine est inconvenante. Même fine et délicate, la plaisanterie ne doit s'adresser qu'à des gens capables de la comprendre et de ne point s'en fâcher.

Plaisanter avec un supérieur est un manque de tact; avec un inférieur, une imprudence : *la familiarité est toujours une maladresse : nos supérieurs nous en savent mauvais gré, et nos inférieurs en ont moins de considération pour nous.* (Mme NECKER.)

Une plaisanterie, en apparence bien innocente, brouilla à jamais le peintre Isabey et le célèbre musicien Grétry. Ce dernier était un admirateur passionné du chant du rossignol. Un jour qu'il dînait chez Isabey, celui-ci lui dit : *Voici, mon cher Grétry, un pâté qui a été confectionné à votre intention; goûtez-le et vous m'en direz des nouvelles.* Grétry dégusta le pâté en connaisseur, y revint à deux fois et déclara qu'il n'avait jamais rien mangé d'aussi excellent. *Cela devait être,* dit Isabey en riant, *c'est un pâté de rossignols.* Grétry pâlit, se leva, prit son chapeau, et ne revint jamais plus.

La plaisanterie consiste dans un contraste, un rapprochement inattendu, qui cause une agréable surprise. On en distingue trois principales : le *bon mot,* le *jeu de mots* et le *calembour.*

Le *bon mot* est un trait vif, ingénieux, piquant, qui porte sur les choses elles-mêmes ou sur la pensée, et non sur l'expression.

Un mauvais plaisant demandait un jour à Alexandre Dumas s'il ne descendait pas du singe. *Je ne sais, monsieur, si j'en descends,* répondit l'illustre romancier; *mais vous y retournez certainement.*

Le *jeu de mots* est une allusion plaisante, fondée sur l'homonymie des mots. C'est une sorte d'équivoque dont la finesse fait tout le prix.

Santeuil discutait, un jour, avec Condé, sur la valeur de quelques ouvrages de l'esprit. *Sais-tu que je suis prince du sang? — Oui, monseigneur, et moi, je suis prince du bon sens,* répondit Santeuil.

Le *calembour* est un jeu de mots basé sur une similitude de sons, sans égard au sens et à l'orthographe. Le mar-

quis de Bièvre, qui le mit à la mode, au XVIIIᵉ siècle, mourut
à Spa en disant à ses amis : *Je m'en vais de ce pas* (*Spa*).

Un jeune homme, après avoir quitté un canapé où il était
assis avec deux autres personnes, disait : *Je reviens du siège
de Troie* (de trois).

Le calembour, presque inconnu autrefois, n'est admis
que dans la conversation familière. Il doit être rare, spirituel, sans prétention et parfaitement inoffensif. Il s'élève
rarement à la hauteur du bon mot; le plus souvent, ce n'est
qu'une platitude.

> Le calembour, enfant gâté
> Du mauvais goût et de l'oisiveté,
> Qui va guettant, dans ses discours baroques,
> De nos jargons nouveaux les termes équivoques,
> Et, se jouant des phrases et des mots,
> D'un terme obscur fait tout l'esprit des sots.
>
> (DELILLE.)

Il ne faut pas confondre le *plaisant* et le *farceur;* tous
deux plaisantent, mais d'une manière bien différente. Le
premier provoque le rire fin et délicat; le second, le rire
gros et stupide.

Certaines farces sont de véritables impertinences. Cacher
une canne ou un chapeau, retirer une chaise quand on
va s'asseoir, mettre de la glu sur les touches d'un piano,
sont autant de niaiseries, qui n'amusent que les sots et ne
demandent pas, pour être faites, une forte dose d'esprit.

Que penser de ces farces qui peuvent avoir des conséquences funestes, comme celle dont fut victime le poète Santeuil? D'après Saint-Simon, l'auteur des *Hymnes sacrées*
serait mort après quarante-huit heures d'atroces douleurs,
empoisonné par un verre de vin dans lequel on avait jeté,
par plaisanterie, du tabac d'Espagne. Quel remords pour le
mauvais plaisant!

Il est des choses que la bienséance défend de nommer, et
sur lesquelles il n'est pas permis de plaisanter. Certains
esprits grossiers, qui se complaisent dans ces basses régions,
cherchent à y transporter leurs auditeurs. Ce sont des mal-

appris, qui méritent de vertes leçons. On les juge sévèrement, car *la bouche parle de l'abondance du cœur.*

*Lorsque, dans une compagnie, il se rencontre une per-
sonne qui prononce des paroles un peu libres, il faut bien
se garder d'en rire; mais faire semblant de ne pas les
avoir comprises et faire changer le discours, si on le peut.*
(Bienséance et Civilité.)

II. — De la Moquerie et de la Raillerie.

La *moquerie* consiste dans des paroles ou des actions par
lesquelles on cherche à ridiculiser quelqu'un. C'est une
arme peu courtoise, qu'on ne trouve jamais entre les mains
d'une personne délicate. Elle se prend toujours en mauvaise
part. Le bon sens populaire l'a stigmatisée en lui donnant,
pour symbole, l'âne stupide retirant les lèvres et montrant
les dents : cela signifie que le moqueur est à la fois un petit
esprit et un mauvais cœur.

La *raillerie* confine à la moquerie et se confond souvent
avec elle. Rarement elle est délicate et de bon goût. Elle
cherche à tourner quelqu'un en dérision pour faire rire ou
pour se venger.

On distingue trois sortes de railleries, dit Noël : l'une *cha-
touille*, l'autre *peine*, la troisième *égratigne*. On tombe
facilement de la première dans les deux autres.

Le railleur n'est pas toujours méchant, il veut surtout
amuser, et pour cela tous les moyens lui sont bons.

Quelquefois il excelle dans l'art de saisir les ridicules et
de les faire ressortir en les exagérant. Il brille davantage
par ses gestes, l'expression de sa physionomie, le comique
de sa pose, que par ses paroles, qui sont, le plus souvent,
incohérentes et dépourvues de bon sens.

Il contrefait la voix, le geste, l'accent, la démarche, le
maintien de celui qu'il veut ridiculiser. Les personnages
les plus graves, les plus distingués, n'échappent point à sa

critique et peuvent devenir, grâce à son triste talent, des
sujets de risée.

Il fait voir comment marche monsieur X., comment
chante monsieur Y., comment un tel *roule sa bosse*, comment parlent, regardent et rient les idiots et les crétins. La
ressemblance est parfaite; c'est à s'y méprendre.

Le railleur a peu d'amis et beaucoup d'ennemis. Ceux
même qu'il fait rire le redoutent, craignant d'être à leur tour
l'objet de ses sarcasmes. Momus, le dieu de la raillerie, fut
chassé de l'Olympe pour avoir irrité les dieux par ses sottes
plaisanteries.

Le railleur peut amuser; il ne saurait se faire estimer.
Jamais le métier de bouffon n'a inspiré de considération.

Blaguer est un mot qui appartient à *l'argot* et qui signifie
railler; il devient malheureusement de plus en plus français.

Le blagueur affecte de ne rien prendre au sérieux, de se
moquer de tout: de l'enthousiasme, de l'honneur, de la vertu.
Il plaisante le dévouement, parodie un acte de charité, et
met volontiers une bonne action en comédie. Il fait semblant de ne croire à rien, d'être sceptique.

Sa philosophie fait pitié. *Ce n'est pas la philosophie du
pourceau, car il pense. Ce n'est pas la philosophie de
l'homme, car il ne conclut rien. Mais c'est la philosophie
de l'enfant, qui joue avec tout. Or, ce monde n'est pas un
enfantillage.* (LAMARTINE.)

Le scepticisme apparent du railleur devient bientôt réel.
Comment croire aux choses qu'on plaisante habituellement?
Ce penchant à *tout blaguer,* à se moquer de tout, à ne
rien prendre au sérieux, le rend insupportable. Son air
gouailleur, ses raisonnements absurdes, ses appréciations
injustes, en font un être d'autant plus ennuyeux qu'il a
moins de retenue et qu'il se croit plus spirituel.

Cette manière facile d'être amusant, d'avoir de l'esprit,
est très vulgaire, elle court les rues. Le gamin de Paris y
excelle, et le jeune homme bien élevé l'a en horreur.

Sans toucher la main. — On présente l'inférieur au supérieur, un monsieur à une dame. — Observer le regard de la personne qui fait la présentation. — Celui qui est présenté s'incline profondément.

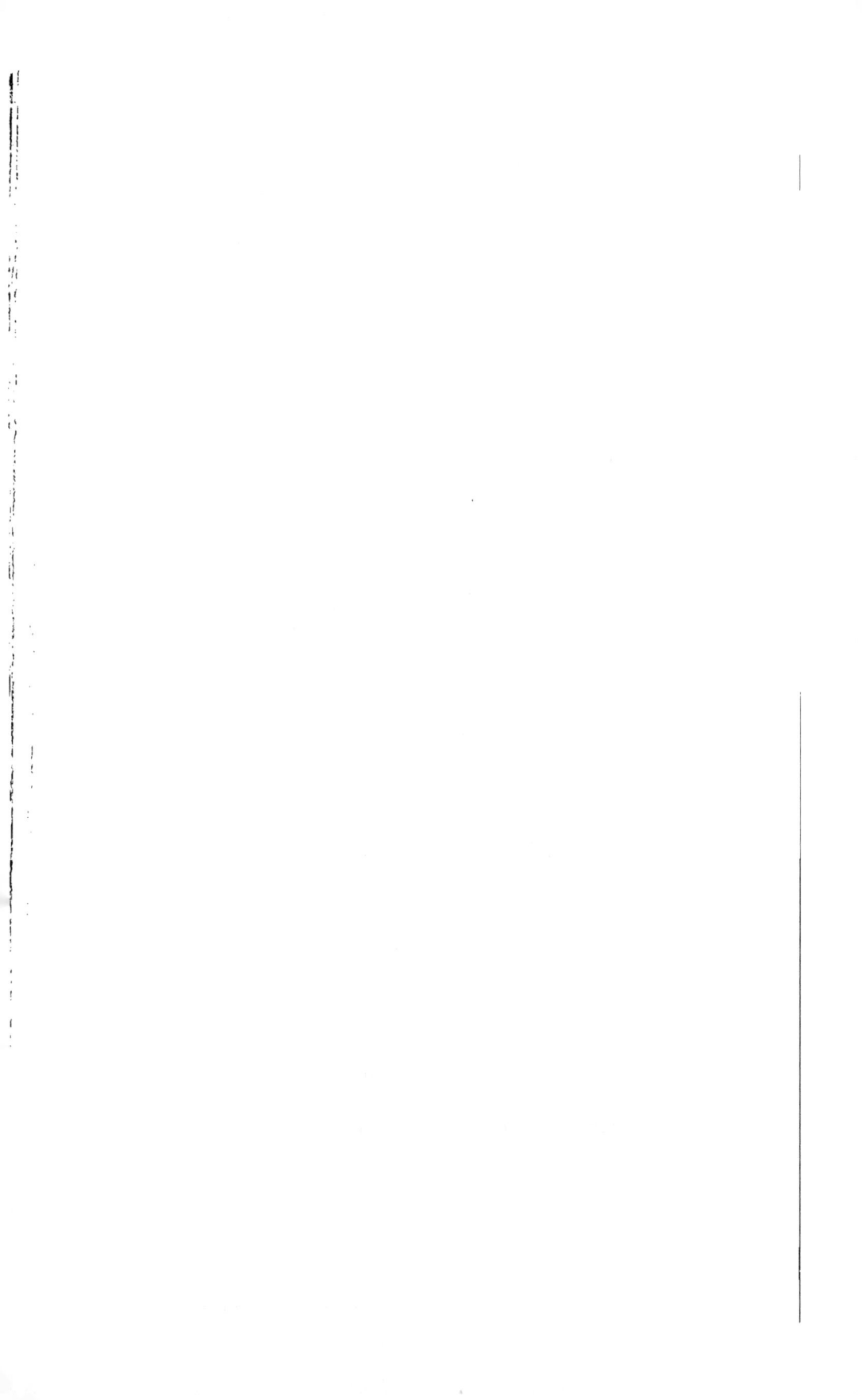

III. — Du Mensonge.

La parole a été donnée à l'homme pour exprimer sa pensée et non pour la déguiser. Donner des mensonges pour des vérités, c'est se rendre aussi coupable que celui qui fait passer de la fausse monnaie pour de la bonne.

Le mensonge n'a jamais d'excuse. *Il décèle une âme faible, un esprit sans ressource, un caractère vicieux.* (BACON.)

Les anciens le considéraient comme le marchepied de tous les vices : en effet, presque tous le prennent pour complice, pour auxiliaire ou pour avocat. On ment par vanité, par lâcheté, par méchanceté; on ment pour excuser sa paresse, son imprévoyance, son étourderie; on ment par orgueil, envie ou jalousie.

Le démon est le père du mensonge. Il a deux noms : il s'appelle Satan, et il s'appelle Mensonge. (Victor HUGO.)

Parler contrairement à sa pensée est indigne d'un caractère loyal, comme d'une conscience délicate. *Quiconque est capable de mentir ne mérite pas d'être compté au nombre des hommes.* (FÉNELON.)

Les païens eux-mêmes avaient horreur du mensonge. Aristide et Epaminondas avaient un si grand attachement pour la vérité, qu'ils ne se permettaient jamais de mentir, même par manière de jeu.

Le menteur ne jouit d'aucune considération. Son premier châtiment est de perdre toute créance : on ne le croit plus, même quand il dit vrai. Dans sa bouche, les vérités semblent se changer en mensonges.

Le plus sanglant affront que l'on puisse faire à un homme est de lui dire : *Vous mentez;* et c'est le louer grandement, que de reconnaître qu'il est sans dissimulation. *Rien ne fait plus d'honneur à un homme que la sincérité.* (Saint JEAN-BAPTISTE DE LA SALLE.)

Il ne suffit pas de se préserver du mensonge; il faut aussi éviter l'exagération, que Joseph de Maistre appelle *le mensonge des honnêtes gens.*

Certains narrateurs, pour rendre leurs récits plus intéressants, ne craignent pas de les amplifier et de les embellir au détriment de la vérité; de raconter, comme vraies, des anecdotes qui n'ont jamais existé que dans leur imagination. Ils prennent ainsi l'habitude de mentir.

Il faut être vrai, mais non indiscret. Toutes les vérités **ne** sont pas bonnes à dire :

> Quand vous méditez un projet,
> Ne publiez point votre affaire;
> Toujours au fond du cœur gardez votre secret.
> On se repent toujours d'un langage indiscret,
> Et presque jamais du mystère.
> Certain auteur, sur ce sujet,
> S'explique de cette manière :
> « Le causeur dit tout ce qu'il sait ;
> L'étourdi, ce qu'il ne sait guère;
> Les jeunes, ce qu'ils font ; les vieux, ce qu'ils ont fait,
> Et les sots, ce qu'ils veulent faire. »

(PANARD.)

IV. — De la Médisance et de la Calomnie.

La morale prohibe sévèrement la médisance et la calomnie, ces deux grands fléaux des conversations. Qu'ils sont coupables, les malheureux qui, par inconséquence, légèreté ou méchanceté, détruisent la réputation de leurs semblables ! Dans son langage imagé, le peuple les flétrit en les appelant *langues de vipère.*

Ces langues ne respectent rien : comme un feu destructeur, elles noircissent ce qu'elles ne peuvent consumer. Devant nous, elles détruisent la réputation d'autrui ; devant les autres, elles détruiront la nôtre.

Que faire ? Il faut passer le temps, les jours sont longs,

et comment les charmer, sinon par la satire? tel est l'abominable raisonnement de la mauvaise langue.

> Elle a dit de ces mots que les plus noirs félons,
> Même pour la vengeance, hésiteraient à dire.
> Sur ses pas maintenant, trahison, désespoir,
> Querelle, inimitié, tous les poisons de l'âme,
> Vont germer, vont fleurir, comme une ivraie infâme.
>
> (Joseph Autran.)

En dévoilant sans nécessité les fautes d'autrui, la *médisance* compromet souvent les intérêts les plus graves, et
produit parfois des dommages irréparables. Elle naît de
l'envie, de la jalousie ou de quelque autre passion mauvaise.
*Médire sans dessein, c'est bêtise; médire avec réflexion,
c'est noirceur. Que le médisant choisisse : il est insensé ou
méchant.* (Duclos.)

Certaines personnes ne semblent avoir de l'esprit que pour
dénigrer autrui. Incapables de soutenir une conversation
sérieuse, elles restent muettes dès qu'elles cessent de mal
parler du prochain. Médire est pour elles un besoin, une
nécessité, à laquelle elles sacrifient tout, même l'amitié. En
voyant la joie qu'elles ont à déprécier notre réputation,
on dirait que leur vertu s'engraisse de nos vices.

Ces personnes doivent avoir sans doute beaucoup de
défauts, puisqu'elles éprouvent tant de plaisir à en remarquer
chez les autres.

> Ceux de qui la conduite offre le plus à rire,
> Sont toujours sur autrui les premiers à médire.
>
> (Molière.)

La *calomnie*, plus coupable que la médisance, est un
odieux mensonge. Elle décèle une âme bassement méchante,
et cause les plus graves préjudices.

L'assassin qui frappe sa victime d'un coup de poignard
est moins coupable que le calomniateur qui, sans qu'on puisse
lui résister ni même l'apercevoir, frappe d'un coup de

langue un innocent et lui enlève un trésor plus cher que la vie : son honneur.

Le calomniateur, qui ne craint pas de s'attaquer aux meilleures réputations, trouve toujours des esprits assez crédules ou assez méchants pour croire des fables absurdes, des mensonges odieux. *Certaines oreilles sont ouvertes aux médisances, aux calomnies, aux mauvaises paroles, comme les égouts aux ruisseaux.* (VALYÈRE.)

Le médisant et le calomniateur sont d'autant plus méprisables, d'autant plus dangereux, qu'ils se font plus hypocrites. *Ce pauvre monsieur X... n'est vraiment pas heureux et mérite bien qu'on le prenne en compassion. Vous savez combien je l'estime, combien je lui suis attaché; imaginez-vous qu'on a osé me dire...* Et après avoir couronné la victime de fleurs, on l'immole sans pitié.

Le faux ami est plus à craindre qu'un ennemi déclaré ; comme Judas, il trahit en donnant un baiser. Et quand, par ses paroles hypocrites et mensongères, il a brisé une carrière, jeté le trouble dans une famille, causé d'irréparables dommages, il n'a peut-être point de remords et se croit encore honnête. Quelle aberration !

Les médisants et les calomniateurs sont des êtres dangereux et malfaisants: on doit les fuir ou les mettre dans l'impuissance de nuire en les démasquant publiquement.

Mme de Staël s'était brouillée avec le vicomte de Choiseul, qui avait mal parlé d'elle. Un jour, elle le rencontra dans un salon et lui adressa la première la parole :

Il y a longtemps qu'on ne vous a vu, monsieur de Choiseul?

— *J'ai été malade, madame l'ambassadrice.*

— *Gravement?*

— *J'ai failli m'empoisonner.*

— *Hélas! peut-être que vous vous serez mordu la langue.*

Cette terrible repartie tomba sur le coupable comme un coup de foudre.

Les absents ont un droit spécial à notre indulgence.

Comme ils ne peuvent se justifier, les attaquer est une
lâcheté. Il ne faut en parler que pour en dire du bien ou
pour prendre leur défense.

> Attendons pour juger.
> Quel est celui de nous qu'on ne pourrait charger?
> On est prompt à ternir les choses les plus belles.
> La louange est sans pieds, et le blâme a des ailes.
>
> (V. Hugo.)

Lorsque Dieu créa le cœur de l'homme, il y mit d'abord
la bonté comme le propre caractère de la nature divine, et
pour être comme la marque de cette main bienfaisante dont
nous sortons.

La bonté est ce qu'il y a de meilleur dans l'homme, la
qualité dont nous avons le plus besoin et dont nous tirons
le plus d'avantages. Dans l'ordre moral, comme dans l'ordre
pratique, rien n'est bien que ce qui est bon.

Mme Louise de France, fille de Louis XV, était si bonne
qu'elle ne souffrait pas qu'on dît du mal de quelqu'un
devant elle. Un jour, sa femme de chambre crut lui faire
plaisir en critiquant une dame de la cour dont la princesse
avait beaucoup à se plaindre :

« Chut ! ne dites pas de vilaines choses comme celle-là, dit
la princesse.

— Mais, madame, vous savez bien que je dis la
vérité.

— Je ne veux pas savoir des vérités de ce genre.

— Mais cette femme vous a grièvement offensée.

— Je ne m'en souviens plus.

— Elle est votre ennemie mortelle.

— Moi, je ne suis l'ennemie de personne.

— Comment, je ne puis rien dire de ceux qui vous veulent
du mal ?

— Non.

— Pas même du diable alors ?

— Il ne faut dire du mal de personne. »

Madame Louise de France n'avait point d'ennemis, elle
était particulièrement aimée.

Les qualités de l'esprit peuvent faire des jaloux; celles du cœur ne font que des amis.

> L'âme n'est grande qu'étant bonne;
> L'esprit sans bonté n'est que fiel.
> La haine, toujours inféconde,
> Peut troubler la face du monde;
> Elle ne peut le transformer.

(H. Bomel.)

V. — De la Critique.

Le médisant raconte; le *critique* juge ou plutôt censure en mêlant, le plus souvent, du fiel à ses jugements. Il est dur, sévère, inexorable; personne ne trouve grâce devant ses yeux. Il ne sait que blâmer et s'en fait gloire. Ses appréciations sont acerbes, injustes, méchantes.

Tous se trompent. Lui seul a du talent, du savoir-faire, de l'esprit de suite, la science du gouvernement. Lui seul connaît les hommes et la manière de les diriger. Pourquoi ne le consulte-t-on pas? D'après lui, c'est parce qu'on n'a pas écouté, suivi ses conseils, que tout va de travers, que rien ne réussit.

Il n'est pas moins sévère pour ses camarades que pour ses supérieurs. Presque tous sont impitoyablement censurés.

Orgueilleux et jaloux, égoïste et froidement méchant, le critique est craint autant que détesté. Seuls, ceux qui lui ressemblent aiment son ennuyeuse compagnie.

Si vous observez quels sont les gens qui ne peuvent louer, qui blâment toujours, qui ne sont contents de personne, vous reconnaîtrez que ce sont ceux dont personne n'est content. (La Bruyère.)

Perché sur les échasses de son outrecuidante vanité, Blamesec contemplait d'un œil dédaigneux tout ce qui cloche, tout ce qui choque, tout ce qui est faible, imparfait, inachevé; puis l'observation terminée, il se mettait à critiquer, à railler, persifler, dénigrer, vilipender à bouche que veux-tu. Le vilain percheur! (Journal l'*Éducation*.)

VI. — De la Délation.

La *délation* consiste à dénoncer, par intérêt ou méchanceté, un crime ordinairement faux, afin de nuire à quelqu'un. Cette conduite est abominable, on ne saurait trop la flétrir. *Elle suppose une âme corrompue et un cœur lâche*, dit Malesherbes.

L'empereur Théodose punissait de mort tout délateur qui l'était pour la troisième fois.

La forme la plus repoussante et la plus dégradante de la délation est la lettre *anonyme;* elle n'a jamais d'excuse.

Si, en accusant, on croit accomplir un devoir, il faut avoir assez de courage pour ne point se cacher.

Les faux rapports ont presque toujours les conséquences les plus funestes. Ils aigrissent les esprits, ulcèrent les cœurs, fomentent les divisions et enveniment les querelles.

Le semeur de rapports est souverainement détesté; la discorde et la haine croissent sous ses pas. *Il faut juger favorablement tout le monde et ne point se mettre en peine des actions d'autrui. C'est une grande faute que de s'ériger en censeur public.* (Bienséance et Civilité.)

VII. — De la Flatterie et des Compliments.

De la Flatterie. — La *flatterie,* louange exagérée ou mensongère, dictée par l'intérêt personnel, a été définie: la politesse du mépris. *C'est une fausse monnaie, qui n'a de cours que par notre vanité.* (LA ROCHEFOUCAULD.)

Le flatteur est un égoïste dangereux; il flatte pour s'insinuer dans l'esprit de quelqu'un, gagner ou conserver ses bonnes grâces, obtenir quelque faveur. C'est le pire de nos ennemis. Il est plus coupable que le faux témoin: celui-ci trompe le juge sans le corrompre; celui-là nous trompe et nous corrompt.

Parmi les animaux sauvages, dit un philosophe, *l'animal le plus redoutable est le calomniateur; et, parmi les
animaux domestiques, c'est le flatteur.* Ce dernier n'atteint
pas toujours son but; il ment, et sa louange mensongère
est souvent prise pour une mystification, une insulte.

> Sachez de l'ami discerner le flatteur.
> Tel vous semble applaudir, qui vous raille et vous joue.
> Aimez qu'on vous conseille, et non pas qu'on vous loue.
>
> (BOILEAU.)

*Il est toujours désavantageux à celui qui est flatté de le
permettre, car il prouve par là qu'il a peu d'esprit et
beaucoup de présomption.* (Bienséance et Civilité.)

Le flatteur ne cherche que son propre intérêt; il vit aux
dépens de celui qui l'écoute.

> L'encens noircit l'idole en fumant pour sa gloire.
>
> (MERCIER.)

Un supérieur qui ne veut pas s'exposer à se laisser dominer par ce qu'il y a de moindre parmi ses subordonnés, doit
surtout se défier des flatteurs. Ceux-ci, en le prenant par
ses côtés faibles, finissent par lui persuader qu'eux seuls lui
sont dévoués et que les autres ne sont que des ennemis.

*Mieux vaut être repris par un sage, que d'être séduit
par les flatteries des insensés.* (Ecclésiaste.)

Henri IV, passant un jour par Amiens, fut harangué par
un magistrat, qui lui prodigua les titres de : *très grand,
très puissant, très bon, très clément, très magnanime.*
Ajoutez encore *très fatigué,* dit le roi; ce qui déconcerta un
peu le harangueur.

Un homme qui se respecte ne flatte jamais.

> S'il loue, il fuit le ton flatteur :
> Il sait qu'un mot adulateur,
> Démenti par la conscience,
> D'une juste pudeur fait rougir notre front,
> Et qu'un éloge est un affront,
> S'il n'est pas une récompense.

Des Compliments. — La *louange*, appelée aussi *compliment*, est une parole gracieuse, une allusion fine, dite dans le but d'être agréable à quelqu'un et de faire ressortir son mérite.

S'il n'est jamais permis de flatter, il n'est pas défendu de louer à propos, avec tact et mesure.

> Pour l'éloge et le blâme, également j'hésite;
> Ils veulent l'un et l'autre un esprit délicat:
> Tout louer est d'un sot, tout blâmer est d'un fat.
>
> (JOSEPH CHÉNIER.)

Le compliment doit être vrai, avoir une grande délicatesse de forme, un tour élégant et beaucoup d'à-propos. Il laisse deviner l'éloge plutôt qu'il l'exprime. On y tolère une légère exagération.

Trop direct, il blesse la modestie; outré ou préparé de loin, il est souvent ridicule et parfois offensant. Il fait d'autant plus plaisir qu'on le croit plus mérité.

Le *compliment à bascule,* qui pour exalter une personne en humilie une autre, est aussi inconvenant qu'indélicat. Exemples : *Vous êtes aussi gracieux que monsieur X... est rustique. — Vous êtes aussi généreux que monsieur Y... est avare.*

Il faut mériter les éloges et les fuir.

> Une juste louange a de quoi nous flatter;
> Mais un esprit bien fait doit prendre
> Bien moins de plaisir à l'entendre,
> Que de peine à la mériter.
>
> (PAPILLON.)

Comme les compliments ne sont guère autre chose que des formules de politesse, on les écoute avec modestie, et l'on évite les protestations exagérées, rarement prises au sérieux.

Lorsqu'on est loué, il ne faut pas en témoigner trop de joie, mais s'excuser honnêtement, disant, par exemple : Je ne fais que mon devoir. Il serait peut-être encore plus sage de ne rien dire et de rompre le discours. (Bienséance et Civilité.)

CHAPITRE CINQUIÈME

ÉLÉMENTS DE LA CONVERSATION

I. — De la Narration.

Pour qu'un récit ne fatigue pas l'attention, il faut qu'il ne contienne point de détails inutiles, que les divers incidents soient bien amenés, que le langage soit clair, simple, correct, la prononciation distincte, les gestes sobres et naturels.

> Cher, même aux rivaux qu'il efface,
> Le discoureur aimable est le mortel charmant
> Qui.......
> Nourrit l'attention et jamais ne la lasse,
> Parle, s'arrête et reprend à propos ;
> De sel sans âcreté, de gaîté sans grimace,
> Assaisonne ses moindres mots ;
> D'inutiles détails ne charge point sa phrase ;
> Et, simple avec noblesse, et noble sans emphase,
> A l'estime du sage et le respect des sots.

On doit se défier des longues histoires et de celles qui paraissent invraisemblables : elles provoquent l'ennui ou l'incrédulité.

Ce n'est pas être adroit que d'annoncer un récit amusant comme devant faire rire ; car on ne connaît pas toujours les goûts et les dispositions de ses auditeurs.

En racontant une histoire plaisante, il faut affecter d'être sérieux ; moins on rit, plus on fait rire. Les grands comiques ont généralement un air grave.

Toucher'la main. — Attendre que le supérieur présente la main.   S'incliner en signe de respect.

C'est une incivilité de rire après avoir dit un bon mot et de regarder les autres pour voir s'ils rient ; c'est faire connaître qu'on croit avoir dit des merveilles. (Bienséance et Civilité.)

Que le récit soit intéressant ou non, dès qu'on s'aperçoit qu'il ennuie, on termine en peu de mots.

Le geste, accompagnement obligé de la parole, doit être en parfaite harmonie avec l'expression dont il est, pour ainsi dire, le complément. Plus le langage est simple et familier, plus le geste doit être doux et tranquille. Les gestes exagérés ou trop nombreux sentent la suffisance et rendent ridicule. Les Américains ont des cours où l'on apprend la manière d'approcher les mains du visage, de porter sa canne et son parapluie, d'ouvrir et de fermer les yeux et la bouche avec grâce.

II. — De la Discussion.

La *discussion* a ses lois et ses réserves. Elle se déroule avec charme et profit, quand elle se soumet aux prescriptions de la logique et des convenances. Bien conduite, elle donne aux sujets les plus arides un intérêt puissant; elle aiguise l'esprit, favorise l'à-propos, stimule toutes les facultés. Lacordaire à Sorèze, Lamennais à La Chênaie, créèrent, pour leurs disciples, des salons de conversation.

Lorsqu'on discute, il faut écouter attentivement et patiemment son adversaire, répondre avec calme à ses objections, éviter de le blesser par des paroles dures ou injurieuses.

Qui discute a raison, et qui dispute a tort.

Même en combattant avec ardeur un adversaire, il faut être poli, user de beaucoup de ménagements; car la plus petite contradiction est toujours pénible à entendre. En résumé, elle signifie à peu près ceci: *Monsieur, vous vous trompez ou vous voulez me tromper.*

Si, en discutant, on vient à découvrir la fausseté de l'opinion qu'on soutenait, on l'avoue franchement, et, dans le cas contraire, on n'abuse point de sa victoire en mettant trop en évidence ce que le contradicteur a dit de faux ou d'absurde.

> Une aimable indulgence est souvent de saison;
> C'est avoir déjà tort que d'avoir trop raison.
>
> (LEBRUN.)

Lorsque la controverse devient personnelle, blessante, qu'elle est sur le point de dégénérer en dispute, on se tient sur une grande réserve, et, dès qu'on le peut, on change adroitement le sujet de la conversation.

Disputes, prises de bec, chicanes, qu'est-ce que cela? Presque toujours des duels entre deux amours-propres, entre deux vanités, entre deux orgueils. Or de pareils champions se servent très souvent d'armes empoisonnées, alors même qu'ils se battent à l'aiguille ou à l'épingle.

Il faut se défier des discussions politiques et religieuses; elles sont si passionnantes, si irritantes, qu'il est rare qu'on soutienne son opinion sans manquer aux règles du savoir-vivre; mieux vaut s'en abstenir.

Comme la discussion suppose ou établit une sorte d'égalité entre les contradicteurs, il n'est pas permis de discuter avec les supérieurs.

Les jeunes gens doivent éviter de discuter et, à plus forte raison, de contredire.

Donner un démenti à quelqu'un est un manquement grave aux convenances, une faute impardonnable et parfois dangereuse.

III. — De la Manière d'écouter.

Savoir écouter, c'est, suivant la personne qui parle, prêter une attention bienveillante, aimable ou respectueuse. Il semble que rien ne soit plus facile, et cependant rien n'est moins commun; ce qui a fait dire à un sage de l'antiquité: *Ce sont les hommes qui nous apprennent à parler, et ce sont les dieux qui nous enseignent à nous taire.*

Dans les classes du Conservatoire, à Paris, on entend souvent répéter cette phrase : *Mon ami, sachez donc écouter ; vous ne savez pas écouter.*

L'auditeur attentif excite le talent de celui qui parle et flatte son amour-propre. Il sourit à une fine plaisanterie, marque son étonnement lorsqu'il s'agit d'un récit extraordinaire, prend un air grave, gai ou attendri, suivant que la conversation le demande.

Il ne garde pas toujours le silence ; il place un mot à propos, fait de judicieuses remarques et même quelques légères objections.

Lorsque le récit est peu intéressant, il détourne adroitement la conversation et l'amène sur une question moins ennuyeuse.

Chacun a un sujet qu'il traite avec compétence et qu'on écoute avec intérêt et profit. Un poète intéresse quand il déclame ses vers ; un officier, quand il raconte une bataille ; un paysan, quand il parle de ses récoltes. C'est être délicat et adroit que de faire causer quelqu'un sur ce qu'il connaît le mieux ou sur ce qu'il aime le plus.

L'esprit de conversation consiste bien moins à montrer beaucoup d'esprit qu'à en faire montrer aux autres ; celui qui sort de votre entretien content de soi et de son esprit, l'est de vous parfaitement. (LA BRUYÈRE.)

Beaucoup de jeunes gens qui passent pour aimables et spirituels n'ont eu d'autre peine, pour mériter cette réputation, que d'avoir su écouter.

Un général, qui dînait tous les samedis chez un jeune peintre, avait pris l'habitude de raconter chaque fois, au dessert, le passage de la Bérésina. Les convives s'en plaignaient ; mais l'artiste croyait qu'il était de son devoir d'écouter avec bienveillance ce discours si souvent répété.

Le général mourut subitement, frappé d'une attaque d'apoplexie. Quelques jours après cette mort inattendue, le peintre fut appelé chez un notaire pour l'ouverture du testament. Quelle ne fut pas sa surprise en entendant ce qui suit :

6*

« Je lègue à Monsieur X., peintre, comme remercîment de la complaisance sans égale qu'il a mise à m'entendre raconter *103 fois* le passage de la Bérésina: *10300 francs.* » Cent francs pour chaque audition du fameux passage, c'était assez lucratif !

En écoutant avec bienveillance, on ne gagnera probablement pas toujours autant, mais on méritera l'estime et la sympathie de celui qui parle.

L'homme aimable est celui qui écoute avec intérêt les choses qu'il sait, de la bouche de celui qui les ignore. (Mᵐᵉ DE GENLIS.)

IV. — Résumé des règles de la conversation.

Pour être agréable dans une conversation, il faut donc :

1° *Parler peu* et *écouter beaucoup:* Dieu nous a donné une bouche et deux oreilles ;

2° Parler d'un ton modéré, gracieux, naturel, sans accent défectueux ;

3° Éviter la banalité, la grossièreté, la trivialité, tout ce qui peut blesser une oreille délicate ;

4° Sans être puriste, veiller sur la correction et l'élégance de son langage, respecter notre belle langue française ;

5° Parler à chacun de ce qu'il connaît le mieux ou de ce qu'il aime le plus ;

6° Parler rarement de soi, de sa famille, de ses affaires personnelles : *le moi est toujours haïssable.*

7° Savoir garder un secret et ne jamais poser de questions indiscrètes ;

8° Se montrer bienveillant sans flatterie, sincère sans rudesse, toujours aimable ;

9° Savoir écouter.

CHAPITRE SIXIÈME

QUELQUES PORTRAITS

I. — Le Bavard.

La langue est ce qu'il y a de pire au monde. Par elle on ment, on médit, on critique, on raille, on calomnie, on assassine moralement. *C'est un monde d'iniquités*, dit la sainte Écriture.

Le bavard est un être mixte qui tient de l'indiscret et de la portière. Il n'est ni méchant ni vaniteux, il ne vise pas même à la réputation de beau parleur. C'est un malade qui a besoin d'ouvrir la bouche, de remuer la langue, de parler sans cesse.

Il ne s'agit pas, pour lui, de dire quelque chose d'intéressant, de sensé ou de raisonnable, mais de faire entendre sa voix, de dire n'importe quoi. *Parle, parle*, disait un bavard à son fils; *dis des bêtises si tu veux, mais parle.*

Les gens qui savent *peu* parlent *beaucoup*, et ceux qui savent *beaucoup* parlent *peu*.

Le bavard ne connaît ni délicatesse ni prudence. Il babille sans règle ni mesure, ne tenant aucun compte des personnes, de leur situation, de leurs goûts et de leurs opinions. Il raconte une histoire plaisante à un ami qui pleure, le menu d'un grand dîner à un malheureux qui a faim. Il est très indiscret, pose les questions les plus saugrenues à des personnes qu'il ne connaît pas.

Pour satisfaire ce besoin de parler, le bavard se met au courant de toutes les nouvelles, de tous les racontars de son quartier, de sa ville, de sa province. Il les narre avec un luxe de détails qui les rend interminables. Comment, dans ce déluge de paroles, ne se glisserait-il pas des imprudences, des indiscrétions, des médisances et même des calomnies ?

Par l'intempérance de sa langue, le bavard n'est pas seulement ennuyeux et insupportable; il est encore dangereux. Sans le vouloir, il compromet les intérêts les plus graves et souvent se compromet lui-même. *Avez-vous vu un homme prompt à parler,* dit la sainte Écriture, *attendez de lui beaucoup de sottises.*

Pour se corriger de ce vilain défaut, le bavard ferait bien de méditer de temps en temps la maxime de Sancho Pança: *Trop parler nuit ;* et cette autre de l'Ecclésiaste : *L'insensé même passe pour sage, lorsqu'il se tait.*

II. — L'Étourdi.

M. Papillon n'est pas méchant; il est léger, inattentif.

Incapable de se fixer à quelque chose de sérieux, il se laisse entraîner par une imagination volage et capricieuse. Comme son homonyme, il voltige sans cesse et ne butine jamais.

Il ne fait nulle attention à ce qu'il dit, répond sans réfléchir et raconte ce qu'il devrait taire.

Soit qu'il parle, soit qu'il agisse, il ne tient compte ni des temps, ni des lieux, ni des personnes.

Son étourderie l'expose aux plus graves dangers ; il va où la prudence lui défend d'aller; il lit des ouvrages qu'il ne devrait pas lire; il se livre à qui l'exploite.

Toujours distrait, M. Papillon place les objets n'importe où, et perd un temps considérable à les chercher. A table, il renverse les salières, inonde la nappe, fait cent autres maladresses. En visite, il prend la première place venue, accroche un tapis, renverse un guéridon, casse une porcelaine; il devient la terreur des maîtresses de maison.

Quoique M. Papillon ne soit pas méchant, on le redoute; car il provoque, par sa légèreté, bon nombre d'ennuis et une foule d'accidents. S'il était plus attentif, moins léger, il veillerait davantage sur ses actes et sur ses paroles; on le craindrait moins et on l'aimerait davantage.]

La légèreté peut conduire à tout ce qu'il y a de mauvais dans ce monde... C'est dans le sérieux de son âme que l'homme trouve des pensées, des sentiments et des vertus. (Mme DE STAEL.)

III. — Le Timide.

Marcel est un charmant jeune homme, doué d'excellentes qualités et de réels talents; malheureusement il les enfouit dans le sac d'une puérile timidité. Il n'a pas confiance en lui-même, il manque d'assurance et craint de faire la plus petite démarche.

Dans l'intimité, il est aimable, gracieux; sa conversation est intéressante, ses appréciations judicieuses et son maintien distingué.

En présence des étrangers, Marcel a peur de se mouvoir, de lever les yeux. Il croit, bien à tort, que tous les regards sont fixés sur lui et qu'on épie ses moindres gestes; aussi est-il guindé et maladroit. (Planche XXIV. — *Le timide*.)

Timidement assis sur le bord de son siège, il se mouche à la dérobée; il n'ose ni tousser, ni éternuer. Quand on l'interroge, il balbutie quelques mots inarticulés et inintelligibles.

S'il passe un examen, la mémoire lui fait défaut, ses idées se brouillent; il est incapable de donner une bonne réponse, de trouver une solution. La peur paralyse tous ses moyens, le fait passer pour peu intelligent, et cependant il a de l'esprit.

A table, dans la crainte d'attirer l'attention, il ne prend pas le hors-d'œuvre qu'il aime ou le sel dont il a besoin; il se prive de boire, plutôt que de demander un verre.

Marcel est bon, affectueux; c'est un cœur d'or; pourquoi

faut-il que son manque de hardiesse ne lui permette pas
d'en manifester les sentiments, de se montrer aimable et
prévenant?

Rien ne le fatigue autant que de paraître en public, de
faire des visites ou d'en recevoir. Saluer, présenter un siège,
dire une bonne parole : tous ces petits riens lui causent de
véritables tourments. Il déteste la solitude, et cependant il la
recherche.

La timidité est un vilain défaut, et pourtant mieux vaut
être timide qu'arrogant ou pédant. Le pédant est l'opposé
du timide : l'un n'a pas confiance en lui, l'autre est témé-
raire et présomptueux; l'un aime à vivre caché, l'autre à se
produire, à se faire voir; l'un est modeste, l'autre ne l'est
pas.

C'est par la fréquentation de la bonne compagnie, que
le timide parviendra à dominer son impressionnabilité et qu'il
acquerra l'assurance modeste universellement appréciée.

IV. — Le Paresseux.

Monsieur Tranquille a des joues larges et bouffies, un
menton charnu et des yeux ternes.

Les mains dans les poches, le nez au vent, il est souvent
immobile et semble contempler quelque chose. Que con-
temple-t-il? L'eau qui coule, les mouches qui volent, les
nuages qui passent. Moins que cela souvent. Il est incapable de se donner de la peine, de fixer son attention sur
une idée sérieuse.

Rien ne semble émouvoir cet indolent personnage. Il
verrait le ciel prêt à tomber sur sa tête, qu'il ne ferait pas
un mouvement pour l'éviter. Il parle lentement, se meut
lentement, agit lentement, ne se presse jamais et arrive toujours en retard.

Malgré de belles apparences de santé, Monsieur Tranquille souffre, et souffre cruellement. L'ennui le ronge et
s'attache à lui comme la rouille aux métaux.

Il ne sait comment tuer le temps ni secouer la torpeur qui l'accable. Sa soirée se passe comme sa matinée, à ne rien faire ou à faire des riens. A table, il mange et ne parle pas; en compagnie, il s'ennuie, bâille et s'endort.

Le bruit l'énerve, le travail l'épouvante. C'est avec peine qu'il voit que tout se meut, que tout s'agite autour de lui.

Insensible à l'honneur, à l'ambition, à la gloire, cet homme, qui a peut-être du cœur, cherche ses aises avant tout et par-dessus tout. Son suprême bonheur est d'être mollement étendu sur un lit moelleux.

Monsieur Tranquille se couche tôt et se lève tard. Son sommeil est long et profond. Éveillé depuis longtemps, il se tourne, se retourne et fait d'impuissants efforts pour s'arracher aux douceurs de l'oreiller. La paresse qui marche à pas lents, appuyée sur le sommeil et suivie de ses filles : la honte, la misère et la faim, est sa déesse de prédilection.

Durant son enfance, le jeune Tranquille n'a pas eu le courage de travailler, de lutter contre ses mauvais penchants, contre ses appétits grossiers, et maintenant il est le jouet des plus honteuses passions.

A charge à sa famille autant qu'à la société, insupportable à lui-même, le paresseux traîne jusqu'au tombeau une vie languissante et déshonorée, pleine d'ennuis et de remords.

V. — Monsieur a des nerfs.

La constitution nerveuse, assez rare autrefois, devient de plus en plus fréquente, et les maladies de nerfs font actuellement le malheur de bien des familles.

Les individus chez lesquels le système nerveux prédomine ont le corps grêle, les membres minces, presque atrophiés, la peau sèche et décolorée, le langage et les gestes d'une extrême vivacité.

L'immobilité les tue : ils ont un besoin impérieux de mouvement, ils ne peuvent rester en repos. Leur appétit est faible, leur digestion lente, leur sommeil léger, souvent troublé par des rêves fantastiques.

Grâce à une grande lucidité d'esprit et à une puissante imagination, ils ont beaucoup d'aptitude pour les arts et les sciences; mais ils sont peu propres aux travaux manuels.

Inconstants, capricieux et fantasques, ils recherchent sans cesse de nouvelles émotions, et sont incapables de jouir longtemps du même bonheur. Tantôt ils aiment avec tendesse, tantôt ils haïssent avec fureur.

Quinteux et jaloux, soupçonneux et défiants, rarement ils sont heureux, et rarement aussi ils font le bonheur d'autrui.

Quelle que soit sa constitution, *l'homme est toujours maître de son conseil,* comme le dit la sainte Écriture. Il peut donc toujours se commander, maîtriser ses passions, mettre son bonheur à faire celui d'autrui.

> A cœur fort et vaillant, il n'est rien d'impossible :
> A son élan vainqueur tout devient accessible.

VI. — Le Susceptible.

M. Grinchonaud est un esprit étroit, suffisant, mesquin, qui ne tolère pas qu'on lui manque d'égards. Sa susceptibilité le rend insupportable à autrui, et davantage à lui-même.

Toujours inquiet, il se demande si on va lui rendre les honneurs qui lui sont dus, lui donner la place convenable, le salut auquel il a droit...

Un geste l'inquiète, un sourire le bouleverse, une plaisanterie inoffensive le rend sombre, taciturne et souvent impertinent.

Si votre regard n'a pas été assez bienveillant, votre inclination assez profonde, si vous l'avez froissé en quoi que ce soit, M. Grinchonaud vous le fera sentir et sans tarder. Il vous accablera de reproches amers, ou bien il se renfermera dans un silence affecté, boudeur, qui durera longtemps.

Même avec de la bonne volonté, il n'est pas toujours possible de plaire à un homme si personnel et si susceptible.

On ne sait comment le satisfaire : ce qui l'amuse aujour-
d'hui le fâchera demain ; le bon mot qui l'a fait sourire hier
le met de mauvaise humeur aujourd'hui. Avec lui, l'abandon, l'entrain, la gaîté, sont impossibles, et les relations
journalières très difficiles. A chaque instant, on craint pour
soi ou pour les autres la manifestation de sa mauvaise
humeur.

Chose étonnante, cet homme, si exigeant pour autrui,
croit que tout lui est permis ; il ne se gêne en rien. Il
réclame toutes les concessions, et n'en fait aucune ; il n'entend pas qu'on blâme sa conduite, et personne n'échappe
à sa critique ; il ne peut souffrir les défauts d'autrui, et veut
qu'on excuse tous les siens, qu'on *le prenne tel qu'il est.*
C'est de lui que La Bruyère a dit : *Même avec du talent,
de la vertu, une bonne conduite, on peut être insupportable.*

Un homme modeste et bien élevé n'est pas susceptible.
Toujours indulgent, il interprète favorablement les actions
d'autrui ; il excuse les torts qu'on peut avoir à son égard et
les attribue à l'ignorance ou à l'oubli, plutôt qu'à la malice
ou à la méchanceté.

Lorsqu'il est offensé, il ne s'entête pas dans un ressen-
timent orgueilleux et vindicatif ; il sait pardonner, et même
se venger noblement en faisant du bien à ceux qui lui ont
fait du mal.

*Celui qui a dit le premier: « Rendez le bien pour le
mal, » n'était pas seulement un grand maître en morale,
c'était aussi un grand maître en savoir-vivre ; et tenez
pour certain que, dans les rapports journaliers de l'existence, il était d'une politesse exquise.* (Baronne STAFFE.)

VII. — Candidus et Rusticus.

Candidus et Rusticus sont deux caractères bien différents,
presque opposés, et qui se rencontrent cependant assez
souvent dans la société.

CANDIDUS, doux, aimable, sympathique, est naturellement
porté à l'indulgence et à la bonté. Il ne soupçonne pas le
mal, ne voit pas le danger, et, par conséquent, ne fait rien
pour l'éviter. C'est un *sensitif* : il juge avec son cœur.

Enfant, il savait aimer, prier et rougir. Ses manières
affables, son air gracieux, ses rapports faciles lui gagnaient
toutes les sympathies : il ne connaissait point d'ennemis.

Doué d'un excellent naturel, le jeune Candidus faisait le
bien sans grand effort; il suivait, sans résistance, l'impul-
sion qu'on lui donnait. C'était une cire molle, qui recevait
toutes les empreintes. Sa piété douce, sans virilité, n'était
malheureusement point basée sur des convictions fortes et
solides.

L'aimable Candidus avait un défaut capital : il manquait
d'énergie, ne savait pas vouloir, et c'est ce qui alarmait
ses parents et ses maîtres. Comment, disaient ces derniers,
cet enfant pourra-t-il, avec cette sensibilité profonde et cette
faiblesse de caractère, résister aux entraînements du vice
et aux séductions du plaisir?

Ces appréhensions ne furent que trop justifiées. Lorsque
vint l'âge des illusions, l'âge de la crise juvénile, le plaisir
l'appela, l'entraîna, l'ensorcela.

Il avait voulu tout lire, tout voir, tout connaître. Et le
mauvais livre, le mauvais journal, avaient exercé rapidement
sur son faible esprit leurs funestes influences.

> Et, plume à plume, on vit tomber les blanches ailes
> Qui font qu'une âme vole et s'enfuit vers les cieux.

En souvenir du passé, le pauvre enfant eut de temps
en temps quelques velléités de résistance, le désir de sortir
de cette boue qui l'enlisait toujours davantage; mais il était
incapable de vouloir et ne savait plus prier. Et celui qui
était fait pour vivre dans l'azur d'un ciel pur, se traîna dans
un bourbier fangeux!

Après quelques années d'une vie de désordre, Candidus,
humilié, saturé de dégoûts, revint, avec un cœur meurtri
et une foi presque éteinte, à une vie moins tourmentée, mais

LE THÉ

Manière de verser et de prendre le sucre. — Prendre le sucre avec les pinces ou, à défaut de celles-ci, avec les doigts. — Observer la position du bras gauche de la personne de droite et sa manière de tenir la tasse.

Façon de boire. — De la main gauche, tenir la petite serviette sous la soucoupe et, de la main droite, prendre la tasse entre le pouce et l'index, en dégageant les deux derniers doigts. — Par respect, le fils de la maison prend la tasse vide de l'un des invités.

qui était loin, hélas! de réaliser les promesses des jeunes années. L'arbre, chargé de fleurs au printemps, ne donnait en automne que des fruits rares et sans saveur : la sève avait manqué.

RUSTICUS est tout d'une pièce; il a des principes arrêtés, et malheur à qui y touche. Il ne sait ni transiger, ni se plier aux circonstances.

Lui aussi est bon, mais à la manière des hérissons, toujours armés de piquants.

Brusque et souvent agressif, Rusticus trouve rapidement le point faible d'un adversaire et tombe à bras raccourci sur l'endroit mal protégé. Sa raillerie, fine et mordante, décoche des traits qui manquent rarement leur but.

Par son air renfrogné, son regard sévère, sa parole brusque, Rusticus devient la terreur des salons, et il ne s'en plaint pas. Quand il essaye de faire l'aimable, ce qui arrive rarement, il ressemble assez à l'ours qu'on a dressé pour faire le gracieux.

Cependant, sous cette rude enveloppe, Rusticus cache des qualités rares. Il ne connaît ni la duplicité ni le mensonge, et sa loyauté est pure de tout alliage. Il a horreur du respect humain et ne craint pas d'afficher ses convictions politiques et religieuses.

Quoiqu'il professe un souverain mépris pour les faiblesses du cœur, il a de véritables tendresses pour les malheureux.

Ses amis, d'ailleurs fort peu nombreux, ne sont point à l'abri de ses coups de boutoir; mais, aux jours mauvais, ils peuvent compter sur lui. Pour les tirer d'une situation difficile, il ne craint pas de s'imposer les plus grands sacrifices, et il trouve, en cette circonstance, des délicatesses qui étonnent et ravissent. Comme la châtaigne, Rusticus cache, sous des dards menaçants, un fruit exquis.

Si l'on savait unir l'amabilité de Candidus à l'énergie de Rusticus, on aurait *l'homme de caractère,* si rare de nos jours!

VIII. — L'Homme de caractère.

L'homme de caractère est l'homme d'une volonté forte et suivie, allant droit au but, malgré les dangers et les épreuves, malgré ses passions.

Ce n'est pas un roseau que le moindre souffle fait plier, une girouette qui tourne à tous les vents ; c'est un roc de granit contre lequel les vagues, furieuses et impuissantes, viennent se briser.

Depuis son enfance, Maurice n'a cessé de lutter contre ses désirs déréglés, contre ses mauvaises inclinations. Maintenant il est maître de lui ; en le voyant, on ne saurait en douter. Sa démarche ferme, son attitude virile, le ton de sa voix, l'expression de sa physionomie, tout annonce l'homme qui sait vouloir.

Comme les anciens Spartiates, il a horreur de ce qui sent la nonchalance et la mollesse. Il ne craint ni la fatigue, ni les pénibles travaux ; il brave également le vent, le soleil, le froid et la pluie.

Ami de l'ordre, économe du temps, Maurice soumet sa vie à un règlement. Chaque travail a son heure, et chaque heure son travail. Il n'est jamais oisif. Les instants non réclamés par ses devoirs professionnels sont consacrés à des lectures utiles ou à des études agréables. Cette vie ainsi ordonnée devient féconde ; elle donne, en peu de temps, une grande supériorité.

Fidèle à ses convictions politiques et religieuses, Maurice craint Dieu et va droit son chemin. Il méprise le qu'en-dira-t-on et le respect humain.

Pour prendre une décision, il consulte sa conscience sans se préoccuper de ce que pense la multitude, qui trop souvent préfère Barabbas à Jésus. Volontiers il s'approprie cette devise des Clermont-Tonnerre : *Quand bien même tous, moi jamais !* et ce vers du poète :

Et s'il n'en reste qu'un, je serai celui-là.

Jamais il ne pactise avec l'erreur ou l'injustice, jamais il ne s'incline devant l'iniquité triomphante.

Maurice sait que la vie de l'homme doit être un combat continuel, et il n'en est pas épouvanté. Il lutte avec courage contre les épreuves inséparables de toute existence, et se tient en garde contre la prospérité qui énerve. Il redoute et fuit les délices de Capoue, où les vainqueurs même s'amollissent.

Comme les saint Jean-Baptiste de la Salle, les O'Connell, les Garcia Moreno, les de Sonis, rien ne le rebute, rien ne le décourage ; c'est une âme forte et fière, un beau et noble caractère, un vaillant chrétien.

IX. — Monsieur Sans-Gêne.

Monsieur Sans-Gêne est un homme sans éducation, sans délicatesse et sans dignité. Il ne tient aucun compte des règles du savoir-vivre, des convenances sociales, et il s'en vante.

Il a généralement le visage épanoui, les yeux grands ouverts, une physionomie vulgaire, faite de familiarité et d'effronterie.

Sa propreté est loin d'être irréprochable. Ses cheveux longs et mal peignés, ses dents noires, ses ongles en deuil, sa barbe négligée, lui donnent un aspect repoussant.

Il porte un chapeau déformé, des habits constellés de taches, parfois déchirés, des pantalons trop courts et des chaussures non cirées.

En le voyant, on se rappelle involontairement que la malpropreté est un signe certain de la bassesse des goûts, sinon du défaut de conduite.

Monsieur Sans-Gêne recherche avec avidité les plaisirs sensuels et grossiers ; il affecte un grand mépris pour tout ce qui est délicat. *Dans l'homme*, dit Pascal, *il y a de l'ange et de la bête*. Chez lui, la bête commande.

Il répand une odeur désagréable, où domine celle du

tabac. Il crache loin, éternue bruyamment, bâille à gorge déployée, se mouche sans aucune précaution.

Grand amateur de bonne chère, monsieur Sans-Gêne arrive au moment des repas, afin de se faire inviter. Il mange avec avidité, dévore les plats du regard, et ne fait grâce à aucun, si nombreux soient-ils.

S'il mange bien, il boit mieux encore. Il vide souvent son verre, dans lequel il ne met jamais d'eau. Après quelques copieuses rasades, monsieur Sans-Gêne devient très communicatif. Il parle haut, rit aux éclats, et entonne volontiers des chants qui blessent tout à la fois les oreilles et les convenances.

Son langage, qui rappelle ceux du boulevard, des halles et de la caserne, est de la dernière trivialité; il est émaillé des b..., des f... et autres expressions semblables.

Pour amuser et faire rire, le *Sans-Gêne* ne craint pas de faire le paillasse, le bouffon et même le saltimbanque. Son genre grotesque, admiré des imbéciles et des sots, fait le supplice des gens d'esprit, des personnes bien élevées.

X. — Le Jeune Homme mal élevé.

Le jeune homme mal élevé se reconnaît aux deux caractères suivants : *fatuité* et *insolence*. Dans son sot orgueil, il se croit un être supérieur et n'a d'estime que pour lui-même.

Exclusivement occupé de sa personne et de ses plaisirs, il est sans respect pour l'âge, le sexe et le malheur.

Sa tenue est un mélange d'excentricité, de négligence et de mauvais goût. Il orne sa boutonnière d'une fleur voyante, ou bien il laisse échapper de sa petite poche un bout de foulard rouge, pour se donner une faible ressemblance avec les chevaliers de la Légion d'honneur.

Lorsqu'il paraît dans la rue ou sur la place publique, le chapeau sur l'oreille, le monocle à l'œil, le cigare aux dents, il s'imagine que tout le monde le regarde et l'admire. Aussi est-ce avec un air de grande suffisance qu'il fait tournoyer sa badine et qu'il laisse échapper, du coin des lèvres, des jets intermittents de fumée.

S'il est avec un « *copain* », ils se tiennent bras dessus bras dessous, marchent comme des gens avinés *en fredonnant des refrains grivois ou en improvisant quelques vocalises avec des prétentions d'artiste.* (NICOLAY.)

Femmes et vieillards doivent descendre du trottoir pour faire place à cet impertinent personnage.

La compagnie des gens bien élevés le fatigue, l'ennuie ; il lui faut un milieu moins digne, plus en rapport avec ses goûts dépravés. Il fréquente les estaminets, les brasseries, les cafés-concerts, où il se fait remarquer par son insolence et sa grossièreté.

Le jeune homme mal élevé ne s'amuse pas seul ; il s'entoure de parasites, qui vivent à ses dépens et exercent sur lui une véritable tyrannie. Ne pouvant payer leurs folles dépenses et les siennes, il fait des dettes que ses parents sont obligés d'acquitter. Si ces derniers refusent de solder les factures du désordre et de la débauche, le malheureux se fâche, insulte et menace.

Si vous ne m'envoyez pas telle somme, écrivait un étudiant à son père, *je vais me suicider. — Je ne puis faire qu'une chose,* répondit le père, *payer ton retour en troisième pour que tu viennes nous aider à gagner le pain de chaque jour.* L'étudiant insiste ; le père reste inflexible, et le jeune homme, obligé de renoncer à ses coupables plaisirs, se met au travail et obtient des succès. La fermeté du père avait sauvé l'avenir du fils.

Sans affection pour sa famille, sans respect pour lui-même, le jeune homme *qui s'amuse* ne tarde pas à oublier le Dieu de sa jeunesse, le Dieu de sa première communion : le *libre viveur* devient rapidement *libre penseur.*

Sans frein, sans retenue, le malheureux descend alors rapidement la pente du vice, et, de dégradation en dégradation, arrive jusqu'au fond de l'abîme.

*Le jeune homme était devenu serpent, et son hideux
compagnon lui disait : Je veux que tu rampes comme moi
par ce sentier ! (L'Enfer, chant xxv.)*

*A la fleur de l'âge, le front chargé de rides précoces, les
yeux caves, les lèvres impuissantes à peindre la bonté, il
traîne sous un soleil tout jeune une existence caduque. Il
s'en va, pris du vin de la mort et, d'un pied méprisé,
porter son corps au tombeau, où ses vices dormiront avec
lui et déshonoreront sa cendre jusqu'au dernier des jours.*
(LACORDAIRE.)

XI. — Le Médiocre.

« Dans son égoïsme jaloux, plus ou moins inconscient,
le Médiocre trouve tout naturel, si vous avez quelques centimètres de plus que lui, que vous vous abaissiez à son niveau. Vous devrez vous faire pardonner votre supériorité,
comme si elle était une faute ; autrement malheur à vous !
vous souffrirez...

« Le Médiocre ne vous donnera jamais ce qu'il a, — il est
vrai qu'il n'a pas grand'chose, — mais il ne demandera
qu'à partager, comme un bien qui lui est dû, tout ce que
vous avez de bon. Par contre, il vous mettra volontiers sur
les épaules la moitié de son fardeau, en vous laissant
porter seul tout le vôtre. Il ne croit d'ailleurs que vous
peinez autant que lui, que quand votre tâche est le double
de la sienne.

« Placez-le au pouvoir, — ce n'est pas une hypothèse chi-
mérique, — il devient autoritaire et cassant. Il ne dirige
pas, il surveille ; il ne juge pas, il présume ; vous n'avez
que les intentions qu'il vous prête, et il se trompe en vous
les prêtant ; il ne parle pas, il jure et injurie ; il ne redresse
pas, il éreinte ; il n'écoute rien et ne décolère jamais, soupçonneux comme un policier et arrogant comme un soudard.»
(Père ÉTOURNEAU.)

Peut-être qu'en lisant ces lignes, quelque médiocre,
aveuglé par l'amour-propre, se dira : « Je n'appartiens pas

à cette catégorie; il y a là des traits qui ne sont pas les miens; ainsi, je n'ai pas l'arrogance d'un soudard, je suis bien plus modeste. »

Singulière modestie que celle de ce médiocre qui porte, sur tout et sur tous, les jugements les plus sévères; et qui ne craint pas, pour abaisser ses rivaux, de se servir de la médisance et même de la calomnie!

Devant ce censeur injuste et impitoyable, personne ne trouve grâce, et il ose dire qu'il n'est pas arrogant, parce qu'il n'a pas *toujours* l'injure à la bouche et la menace aux lèvres!

XII. — Le Divin Modèle.

Une lettre de Lentulus Publius au Sénat de Rome, dont le manuscrit le plus ancien ne remonte pas au delà du xIVe siècle, reproduit probablement l'écho d'une antique tradition et trace de Notre-Seigneur Jésus-Christ le portrait suivant :

« On voit à présent, en Judée, un homme d'une vertu singulière. Sa taille est grande et bien formée; son air, doux et vénérable; ses cheveux, d'une couleur qu'on ne saurait guère comparer, tombent par boucles jusqu'au-dessous des oreilles, d'où ils se répandent sur les épaules avec beaucoup de grâce. Ils sont partagés au sommet de la tête à la manière des Nazaréens.

« Il a le front large et uni et les joues marquées d'une aimable rougeur; son nez et sa bouche sont formés avec une admirable symétrie; sa barbe épaisse, et d'une couleur qui répond à celle des cheveux, descend un peu au-dessous du menton, en se divisant par le milieu. Ses yeux sont brillants, clairs et sereins.

« Soit qu'il parle, soit qu'il agisse, il le fait avec *élégance et gravité*. Il censure avec majesté, exhorte avec douceur.

« Jamais on ne l'a vu rire, mais on l'a vu souvent pleurer.

« Il est *très tempéré, très modeste et très sage*.

« Enfin, c'est un homme qui, par sa grande beauté et ses divines perfections, surpasse les enfants des hommes. »

Tel est le modèle qu'il faut avoir constamment sous les yeux, afin de l'imiter dans sa conduite.

Comme lui, on doit parler avec *élégance, gravité et sagesse;* avoir, par la vertu de tempérance, une pleine possession de soi-même; être toujours bon, généreux et dévoué; faire du bien à tous, même à ses ennemis.

C'est en s'efforçant d'imiter ce type divin de toute beauté et de toute perfection, que le jeune homme acquerra une vertu aimable, source de la vraie politesse; qu'il deviendra *distingué,* non seulement par la tenue, les manières et le langage, mais encore par l'esprit et le cœur; qu'il sera l'orgueil de ses maîtres, la joie de ses parents et la consolation du Cœur adorable de Jésus, qui a tant aimé la jeunesse!

CHAPITRE SEPTIÈME

L'ART DE PARLER EN PUBLIC

I. — De son Utilité.

En un siècle et dans un pays de libre discussion, où les études sociales se développent plus qu'à nulle autre époque, il est nécessaire de s'habituer de bonne heure à parler en public, afin de pouvoir à l'occasion défendre ses opinions, faire triompher la cause du bien et de la vérité.

Beaucoup d'hommes, estimables à tous égards, restent dans un isolement stérile, faute de savoir rendre convenablement leurs pensées, tandis que l'orateur habile et le causeur aimable exercent autour d'eux une influence proportionnée à leurs talents.

L'éloquence est à la fois le don d'être ému et de communiquer son émotion. C'est le son que rend une âme passionnée. (Lacordaire.)

Elle est naturelle et ne s'enseigne pas : on n'apprend pas à être ému et à émouvoir. Lorsqu'on sent vivement ce qu'on veut dire, on ne l'exprime pas, on le *peint* par la parole et par le geste.

C'est le cœur qui rend éloquent : les discours sont toujours pleins d'intérêt quand l'âme est pleine de sentiments.

N'était-elle pas remarquablement éloquente, cette parole d'un vieux sauvage qu'on voulait chasser de son pays : *Dirai-je aux os de nos pères : Levez-vous et marchez devant nous vers une terre étrangère?*

D'après ce que nous venons de dire, il semblerait que la Rhétorique soit sans importance, et son étude d'aucune utilité. Loin de là : cet *art de bien dire* perfectionne les dispositions naturelles, apprend à juger une œuvre d'éloquence et à se rendre compte de ses propres émotions devant un chef-d'œuvre oratoire. Il enseigne aussi, ce qui n'est pas moins avantageux, à préparer un discours et à le pro-noncer avec art.

II. — De la Préparation du discours.

Certaines personnes, en écoutant un orateur habile, s'ima-ginent que les paroles sortent de sa bouche comme le ruisseau de sa source, sans aucun effort et sans avoir demandé le moindre travail; c'est une grave erreur.

Un homme sérieux n'affronte un auditoire qu'après une longue préparation; s'il n'a pas toujours le temps d'écrire son discours, il en élabore au moins le plan.

Le plan est d'une nécessité absolue; l'improvisateur le plus habile ne saurait s'en dispenser. Il met de l'ordre, de la clarté, de l'unité dans le discours, et par là soulage la mémoire et fait évi-ter les digressions. Ses divisions doivent être nettes, claires, peu nombreuses, mais fécondes en développements.

Le plan suppose deux choses : *l'invention* et *la disposition*.

L'invention consiste à trouver les idées qui conviennent au sujet, les arguments propres à émouvoir et à convaincre. Plus l'étude d'une question sera approfondie, plus les pensées seront abondantes et les preuves convaincantes.

Le grand secret de l'éloquence est de bien posséder la matière sur laquelle on parle, de connaître à fond toute la doctrine qui s'y rapporte; car *bien penser sert merveilleusement à bien dire*. (HORACE.)

La *disposition* fait un choix judicieux des matériaux, les met en ordre, les classe d'une manière logique, en allant du connu à l'inconnu. Les divisions doivent être bien marquées et les idées parfaitement enchaînées.

III. — Des Divisions du discours.

Tout discours comprend trois parties principales : l'exorde, l'ex-position et la péroraison.

L'exorde a pour but de se concilier la bienveillance des audi-teurs et d'annoncer la matière qu'on va traiter. *Il doit montrer en gros tout le sujet, prévenir favorablement l'auditoire*

par un début modeste, par un air de probité et de candeur.
(FÉNELON.)

L'*exposition* établit les faits d'une manière claire, simple, précise, appuyant sur les circonstances dont on devra se servir plus tard; ce dernier point est d'importance capitale. Des faits, des principes, on tire les conséquences, et l'on dispose son raisonnement de façon que toutes les preuves se viennent en aide, et qu'elles aient entre elles une liaison qui en facilite l'intelligence et le souvenir.

Il faut que l'intérêt du discours aille sans cesse en grandissant, et que la vérité s'impose de plus en plus à l'esprit de l'auditeur. Les preuves les plus convaincantes, les images les plus brillantes, les pensées les plus fortes sont, d'ordinaire, réservées pour la fin.

Il est nécessaire que l'orateur connaisse parfaitement les passions qui agitent le cœur humain, surtout celles qui sont capables de produire les plus grands effets, afin d'être à même d'exciter chez ses auditeurs de profondes et durables émotions. C'est en agissant avec habileté et d'une manière progressive sur le cœur et sur l'esprit de ceux qui l'écoutent, qu'il parviendra à les toucher et à les convaincre.

Après l'exposition, vient la *péroraison* ou conclusion du discours. Cette dernière partie est particulièrement importante. Comme elle donne l'impression définitive, elle demande à être bien travaillée. *C'est alors ou jamais, qu'il est permis d'ouvrir toutes les ressources de l'éloquence.* (QUINTILIEN.)

Elle doit résumer le sujet, rappeler brièvement ce qui a été dit de plus touchant, de plus persuasif, et se terminer par une pensée remarquable, frappante, capable d'achever, dans l'esprit et le cœur de l'auditeur, le triomphe de la vérité.

IV. — Il faut écrire son discours.

Même quand on a l'habitude de la parole, il est bon d'écrire son discours.

Si, dans ses *Dialogues sur l'Éloquence,* Fénelon semble opposé aux discours écrits, c'est qu'il suppose que l'homme dont il parle a une grande facilité d'élocution, et qu'il a préparé avec soin tout ce qu'il doit dire, même les plus petits détails. Cette préparation équivaut à un travail écrit assez développé.

Bourdaloue, Massillon, Fléchier, écrivaient leurs discours et les apprenaient par cœur. Après une brillante improvisation, un célèbre avocat de Lyon ne craignait pas de dire : *L'improvisation la plus heureuse supporte difficilement la lecture ; rien ne remplace la préparation faite la plume à la main.*

En s'imposant l'obligation d'écrire son discours, on travaille non seulement le fond, mais aussi la forme. On comprendra toute l'importance de ce travail si l'on se rappelle que la forme est le vêtement de la pensée, qu'elle en précise les contours, lui donne son charme et son éclat, lui permet de produire tout son effet.

Que valent les idées les plus sublimes quand elles sont mal rendues? Y a-t-il un sentiment capable de toucher, lorsqu'il ne revêt pas l'expression propre et convenable? *Presque toujours, les choses qu'on dit frappent moins que la manière dont on les dit.* (VOLTAIRE.)

Le style donne de la grandeur aux idées les plus simples, rend frappantes les plus communes, fortifie les plus faibles. Il charme à la fois l'esprit et l'oreille. Il est bon, lorsqu'il règle tous ses mouvements sur ceux de la pensée : simple quand elle est simple, orné quand elle est gracieuse, magnifique quand elle s'élève. Avant tout, il doit être clair.

La clarté est la qualité fondamentale de toute œuvre d'éloquence. C'est aussi le caractère distinctif de la langue française. *Ce qui n'est pas clair n'est pas français.* (RIVAROL.)

Pour être clair, il faut éviter les longues périodes, les termes techniques ou trop abstraits; donner le sens des mots peu intelligibles; se servir, au besoin, de comparaisons simples et familières, tout en conservant au sujet sa dignité. *Le seul bon discours est celui qui est clair pour les ignorants, sans que les savants y trouvent rien à reprendre.* (QUINTILIEN.)

L'orateur a besoin de connaître la manière de voir et de sentir de son auditoire, afin de lui tenir un langage qu'il puisse comprendre et goûter. On ne parle pas à des enfants comme à des personnes âgées, à l'habitant des villes comme à celui des campagnes. O'Connell n'a exercé une si grande influence sur les Irlandais que parce qu'il savait parler le langage populaire, plus éloquent parfois que celui dont il se servait au parlement anglais.

Quels que soient ses auditeurs, l'orateur habile cherche à gagner leur sympathie par sa simplicité et sa bienveillance; il craint de les froisser par l'abus du *moi haïssable* et de les blesser par des paroles imprudentes ou trop sévères.

Ce qu'il doit le plus redouter, c'est la monotonie, cette mère de l'ennui et du sommeil. Pour l'éviter, il variera le nombre et la longueur de ses périodes, mêlera quelques phrases longues et soutenues à d'autres plus courtes, et il s'appliquera à rendre ses pensées d'une manière vive, saisissante et imagée.

> Sans cesse en écrivant variez vos discours.
> Un style trop égal et toujours uniforme
> En vain brille à nos yeux, il faut qu'il nous endorme.

Tout en étant simple, l'orateur doit veiller à l'harmonie et à l'élégance de son langage, éviter les mauvaises consonances, les répétitions des mêmes sons, des mêmes mots, les accumulations des *qui*, des *que*, des *afin que*, des *parce que* et de tout ce qui est dur et choquant.

> La plus noble pensée
> Ne peut plaire à l'esprit quand l'oreille est blessée.

Il doit aussi, lorsque la rédaction est terminée, se relire avec soin pour corriger les tournures vicieuses, les termes impropres, et pour retrancher tout ce qui serait en dehors du sujet, nuirait à la proportion des parties ou pourrait déplaire aux auditeurs.

V. — Il faut étudier son discours.

L'orateur doit apprendre son discours, même quand il a une grande facilité pour la parole.

Il le lit d'abord plusieurs fois pour se rendre compte de l'ordre et de l'enchaînement des idées, et il s'efforce d'en retenir les divisions et les subdivisions.

Il étudie ensuite les alinéas l'un après l'autre, puis en les groupant.

Lorsque le sujet est su en entier, il le débite à haute voix, en cherchant à traduire, par des gestes et par des nuances vocales, les sentiments qui y sont exprimés. Il supplée aux expressions qui ne viennent pas, et n'a recours à son cahier que très rarement.

L'esclavage des mots expose à perdre le fil des idées et à rester court au milieu d'un sujet. *C'est un tourment, qui éteint le feu de l'imagination, nuit au naturel et à la rapidité de l'action.* (QUINTILIEN.)

Quand on parle en public, il faut être assez maître de sa phrase pour ne pas être arrêté par une expression qui viendrait à faire défaut.

Cicéron veut que l'orateur ait beaucoup de présence d'esprit, afin de pouvoir ajouter, suivant l'inspiration et quand les circonstances l'exigent, quelques bonnes pensées à son sujet. Ces improvisations, surtout chez les débutants, doivent être courtes et rares.

VI. — De l'Action oratoire.

L'orateur qui veut dominer son auditoire, doit d'abord se dominer lui-même. Quiconque a peur ou n'est pas maître de ses nerfs doit rester bouche close.

Lorsqu'on est troublé, la mémoire fait défaut, les idées ne viennent pas; on souffre et l'on fait souffrir.

L'action oratoire, qui règle l'exercice de la voix et du geste, est de la dernière importance. Sans elle, le plus beau discours perd toute sa force.

Lamennais, qui écrivait admirablement, était incapable de parler en public; par contre, plusieurs discours de Mirabeau et de Gambetta, faibles et incorrects à la lecture, ont produit sur nos assemblées parlementaires des effets merveilleux.

Sans l'action oratoire, le plus grand orateur est nul; et, avec elle, l'orateur le plus médiocre s'élève au-dessus des plus habiles. Elle anime la parole, captive l'oreille, émeut le cœur, dissimule les faiblesses et les défauts du discours. (CICÉRON.)

C'est par la perfection de son débit et les charmes de sa prononciation qu'Hortensius, malgré son infériorité, resta assez longtemps le rival de Cicéron.

VII. — De la Diction.

Une bonne diction comprend : la diction matérielle et la diction interprétative.

La *diction matérielle* s'occupe de la voix, de la prononciation, de la prosodie et des liaisons.

La voix doit se maintenir dans le *médium*, entre le grave et l'aigu; ce n'est qu'accidentellement qu'on peut se servir de ces deux derniers registres. *Le médium étant la voix ordinaire,* *c'est de lui que part l'expression des sentiments les plus vrais* *et les plus naturels.* (LEGOUVÉ.)

Berryer raconte qu'il perdit un très bon procès pour avoir commencé son plaidoyer sur un ton trop élevé; la fatigue physique influant sur le moral, il s'embrouilla dans ses arguments et ne put faire triompher sa cause.

Si, par suite de l'étendue et de l'acoustique de la salle, il est parfois nécessaire de parler haut, il ne l'est jamais de crier.

> Gardez-vous d'imiter, dans sa folle lecture,
> Dans ses roulements d'yeux et ses contorsions,
> Ce furieux rimeur qui, d'un ton ridicule,
> Comme un vrai possédé s'agite, gesticule,
> Tourmente notre oreille, épuise son gosier,
> Et croit être sublime à force de crier.
>
> (GILBERT.)

Les cris de « haut braire », dit Amyot, *doivent être rares; ils* *sont l'effort de toutes passions, il faut en être sobre.*

La bonne prononciation supplée à l'insuffisance de la voix. Un jour, Samson, un des plus remarquables professeurs de déclamation du XIXe siècle, obligé de ménager sa voix pour jouer le rôle de « l'Intimé », dans les *Plaideurs*, interpréta, devant ses élèves émerveillés, les divers sentiments « d'Agrippine », sans geste et d'un ton très modéré.

On doit s'efforcer de prononcer distinctement toutes les lettres et toutes les syllabes, éviter de tomber dans le défaut des *Incroyables* du XVIIIe siècle, qui affectaient de supprimer les e et les r et disaient : *Ma pa' ol' d'honneu'* pour : ma parole d'honneur.

Les consonnes redoublées, dit Legouvé, *sont une arme puissante, pour l'ironie, pour la colère, pour la grâce elle-même.* Il faut en user avec habileté.

La voix diminue, perd de son ampleur, lorsque la respiration est courte ou incomplète. Pour éviter ce grave inconvénient, il faut se tenir droit, avoir la poitrine bien dégagée, ménager la sortie de l'air et parler lentement. Celui qui parle trop vite respire difficilement.

A une articulation nette et vigoureuse, l'orateur doit joindre une bonne *prosodie,* c'est-à-dire donner à chaque syllabe la durée convenable et placer exactement l'accent tonique.

On distingue deux sortes de syllabes : les longues et les brèves.

Les *syllabes longues* sont : 1° celles surmontées d'un accent circonflexe : âge, apôtre; 2° celles qui renferment les sons *au, ai* ou *ei :* baudrier, malaise, haleine; 3° celles qui sont nasalisées : emprunter, océan, dompter; 4° la dernière syllabe d'un mot terminé par *s, x, z :* bois, choix, heureux.

Les syllabes brèves sont : 1° les syllabes finales terminées par un *e* muet ou par un *e* fermé : folie, jeune, bonté; 2° celles terminées par *r* ou par *s* et suivies d'une consonne différente : pardon, astre; 3° la voyelle de la première syllabe d'un mot, quand elle ne porte pas d'accent circonflexe : ironique, abaisser, balance.

On place l'accent tonique, c'est-à-dire qu'on appuie sur la syllabe finale d'un mot quand elle est masculine : aimer, moteur; et sur l'avant-dernière, si la dernière est féminine : armoire, solitaire.

VIII. — Des Liaisons.

Les *liaisons* employées à propos rendent la diction plus douce et plus coulante; elles ne doivent être ni trop accentuées, ni trop nombreuses.

Celles qui blessent l'oreille ou le goût sont prohibées : *Mais-z-oui, le rôt-t-est prêt.*

L'abus des liaisons donne au langage un ton emphatique qui lui enlève une partie de son charme et de son naturel. Une jeune actrice s'étant permis de dire : *Nous les avions plantées-z-ensemble,* Mme de Girardin bondit sur sa chaise : *Pas d's! pas d's!* s'écria-t-elle; *cette affreuse s vous vieillirait de dix ans. Oh! quelle affreuse s!*

On supprime la liaison : 1° entre le nom sujet et le verbe : *Les vertus | ornent l'âme;* 2° après les noms propres et les mots singuliers terminés par *s, x, z : Jacques | et Jean, la brebis | égarée, le crucifix | argenté;* 3° entre un mot terminé par *c* et le mot suivant : *Le jonc | a été coupé;* 4° toutes les fois que la liaison peut donner lieu à une équivoque : *pauvre, mais honnête* (pauvre maisonnette).

Lorsqu'un mot est terminé par un *r* suivi d'une consonne, la liaison se fait avec l'*r* et non avec la dernière consonne *secour(s) inespéré; il par(t) en courant.*

IX. — De la Diction interprétative.

Une bonne *diction interprétative* suppose une parfaite intelligence du sujet, une longue pratique et l'étude des règles enseignées par les maîtres de la parole. Elle s'occupe des pauses, de la tonalité, des inflexions, du mouvement et du geste.

Les *pauses* sont l'âme du discours; elles favorisent la clarté, mettent en relief les pensées et les sentiments, et donnent à l'orateur le temps de trouver les mots nécessaires à l'expression de ses idées. Elles sont de deux sortes : les pauses écrites et les pauses non écrites.

Les *pauses écrites :* virgule, point et virgule, deux points et un point, demandent ordinairement un arrêt proportionné à la valeur du signe.

Les points d'interrogation et d'exclamation n'indiquent pas un repos, mais une tournure de phrase.

Les points de suspension, au contraire, indiquent une pause assez longue.

> Je devrais, sur l'autel où ta main sacrifie,
> Te... Mais du prix qu'on m'offre il faut me contenter.

La parenthèse équivaut à deux virgules :

> La peste (puisqu'il faut l'appeler par son nom)
> Faisait aux animaux la guerre.

Les *pauses non écrites,* non indiquées par des signes, sont des repos nécessités par le sens pour détacher certains mots, pour exprimer quelques sentiments particuliers : douleur, mépris, effroi, doute.

On fait généralement une légère pause :

1º Après le sujet, s'il n'exige pas une liaison. *Le sage | préfère l'utile à l'agréable.*

Lorsque le sujet est suivi d'un qualificatif, la pause ne se fait qu'après ce dernier. *La mort implacable | ne surprend point le sage.*

2º Avant la conjonction et après l'adverbe. Je *vous reverrai | quand viendront les beaux jours.*

3º Entre le nom et le qualificatif, si ce dernier est suivi d'un complément. *Les airs | sillonnés par la foudre.*

4° Entre les deux termes d'une comparaison. *Je chantais* |
comme l'homme respire.

5° Avant et après une inversion. *La vertu* | *d'un cœur noble* |
est la marque certaine.

6° Dans les phrases elliptiques. *Plus une parole ressemble à
une pensée, une pensée* | *à une âme, une âme* | *à Dieu : plus
tout cela est beau.*

7° Pour exprimer l'effroi, la douleur, le dédain. *Il découvre un
cadavre, c'était celui* | *de son fils.*

8° A la césure et à la fin d'un vers alexandrin, lorsque le sens ne
s'y oppose pas.

Pour éviter la monotonie, les grands écrivains ont introduit,
dans leurs compositions, des arrêts et des coupes variées. Il faut
les imiter. On trouvera dans les vers suivants le précepte et
l'exemple.

> Observez l'hémistiche et redoutez l'ennui |
> Qu'un repos uniforme attache auprès de lui. ||
> Que votre phrase , | heureuse et clairement rendue, |
> Soit tantôt terminée et tantôt suspendue: ||
> C'est le secret de l'art.

La *tonalité* est le ton qui convient à l'expression d'une idée, à
l'interprétation d'un sentiment.

Bien que notre langue française n'ait pas l'éclat et la sonorité
de l'italien, elle rend cependant mieux que toute autre les sentiments vrais, intimes, du cœur humain.

Un ton faux produit toujours une impression désagréable, et
nuit beaucoup à l'effet qu'on veut produire. On ne pouvait, sans
souffrir, entendre Corneille débiter ses beaux vers. Racine, au contraire, excellait dans l'art de la déclamation.

Un acteur célèbre, frappé de l'accent de vérité qui régnait dans
les discours de Massillon, disait à un ami : *Voilà un orateur, nous
ne sommes que des comédiens.*

Le ton varie avec l'âge, la situation et le tempérament de celui
qui parle, et aussi avec le sujet traité. Les récits d'un genre simple
exigent beaucoup de naturel.

Les élégies et les narrations touchantes sont dites lentement,
avec douceur, sur un ton qui varie entre le médium et le grave.

Le langage doit être lent, sérieux, dans le raisonnement; vif,
souple, élégant, quand il s'agit d'une œuvre où domine l'imagination.

PLANCHE XVII.   **LE JEU**

Observer la tenue des deux personnages : ils n'allongent pas les jambes sous la table, et ils ne se renversent pas sur leurs sièges — Après avoir coupé, on doit déposer les cartes devant le partenaire.

Pour exprimer des sentiments violents, passionnés, la voix est énergique et vibrante, tout en restant naturelle. L'affectation est toujours un défaut.

Les *inflexions* sont le charme de la phrase ; souvent elles en précisent le sens. Elles sont comme une agréable musique dont toute la beauté consiste dans la vérité des tons qui haussent ou baissent, suivant la nature des pensées. On doit chercher à imiter celles du langage courant, si justes et si vraies, dans l'interrogation, le doute, l'ironie, l'exclamation, etc.

Dans toute phrase bien faite, il y a un mot sur lequel se concentre en quelque sorte l'idée, sur lequel tout l'artifice du style tend à attirer l'attention ; c'est ce *mot de valeur* qu'il faut mettre en relief par une accentuation plus marquée.

Tous les mots de valeur d'un alinéa n'ont pas la même importance ; il faut mettre entre eux, par la diction, la gradation qui existe dans les sentiments qu'ils expriment.

Savoir faire ressortir les mots de valeur est un talent rare, qui suppose une parfaite intelligence du sujet.

Lorsque l'action oratoire est en harmonie avec les pensées exprimées, la puissance du discours est irrésistible.

Cicéron rapporte que les ennemis de Gracchus ne purent s'empêcher de pleurer lorsque celui-ci s'écria d'une voix émue : *Misérable où irai-je?... Quel asile me reste-t-il? Le Capitole?... Il est inondé du sang de mon frère. Ma maison?... J'y verrais une malheureuse mère fondre en larmes et mourir de douleur!*

Dans le *mouvement* ou allure de la diction, deux écueils sont à éviter : une trop grande rapidité et une lenteur excessive.

Si le débit est trop précipité, on ne tient pas compte des pauses, on groupe les mots d'une manière incohérente, on se fatigue beaucoup, et l'on n'est pas compris.

Lorsque la diction est langoureuse, monotone, le discours perd son charme, et l'auditeur s'impatiente ou s'endort.

> J'aime peu ces auteurs, nés pour nous ennuyer,
> Qui toujours sur un ton semblent psalmodier.

Le mouvement modéré est généralement le plus convenable. On l'emploie : 1° au début d'un discours ; 2° pour exprimer la mélancolie, la douleur, l'accablement ; 3° dans l'ode, la tragédie, l'épopée, la grande prédication.

X. — Des Gestes et du Visage de l'orateur.

La parole est puissamment aidée par le geste et par l'expression de la physionomie. Le *geste* est un langage muet qui parle aux yeux et se fait mieux entendre du cœur que de l'esprit. Il anime le discours et supplée à l'insuffisance de la diction. Il doit être sobre. Les claquements de mains, les coups frappés sur le bord de la tribune, tous les mouvements brusques, saccadés, violents, exagérés, sont de mauvais goût.

Les gestes bien faits précèdent quelque peu la parole et se terminent avec elle; ils sont précis, gracieux, arrondis. Ils se font avec le bras droit, rarement avec le bras gauche, et sans que la main s'élève au-dessus des yeux ou s'abaisse au-dessous de la ceinture. Lents dans l'élégie, énergiques dans le drame, simples dans le récit, ils sont toujours naturels. Mieux vaut n'en point faire que d'en faire de mauvais.

Les anciens étaient très sensibles à la convenance et à la beauté du geste. Chez les Athéniens, la moindre faute de mimique était tournée en ridicule, et les gladiateurs romains apprenaient à tomber avec grâce dans le cirque.

A notre époque, le geste n'est pas moins apprécié. *J'ai vu*, dit avec admiration Legouvé, *l'incomparable Charles Dickens figurer si vivement la physionomie, la voix, le geste, la pose, l'accent du juge et de l'accusé, qu'il disparaissait absolument derrière les personnages. Ce n'était plus lui; c'étaient eux.*

Talma, peu doué sous le rapport physique, se transformait par l'harmonieuse sonorité de sa voix et par la beauté de son geste imité de l'antique.

Dans les vers suivants, Neufchâteau critique très spirituellement les gestes de quelques orateurs.

> Ici, le bras manchot jamais ne se déploie;
> Là, les doigts écartés font une patte d'oie.
> Souvent, charmé du sens dont mes discours sont pleins,
> Je m'applaudis moi-même et fais claquer mes mains.
> Souvent je ne veux pas que ma phrase finisse
> Avant que, pour signal, je ne frappe ma cuisse.
> Tantôt, quand mon esprit n'imagine plus rien,
> J'enfonce mon bonnet qui tenait déjà bien;
> Quelquefois, en poussant une voix de tonnerre,
> Je fais le timbalier sur les bords de la chaire.

Le visage bien composé est un facteur important du discours. Calme durant l'exorde, il s'anime peu à peu, et suivant que le discours le demande.

Le regard doit être modeste, se promener avec assurance sur tout l'auditoire, sans jamais s'arrêter fixement sur une même personne ou sur un seul objet. Les yeux sont un miroir où se peignent les pensées de l'orateur. Enflammés dans la colère, ils sont voilés dans la tristesse et dans la honte; la terreur les égare et l'admiration les élève. Ainsi que la tête, ils ne doivent pas être constamment en mouvement.

XI. — Conclusion.

Comme on vient de le voir, l'art de parler en public demande une parfaite connaissance des passions qui peuvent agiter le cœur humain, une logique serrée, une parole élégante, vibrante, passionnée, et une action oratoire irréprochable.

Toutes ces conditions sont rarement réunies dans le même sujet, et nos pères ont été particulièrement privilégiés de pouvoir les admirer chez l'inimitable Lacordaire. Mais, dans cet art, comme dans tous les autres, il existe des degrés. Chacun doit s'efforcer de féconder par le travail les talents que Dieu lui a donnés; car l'influence d'un homme qui sait s'exprimer d'une façon élégante et correcte est grande. *C'est par la parole et par la plume qu'on est puissant pour la cause du bien.* (L. VEUILLOT.)

Dans la société moderne, l'art de bien dire est, sans contredit, le plus important de tous. Non seulement il charme les auditoires nombreux, mais encore les réunions intimes. Quel plaisir n'éprouve-t-on pas à entendre interpréter, dans une soirée, quelques pages choisies de nos meilleurs écrivains! Les cartes, le piano, les causeries banales ne doivent pas être les seules distractions de nos salons. Une poésie bien dite, qui révèle les beautés cachées d'un auteur, et met en relief les traits saillants de son génie, provoque souvent chez les auditeurs un véritable enthousiasme, et leur fait oublier les tristes réalités de la vie. *Il faut*, dit l'illustre évêque d'Orléans, *savoir équilibrer la vie idéale et la vie pratique; pouvoir, à un moment donné, se soustraire aux préoccupations matérielles.*

Sursum corda! nous dit, chaque jour, le prêtre à l'autel. Oui, les cœurs en haut!... Échappons autant qu'il nous est possible à la tyrannie des sens et aux dures nécessités qui forcent le front de l'homme à se courber vers la terre ; et , lorsque nous avons besoin de distractions, de repos, cherchons, avant tout, les plaisirs de l'intelligence ; car les plaisirs sensuels

> Fatiguent, sans les émouvoir,
> Les âmes, ces grandes servantes
> De la justice et du devoir.
>
> (V. Hugo.)

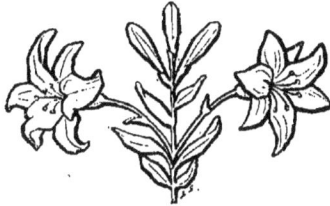

TROISIÈME PARTIE
SAVOIR-ÉCRIRE

—

CHAPITRE PREMIER
L'ART D'ÉCRIRE

——

I. — De son Importance.

Savoir écrire est un talent rare, qui demande de nombreuses connaissances, un esprit élevé, un goût délicat, et *surtout une grande pratique.*

Durant ses études et plus tard, un jeune homme ne doit rien négliger pour se rendre habile dans cet art, le plus important de tous.

Ce n'est pas la science seule qui donne une haute idée de l'éducation ou de la capacité d'un jeune homme, c'est aussi et surtout sa manière correcte, élégante, de parler ou d'écrire.

Non seulement les études littéraires forment l'esprit et le goût, mais elles deviennent une source de nombreuses et douces jouissances. Elles sont le charme de la vie, un délassement après les travaux, une agréable occupation dans les loisirs, un moyen puissant pour élever l'âme, lui faire aimer le beau et le bien.

Finesse de l'esprit, rectitude du jugement, pureté du goût, réforme du caractère : tels sont quelques-uns des heureux fruits de l'étude bien conduite et suffisamment pro-

7*

longée des belles-lettres. Le bien et le beau sont inséparables. Comment ne pas aimer le bien, quand on se passionne pour le beau?

*Chez les peuples vivants, la culture des lettres est,
après la religion, le premier trésor public, l'arome de la
jeunesse et l'épée de l'âge viril.* (LACORDAIRE.)

En adoucissant les mœurs, les études littéraires favorisent
les relations sociales. Les conversations deviennent plus
intéressantes, et les rapports, empreints d'urbanité, sont
moins difficiles et plus aimables. On ne vit pas au milieu
des fleurs sans s'imprégner de leur parfum. On ne se
nourrit pas de pensées justes et élevées, sans que l'esprit
acquière plus de justesse et plus d'élévation.

*Un peuple descend, s'il laisse périr en lui l'amour du
beau; s'il n'est pas inférieur aujourd'hui, il le sera
demain.* Il en est de même d'un jeune homme. S'il ne veut
pas déchoir, il doit se réserver, même dans une situation
modeste, quelques instants pour lire un bon livre ou composer quelques lignes.

*Lors même que vous vous destinez à des carrières
industrielles ou scientifiques, que votre éducation ait
une base littéraire. Vous y trouverez pour toujours des
ressources pour bien parler votre langue profession-
nelle et pour la bien écrire, en même temps qu'un fonds
inépuisable de distractions élevées, qui maintiendront
votre âme haute, et la prémuniront contre les pièges que
le désœuvrement tend à la santé comme à la dignité
morale.* (FONSSAGRIVES.)

II. — Du Style.

Lorsqu'on écrit, il faut à la fois consulter **son esprit** et
son cœur.

*Pour bien écrire, il ne faut pas seulement sa présence
d'esprit, il faut sa présence d'âme; il faut son cœur, il
faut l'homme tout entier. Non seulement il faut apprendre*

*à éviter toute parole sans pensée et toute pensée sans âme,
mais encore... tout état d'âme sans Dieu.* (*Les Sources*,
P. GRATRY.)

Le style, composé d'idées et de mots, est une forme de
la pensée et du sentiment. Quand les idées sont justes et que
les mots qui les expriment les peignent fidèlement, le style
est bon. Il est simple, noble, gracieux, imagé, dans la
mesure que ces qualités sont dans l'esprit et le cœur de
celui qui écrit. Il reflète la constitution intellectuelle et
morale de l'écrivain; c'est un miroir dans lequel on voit
l'homme tel qu'il est, avec ses qualités et ses défauts. *C'est
l'homme même,* a dit Buffon.

Pour se former à l'art difficile d'écrire, il faut lire attentivement un *petit nombre* de bons auteurs, étudier des
modèles, et surtout s'adonner à la composition française.

Ce dernier travail met en jeu toutes les facultés de l'âme.
Pénible dans les débuts, il devient bientôt très captivant; il
suffit d'avoir le courage de commencer. Si l'on s'imposait
l'obligation de composer chaque jour quelques lignes, on
arriverait, en peu de temps, à écrire avec plaisir, avec correction et même élégance. Que n'obtient pas la persévérance!...
Les longs efforts font souvent plus, pour le succès, que la
facilité.

Les qualités générales du style sont : la pureté, la précision, le naturel, la convenance, l'harmonie et surtout la
clarté.

Ce qui n'est pas clair n'est pas français. (RIVAROL.)

*Rencontrez-vous dans un écrivain l'esprit d'ordre et de
mesure, la justesse des vues, la délicatesse des sentiments,...
la clarté, par-dessus tout la clarté et encore la clarté; il
est de chez nous celui-là, vous écriez-vous avec un tres-
saillement d'allégresse, c'est un pays.* (GRÉARD.)

III. — De la Manière de traiter un sujet.

Pour traiter convenablement un sujet, il faut d'abord le méditer, puis rassembler les idées et les mettre en ordre.

> Avant donc que d'écrire, apprenez à penser.
> Selon que votre idée est plus ou moins obscure,
> L'expression la suit ou moins nette ou plus pure.
> Ce que l'on conçoit bien s'énonce clairement,
> Et les mots pour le dire arrivent aisément.
>
> (BOILEAU.)

Pendant la réflexion, les idées viennent rares ou abondantes, mais le plus souvent sans ordre. Il faut les classer, les subordonner, séparer les accessoires des principales, rejeter celles qui n'ont pas directement trait au sujet, et, de celles qu'on a choisies, *former un tout parfaitement homogène ayant de justes proportions.*

Pour cela, il est bon de faire un canevas en tableau synoptique, composé de mots plutôt que de phrases. Le plan est ce qu'il y a de plus important dans la composition; *car bien écrire, c'est mettre de l'ordre et du mouvement dans la pensée.* (BUFFON.)

Le mouvement consiste à enchaîner les différentes parties d'un sujet dans un ordre logique, et à les disposer de façon que l'idée maîtresse s'affirme d'autant plus que le développement tend vers la conclusion.

Le plan achevé, on se met à l'œuvre avec calme, sans précipitation, sans s'arrêter au choix des expressions ou des mots, dans la crainte de rompre le fil des idées, d'enlever à la composition la vie, le mouvement et la chaleur.

La composition terminée, on la relit pour retrancher et corriger.

On retranche les *répétitions de mots, d'idées,* tout ce qui est en dehors du sujet et ne s'y rapporte pas directement.

Ajoutez quelquefois et souvent effacez.
. . . .
Si j'écris quatre mots, j'en effacerai trois.

(BOILEAU.)

On corrige les *phrases incorrectes ou trop longues, les tours gauches, les tournures vicieuses, les termes impropres, vagues ou ambigus, les désinences semblables, les mauvaises consonances, les expressions redondantes, banales ou vulgaires.*

Il ne faut pas se lasser de corriger ; car, dit le P. Longhaye : *Travailler la forme, c'est travailler le fond.*

Gardez-vous de croire que la pensée soit tout et le mot peu de chose. Je dis, moi, que c'est par le style, plus peut-être que par la pensée, que les œuvres vivent, et qu'un ouvrage mal écrit est un ouvrage sûr de mourir. (Mgr DUPANLOUP.)

L'inimitable La Fontaine avouait qu'il ne fabriquait ses vers qu'à force de temps. On a retrouvé un de ses premiers jets, et l'on a vu que la fable achevée n'a gardé que deux vers de l'ébauche primitive.

Fénelon a laissé onze manuscrits du *Télémaque,* écrits entièrement ou du moins raturés et corrigés de sa main. Pascal a refait dix-huit fois une de ses *Provinciales,* pour la mettre au point.

On doit corriger et recorriger, modifier son **travail,** jusqu'à ce que les idées soient claires et le style très coulant ; jusqu'à ce qu'on ait un petit chef-d'œuvre, dont la forme soit l'achèvement et le parfait épanouissement des idées philosophiques et scientifiques qui en constituent le fond.

Rappelons qu'en français **la phrase n'est** jamais ni trop **courte ni trop claire** ; qu'il faut être sobre d'adjectifs et surtout d'adverbes, mais prodigue de verbes et de substantifs.

Le meilleur style est celui où abondent les **substantifs**

forts, qui se passent d'épithètes, et les **verbes colorés,** qui expriment l'idée et font image.

Ce que le rythme est à la musique, le verbe l'est au style. Bossuet, Molière, de Maistre, avares *d'adjectifs,* sont prodigues *de verbes.*

L'abus des épithètes affadit le style; celui des adverbes l'éreinte.

Il faut écrire avec la conviction qu'il n'y a que deux mots dans la langue : le **verbe** *et le* **substantif,** *et se tenir en garde contre les autres mots : pronoms, adverbes, conjonctions.* (L. VEUILLOT.)

CHAPITRE DEUXIÈME

LA CORRESPONDANCE

I. — Des Lettres en général.

La lettre est une causerie écrite, une conversation à distance, un besoin pour ceux qui, vivant éloignés, veulent se communiquer leurs pensées et leurs sentiments. Elle jaillit spontanément de l'esprit ou du cœur, suivant que la raison ou l'affection sont en cause. On parle, on écrit comme on comprend et comme on sent.

Dans toutes les conditions et dans toutes les circonstances de la vie, il est nécessaire de connaître

> Cet art de converser sans se voir ni s'entendre,
> Ce muet entretien si charmant et si tendre,
>   Ce commerce enchanteur,
> Aimable épanchement de l'esprit et du cœur.

Les sentiments les plus divers peuvent trouver place dans une lettre : c'est la joie ou la douleur; c'est aussi la sollicitude et la prévoyance; c'est la demande, l'exhortation, le reproche; c'est l'âme tout entière allant, avec la missive, atteindre une âme aimée.

Aussi le style épistolaire est-il des plus flexibles; aucune règle n'enchaîne ses périodes. Il est tantôt froid ou affectueux, plaisant ou sévère, familier ou solennel. Il passe de la naïveté enfantine aux tendresses les plus exquises, il ouvre toutes grandes les portes de l'esprit et du cœur; il est souvent pathétique, et parfois il s'élève jusqu'au sublime.

II. — De l'Importance des Lettres.

Les lettres ont une importance capitale ; c'est souvent par elles qu'on nous juge et qu'on nous apprécie.

Elles sont comme la photographie de notre âme. Elles dévoilent nos pensées les plus intimes et nos sentiments les plus secrets. Non seulement elles révèlent notre culture littéraire, mais encore la droiture de notre esprit, la vulgarité ou la noblesse de notre caractère, le degré de notre éducation et de notre instruction.

Que de choses ne peut-on pas découvrir dans une lettre ! Elle en dit souvent davantage sur nous-mêmes qu'une conversation de plusieurs heures. Quelques mots échappés suffisent pour montrer que nous manquons de tact et de sentiments généreux, que nous sommes égoïstes, envieux et jaloux. *Les lettres donnent la mesure de nos talents, de notre esprit et de notre éducation.* (Mme CAMPAN.)

Quelle honte pour un jeune homme qui a reçu une certaine éducation, de ne pouvoir écrire quelques lignes sans violer tout à la fois les règles des convenances, de l'orthographe et de la grammaire !

Il est donc nécessaire d'étudier les qualités du style épistolaire, et de faire en sorte que sa correspondance soit aussi irréprochable que possible, même sous le rapport de la forme.

La forme n'ajoute évidemment rien à la valeur de la pensée ; mais, en la rendant plus agréable, elle lui permet d'atteindre plus facilement son but. La liqueur présentée dans une coupe vulgaire ne perd rien de sa saveur, mais elle offre une double jouissance lorsqu'elle est servie dans un vase richement orné.

Il faut être très prudent lorsqu'on écrit : savoir ce qu'on peut dire et ce qu'on doit taire ; éviter les critiques injustes, les paroles acerbes, les médisances et les calomnies ; en un mot, tout ce qui peut blesser ou compromettre. *Les paroles s'envolent et les écrits restent.*

La lettre est un témoin toujours prêt à déposer contre celui qui l'a signée. Des mains d'un ami, elle peut passer en des mains étrangères et causer de graves ennuis. D'ailleurs, qui peut répondre de la discrétion d'un ami et de la durée de son amitié? Que de lettres, qui devaient rester secrètes, sont tombées dans le domaine public et ont eu, pour leurs auteurs, de regrettables conséquences!

Par respect pour soi-même et pour les personnes auxquelles on écrit, on ne doit tolérer, dans une lettre, ni taches ni ratures, et encore moins des fautes d'orthographe. Ces sortes de négligences sont jugées sévèrement et souvent considérées comme une preuve d'incapacité ou de mauvaise éducation.

CHAPITRE TROISIÈME

LE STYLE ÉPISTOLAIRE

I. — De sa Nature et de ses Qualités.

Puisque la lettre est une conversation écrite, elle doit donc être l'image fidèle d'une *bonne* conversation.

Il faut écrire au moins aussi bien qu'on parle; car les écrits, restant plus longtemps sous les regards du lecteur, permettent des réflexions que la rapidité de la conversation empêche de faire. *Ce n'est point chose aisée que d'écrire une lettre; bien des gens, parmi les plus habiles, n'y réussissent que médiocrement.* (P. DELAPORTE.)

Existe-t-il un art exclusivement épistolaire? Autrement dit, peut-on rédiger convenablement une lettre si l'on ignore la manière d'exprimer correctement ses pensées? Non, car les qualités du style épistolaire ne sont pas différentes de celles d'une composition littéraire quelconque; seulement ces qualités doivent se cacher sous un tel abandon, qu'elles ne se fassent nullement sentir. Il faut que les mots s'échappent de la plume comme la parole des lèvres, sans effort apparent ni contrainte. *La plus belle lettre, à mon avis, est celle qui tire toute sa parure de la manière simple, aisée, naturelle, dont elle est écrite.* (SAINT GRÉGOIRE DE NAZIANZE.)

Feuilletez la correspondance de Racine à son fils, de Mme de Sévigné à sa fille, de Louis Veuillot, vous y découvrirez une grâce, un naturel qui n'ont pas été surpassés. Aussi, **malgré** le temps, malgré les circonstances, cette correspondance a une valeur inappréciable ; on y trouve des chefs-d'œuvre de style et de fine observation.

Les principales qualités du style épistolaire sont : *la clarté, le naturel* et *l'élégance.*

II. — De la Clarté.

La clarté veut que la lettre ne soit pas une énigme, qu'elle puisse être comprise de l'ignorant comme de l'homme instruit, et qu'elle plaise à tous deux également.

C'est pour se faire comprendre qu'on écrit, et non pour offrir un exercice à la patience ou à la sagacité de son lecteur. Certains esprits mal faits semblent se complaire dans ce qui est obscur : ils expriment les idées les plus simples en termes inintelligibles.

Suivez le conseil de La Bruyère ; dites qu'il pleut si vous voulez dire qu'il pleut, et ne surchargez point votre style d'oripeaux qui le rendent incompréhensible ou ridicule.

Le défaut de clarté vient généralement de ce que la pensée manque de netteté et de précision; ou qu'on veut paraître fin, subtil, profond. On est clair lorsqu'on sait enchaîner ses idées, faire un choix judicieux des mots et les disposer convenablement dans la phrase.

Les deux grands ennemis de la clarté sont : l'excès de *concision* et la *prolixité.*

La *précision* consiste à n'employer que les termes nécessaires pour exprimer clairement sa pensée, sans circonlocutions inutiles : on ne saurait rien ajouter ni retrancher au style précis. Loin d'être un défaut, la précision est une précieuse qualité qu'il ne faut cependant point exagérer ; car elle conduit à une concision qui laisse souvent trop à deviner.

> J'évite d'être long et je deviens obscur.

La *prolixité,* « *déluge de mots dans un désert d'idées,* » rend le style diffus et fatigue l'attention. Si un mot suffit pour rendre une idée, pourquoi en employer plusieurs ?

Fuyez de ces auteurs l'abondance stérile,
Et ne vous chargez point d'un détail inutile.
Tout ce qu'on dit de trop est fade et rebutant,
L'esprit rassasié le rejette à l'instant.

(BOILEAU.)

Les longues périodes, les phrases compliquées, les expressions trop techniques, les répétitions de mots et d'idées nuisent, non seulement à la clarté, mais encore à la correction et à l'élégance.

III. — Du Naturel.

Le *naturel* est une qualité par laquelle le style semble couler comme de source, n'avoir coûté aucun effort. C'est si simple, si dénué de prétention, qu'il semble qu'on en ferait facilement autant.

Et pourtant, cette précieuse qualité, résultat d'une longue pratique, est rare; elle ne s'allie jamais avec un style incorrect.

Les tours alambiqués, les expressions recherchées, les phrases à effet, les citations prétentieuses, sont particulièrement déplacés dans une lettre. Vouloir, par un langage pompeux, chargé de métaphores et d'antithèses, éblouir son correspondant, se faire passer pour un homme de beaucoup d'esprit, est le fait d'un sot vaniteux.

Grands compositeurs de riens et faiseurs d'embarras,
nous avions l'air, mes rivaux et moi, de peser gravement
des œufs de mouche dans des balances de toile d'araignée.
(VOLTAIRE.)

Le plus souvent, le manque de naturel vient de ce qu'on se fait une idée fausse du style : on croit que la simplicité dans l'élocution est indigne d'un jeune homme qui a fait quelques études; tandis qu'elle est, au contraire, la marque du vrai talent, de la parfaite distinction. Lorsqu'on manque de simplicité, on dénature sa pensée, on la rend méconnaissable en la revêtant d'ornements qui ne sont point à sa taille.

Le chanteur ne jette que rarement les yeux sur la partition ; il se tourne légèrement du côté du piano, évite les grands gestes, les poses théâtrales.

Autrefois les oiseaux, se disputant la royauté, et chacun s'empressant d'orner son plumage, l'aigle seul jugea que sa plus belle parure était de n'en point avoir. (Saint Grégoire.)

Une lettre rendue brillante à force d'ajustements recherchés est choquante, surtout pour un ami.

Mme de Maintenon, ayant reçu d'une personne qu'elle aimait beaucoup quelques pages remplies de sentiments affectueux, mais exagérés, répondit : *Je crois votre lettre très exacte dans l'art de bien dire ; mais elle ne me paraît point conforme aux règles du bon goût ; je l'aurais voulue plus simple.*

Sous prétexte de simplicité, il ne faut pas tomber dans la vulgarité, les lieux communs, dans une sorte de négligence qui exclut tout travail de l'esprit et de l'imagination. Être simple, c'est écrire sans prétention, sans chercher à produire de l'effet ; mais ce n'est pas être *négligé, banal* ou *trivial*, et encore moins *grossier*.

Laisser échapper de sa plume des expressions empruntées à la langue du boulevard ou à celle de la caserne, est un manque de respect de soi-même et de ceux auxquels on écrit.

Toute dégradation individuelle ou nationale est sur-le-champ annoncée par une dégradation rigoureusement proportionnelle dans le langage. (Joseph de Maistre.)

La lettre, ainsi que nous l'avons déjà dit, est une conversation écrite ; elle est donc soumise, comme toutes les conversations, aux règles de la bienséance et de la morale.

IV. — De l'Élégance.

Le naturel n'exclut pas l'élégance, une des principales qualités du style épistolaire ; mais il veut une élégance sans recherche.

Tout en restant simple, il faut exprimer ses pensées d'une

manière gracieuse, leur donner un tour délicat, les rendre plus vives, plus saisissantes par l'emploi des comparaisons, des contrastes, des images brillantes, des allusions fines, de tout ce qui est capable de plaire ou de charmer, mais sans affectation ni prétention.

Sans la grâce, une lettre est sèche, triste, monotone ; avec elle, au contraire, le style s'égaye et coule avec douceur.

Maximes piquantes, proverbes cités à propos, petites anecdotes, suspensions badines, saillies ingénieuses, elle admet tout ce qui peut éveiller l'esprit, mais toutefois sans affectation. La pourpre ne s'emploie qu'en bordure, et la lettre ne souffre qu'une élégance sans apprêt. (SAINT GRÉGOIRE DE NAZIANZE.)

Pour trouver place dans une lettre, les comparaisons doivent être neuves et originales, les récits narrés avec esprit, les proverbes pleins d'à-propos, les allusions et les citations amenées avec adresse, sans pédantisme, sans qu'on puisse supposer qu'on vise à l'érudition.

Mme de Sévigné, parlant de sa vieillesse, fait une allusion très spirituelle au mot de Pompée : *J'ai beau frapper du pied, rien ne sort qu'une vie triste et monotone.*

Ailleurs, elle fait une comparaison non moins remarquable, quand elle écrit : *En vérité, j'ai eu bien de la peine. Je suis justement comme ce médecin de Molière qui s'essuyait le front pour avoir rendu la parole à une fille qui n'était pas muette.*

La *suspension* convient parfaitement au style épistolaire. Elle consiste à annoncer une chose, à la laisser entrevoir, à la faire désirer, à tenir son lecteur en suspens.

Devinez ce que c'est, mon enfant, que la chose du monde qui vient le plus vite et qui s'en va le plus lentement ; qui vous fait approcher le plus lentement de la convalescence et qui vous en retire le plus loin ; qui vous fait toucher l'état du monde le plus agréable et qui vous empêche le plus d'en jouir ; qui vous donne les plus belles espérances et qui en éloigne le plus l'effet. Ne sauriez-

vous le deviner? Jetez-vous votre langue au chien? C'est un rhumatisme. (Mme DE SÉVIGNÉ.)

Dans une lettre, les descriptions doivent être courtes, rapides, n'offrir que des détails intéressants ; il s'agit moins d'instruire que de plaire.

Les *calembours* et les *jeux de mots* sont généralement de mauvais goût; il ne faut point en abuser.

> Ce n'est pas quelquefois qu'une muse un peu fine
> Sur un mot en passant ne joue et ne badine,
> Et d'un sens détourné n'abuse avec succès;
> Mais fuyez sur ce point un ridicule excès.
>
> (BOILEAU.)

Les *métaphores* et les *antithèses* donnent au style un ton prétentieux; on doit en user avec sobriété. Plus une tournure est marquante, moins il faut y revenir. Rien ne fatigue la vue comme la répétition fréquente des éclairs : *Soyez toujours mon maître en physique, et mon disciple en amitié. Dumarsais n'a commencé à vivre que depuis qu'il est mort : vous lui donnez l'existence et l'immortalité.* (VOLTAIRE.)

Mme de Sévigné a réuni d'une manière très heureuse, dans l'exemple suivant, l'*antithèse* à l'*accumulation* : *Si l'on pouvait avoir un peu de patience, on s'épargnerait bien des chagrins : le temps en ôte autant qu'il en donne. Vous savez que nous le trouvons un vrai brouillon, mettant, remettant, rangeant, dérangeant, imprimant, effaçant, approchant, éloignant et rendant toutes choses bonnes ou mauvaises et quasi toujours méconnaissables. Il n'y a que notre amitié que le temps respecte et respectera toujours.*

L'*ironie* ajoute beaucoup au piquant d'un récit ; mais c'est une arme dangereuse, qui demande à être maniée avec habileté et prudence.

J'apprends que Mlle de Cléry a envoyé de Blois un panier à une bonne vieille femme appelée Mme Le Vasseur et si pauvre qu'elle demeure chez moi; que ce panier con-

tenait, entre autres choses, un pot de vingt livres de beurre; que le tout est parvenu, je ne sais comment, dans votre cuisine; que la bonne vieille, l'ayant appris, a eu la simplicité de vous envoyer sa fille, avec la lettre d'avis, vous redemander son beurre, ou le prix qu'il a coûté; et qu'après vous être moqué d'elle suivant l'usage, vous et Madame votre épouse, vous avez, pour toute réponse, ordonné à vos gens de la chasser. J'ai tâché de consoler la bonne femme affligée, en lui expliquant les règles du bon monde et de la grande éducation; je lui ai prouvé que ce ne serait pas la peine d'avoir des gens, s'ils ne servaient à chasser le pauvre quand il vient réclamer son bien, et en lui montrant combien justice et humanité sont des mots roturiers; je lui ai fait comprendre, à la fin, qu'elle est trop honorée qu'un comte ait mangé son beurre. Elle me charge donc, Monsieur, de vous témoigner sa reconnaissance de l'honneur que vous lui avez fait, son regret de l'importunité qu'elle vous a causée, et le désir qu'elle aurait que son beurre vous eût paru bon. Que si, par hasard, il vous en a coûté quelque chose pour le port du panier à elle adressé, elle offre de vous le rembourser comme il est juste. Je n'attends là-dessus que vos ordres pour exécuter ses intentions, et vous supplie d'agréer les sentiments avec lesquels j'ai l'honneur d'être, etc. (J.-J. ROUSSEAU.)

On ne peut être plus spirituellement **mordant**.

V. — Être soi et vouloir plaire.

Tous les préceptes du style épistolaire peuvent être ramenés à ceux-ci: être soi et vouloir plaire.

Être soi, c'est se montrer tel que l'on est, sans cependant afficher ses défauts, ni abandonner sa plume à l'aventure; car le naturel n'exclut ni la réflexion, ni le choix.

Plus on aura d'imagination, de jugement, de savoir, de

tact, de cœur, plus la lettre aura de chance de plaire et d'intéresser.

Être soi, c'est éviter de se contrefaire, de se donner plus d'esprit qu'on en a, d'exprimer des sentiments qui ne sont pas les siens.

Sans doute il faut de l'esprit dans une lettre, mais du bon, de celui qui n'offense personne, qui plaît à tous, qui est à la fois lumière et chaleur; idée et sentiment.

Ayez de l'esprit dans vos lettres; ayez-en, non à la manière de Voiture, mais à la façon de Mme de Sévigné et de tous ceux qui se sont distingués dans l'art épistolaire. Qu'en vous, comme chez eux, la simplicité soit élégante et la concision gracieuse. (MONTVAL.)

Vouloir plaire. Ce désir de plaire anime l'esprit, échauffe le cœur, inspire des pensées délicates, des sentiments généreux, fait éviter le *faux,* le *factice,* le *trivial,* tout ce qui dépasse la mesure, manque de tact et choque le goût.

Lorsqu'on écrit avec son cœur, les pensées sont vraies, aimables, spirituelles; car on a toujours assez d'esprit quand on a beaucoup de cœur.

Les lettres qui n'ont que de l'esprit, comme certaines de Voltaire, sont loin d'être des modèles parfaits; car : *Nul talent, nul mérite ne peuvent tenir lieu d'un bon cœur.* (Mme DE GENLIS.)

CHAPITRE QUATRIÈME

FORME ET CÉRÉMONIAL DES LETTRES

I. — Comment on doit écrire une lettre.

Lorsqu'un jeune homme sérieux se dispose à faire une lettre, il se met, par la pensée, en présence de la personne à laquelle il va écrire, et, suivant qu'elle est son supérieur, son égal ou son inférieur, qu'il va demander, féliciter ou conseiller, il prend un ton différent. Savoir qui l'on est et savoir à qui l'on écrit est une des premières conditions pour qu'une lettre soit bien faite.

Après avoir réfléchi sur ce qu'il doit dire et la manière de le dire, il trace *un plan* pour mettre de l'ordre et de l'enchaînement dans ses idées.

Il écrit ensuite avec calme, sans précipitation; il parle d'abord de ce qui fait l'objet de la lettre; puis, s'il le juge convenable, il raconte une anecdote piquante, donne des nouvelles personnelles et termine par quelques paroles aimables et gracieuses.

Il ne mêle pas les questions, et réserve un paragraphe pour chacune d'elles.

C'est par l'étude des modèles et surtout par la pratique qu'on se rend habile dans l'art épistolaire. On ne saurait trop recommander aux jeunes gens la lecture attentive des lettres choisies de Mme de Sévigné, de Racine, de Joseph de Maistre, de Joubert, de Louis Veuillot, de Lacordaire, d'Eugénie de Guérin.

Le *post-scriptum* est d'un usage suranné et presque toujours inutile quand on a fait un plan.

Une lettre mal faite doit être sacrifiée ; elle ne peut que servir de *brouillon* pour une nouvelle lettre, où les défauts de la première seront évités.

II. — A qui faut-il écrire ?

D'abord aux parents. Cette correspondance, particulièrement douce, ne doit jamais être en retard.

> La lettre de famille enchante la mémoire,
> Retrempe notre cœur, nous fait aimer et croire.
>
> (VIOLEAU.)

Les jeunes gens doivent s'appliquer, de bonne heure, à exprimer à leurs parents leurs sentiments de filiale reconnaissance et d'affectueuse tendresse. Heureux si, à l'exemple d'Ozanam, ils n'ont aucun secret pour leur mère, et s'ils lui gardent, toute leur vie, une confiance sans restriction.

Ne pas répondre à une lettre est un manquement grave aux convenances, qui n'admet pas d'excuse.

Même dans la vie la plus occupée, il est toujours possible de trouver quelques instants pour écrire au moins quelques lignes. Que de relations d'affaires, que d'amitiés ont été brisées par le manque d'exactitude dans la correspondance !

C'est parce qu'on laisse accumuler les lettres que le temps fait défaut pour y répondre. Ne remettons pas au lendemain une lettre que nous pouvons écrire le jour même, et notre correspondance ne sera jamais en retard.

Une réponse doit être prompte, complète et du même style que la lettre qui l'a provoquée. Si la missive reçue est spirituelle, affectueuse ou badine, il faut s'efforcer de donner à la réponse le même caractère. Ce serait manquer gravement aux convenances, que de répondre sur un ton enjoué ou moqueur à une lettre sérieuse de reproches, d'écrire des paroles amères à une personne qui nous aurait adressé d'aimables compliments.

Voici encore quelques circonstances où il est nécessaire
d'écrire une lettre ; lorsqu'il s'agit :

1° De remercier d'un cadeau, d'une faveur obtenue ;

2° D'adresser des félicitations ou des condoléances ;

3° De présenter des souhaits de fête ou de bonne année ;

4° De répondre à une invitation ;

5° De demander un service ou des renseignements ;

6° De maintenir des relations amicales ou de se distraire
en échangeant des nouvelles.

III. — Du Papier et de l'Écriture.

Toute lettre, quelle que soit sa destination, doit être écrite
sur un papier à lettre spécial, un peu fort, et non sur du
papier ordinaire.

La simplicité étant le caractère de la véritable distinction,
les papiers blancs ou légèrement teintés, qui n'accusent
aucune prétention à la singularité, sont les plus convenables.
Les papiers fantaisie, arrondis aux angles, ornés de vignettes,
de fleurs symboliques, sont de mauvais goût ; à peine sont-
ils tolérés aux petits enfants, pour les lettres de fête et de
bonne année.

Le papier, dit *pelure d'oignon,* n'est admis que pour les
correspondances lointaines dont le port est considérable.

Les dimensions du papier varient suivant les circonstances et les personnes auxquelles on s'adresse. Le papier
ministre, format in-quarto, est employé pour les pétitions,
les suppliques, et toutes les fois qu'on écrit à des personnages éminents. Le format moyen, in-octavo, sert pour les
lettres ordinaires ; et le format in-seize pour les billets et
les invitations. Ce dernier format est souvent utilisé pour
les correspondances ordinaires, lorsqu'elles sont brèves.

Écrire sur une feuille maculée, froissée, est un manque de
respect.

Pour ne pas abuser du temps et de la patience du lecteur,
l'écriture devra être très lisible, un peu grosse, surtout lorsque
la lettre est adressée à des personnes âgées.

Une mauvaise écriture est une des formes du mépris qu'on a pour autrui; car elle prouve qu'on attache plus de prix à son propre temps qu'à celui des autres. (GROTIUS.)

La simplicité exige qu'on évite la bizarrerie dans la forme des lettres et toute recherche dans les mouvements de l'écriture.

L'encre doit être noire et de bonne qualité.

Les encres de fantaisie : bleue, verte, rouge,... sont de mauvais goût.

IV. — Des Marges et Vedettes.

Lorsqu'on écrit à un personnage de distinction, on laisse une grande marge, et le mot en vedette : *Monseigneur, Monsieur le Préfet,* se met au milieu de la page. Les pétitions ne doivent pas avoir plus de quatre lignes d'écriture sur la première feuille.

Pour les lettres ordinaires, la vedette se place au premier tiers de la page, et l'écriture commence au second.

L'homme soigneux se révèle par l'arrangement des en-têtes et des marges, et par une ponctuation minutieuse. (*Traité de Graphologie.*)

Lorsqu'on écrit à des intimes, on laisse peu de marge, et les mots en vedette s'intercalent dans la première ligne ou dans la première phrase : *Je suis heureux, mon cher Ami, de vous annoncer... Combien je serais heureux de vous voir, mon cher Ami, vous occuper de...*

Les mots en vedette : *Monsieur, Madame, Mademoiselle,* doivent être écrits en toutes lettres et suivis, quand il y a lieu, du titre du correspondant : *Monsieur le Préfet, Monsieur le Curé.*

Si celui auquel on écrit a plusieurs titres, c'est le plus honorable qu'on choisit. A un comte, maire d'un petit village, on dira : *Monsieur le Comte,* et non *Monsieur le Maire.*

Souvent aux mots *Monsieur* et *Madame,* on ajoute une

épithète de respect ou d'affection : *Très honoré Monsieur,
Monsieur et cher Collègue, Monsieur et vénéré Collègue.*
Dans l'intimité, on supprime le mot Monsieur, et l'on dit :
*Cher et vénéré Confrère, Vénéré Bienfaiteur, Cher Oncle,
Cher Ami, Cher Maître* ou *Vénéré Maître.*

Le mot en vedette se répète dans le corps de la lettre,
mais jamais deux fois dans le même alinéa ; il ne doit pas
commencer une phrase ; on ne dira pas : *Monsieur le
Maire, je vous prie ;* mais : *Je vous prie, Monsieur le Maire.*

On doit éviter d'écrire en marge ou en croisant les lignes ;
mieux vaut employer un second feuillet.

Dans le corps de la lettre, on tolère que les mots Monsieur et Madame soient écrits en abrégé, lorsqu'il s'agit non
du destinataire ou de ses parents, mais d'étrangers : *J'ai
rencontré dernièrement M. Gallay, qui m'a chargé de
dire à Monsieur votre père...*

La date des lettres d'affaires est indispensable. Elle se
place en tête de la première page, un peu à droite, après
l'adresse :

Cluny, rue du Merle, 5.   *Le 4 mai 1907.*

Pour les autres, la date peut se mettre après la signature
et à gauche :

RÉGNIER (signature).

Avenue des Champs-Élysées, 46, 3 juin 1907.

L'habitude de donner son adresse, soit au commencement, soit à la fin d'une lettre, est tout à fait conforme aux
règles du savoir-vivre. Elle dispense le correspondant de
faire des recherches quand il veut répondre.

Sauf les dates, les nombres s'écrivent en toutes lettres.

La signature doit être lisible, simple, sans paraphe com-
pliqué. La plus simple est la plus conforme au bon goût.

Tout individu capable d'écrire une lettre *anonyme*, com-
promettante pour un tiers, ou insultante pour celui qui la
reçoit, est un *lâche* et un *infâme.*

V. — Des Finales de Lettres.

La terminaison ou finale des lettres demande beaucoup de tact. Il faut bien connaître les usages reçus, et prendre garde à ne pas blesser la susceptibilité de la personne à laquelle on s'adresse. « *Rien ne me coûte autant, dans une lettre,* disait un grand écrivain, *que les deux dernières lignes.* »

Les mots principaux des formules finales sont : *respect, considération, estime, dévouement, affection,* dont il faut user à propos.

Respect. — Le respect est dû aux personnes avec lesquelles on est peu familier, et à toutes celles qui ont une supériorité d'âge, de sexe ou de position.

Les lettres officielles ont une formule rigoureusement exigée par l'étiquette :

> *Je suis, avec le plus profond respect,*
> *Monsieur le Président,*
> *Votre très humble et très obéissant serviteur.*

A un évêque :

> *Je suis, avec le plus profond respect,*
> *Monseigneur,*
> *de Votre Grandeur,*
> *le très humble et très obéissant serviteur.*

La formule exprimant le respect varie suivant qu'on est plus ou moins familier :

> *Je vous prie d'agréer,*
> *Monsieur le Curé,*
> *l'expression (l'hommage) de mon respect;*

ou, d'une manière un peu moins solennelle :

Daignez agréer, Monsieur le Curé, l'hommage de mon profond respect.

Profond respect peut être remplacé par : *respect, très profond respect*, ou par quelques mots équivalents : *respectueux hommages, profonde vénération, parfaite soumission.*

Veuillez agréer ou *Daignez agréer, Monsieur, l'assurance (l'expression* ou *l'hommage) de mes sentiments respectueux, ou des sentiments respectueux, avec lesquels j'ai l'honneur d'être,*

Votre très humble serviteur.

Ces dernières formules sont toujours bien accueillies et conviennent à beaucoup de personnes.

Des trois mots : *assurance, expression, hommage,* le dernier est le plus respectueux.

Considération. — Ce mot ne s'emploie guère qu'entre personnes qui ont une certaine position sociale. On le trouve surtout dans le langage officiel.

J'ai l'honneur d'être, avec la plus respectueuse considération,

Monsieur le Préfet,
Votre très humble serviteur.

Ou encore :

Daignez agréer, Monsieur, l'assurance (l'expression, l'hommage) de ma respectueuse considération (de ma haute considération, de ma considération la plus distinguée).

Estime. — Ce mot, souvent employé par les personnes d'un rang élevé écrivant à des inférieurs, sert encore aux gens de condition moyenne qui s'écrivent pour affaires.

Daignez agréer, Monsieur, l'assurance de mes sentiments de haute estime.

Vous savez, mon cher Justin, que toute ma confiance vous est acquise, ainsi que mon estime la plus affectueuse.

Affection. — Entre parents, entre amis, entre confrères, de supérieur à inférieur, on se sert des mots *affection* et *dévouement.*

Daignez agréer, Monsieur, ma sincère affection (mon profond attachement, ma cordiale amitié, mes sentiments affectueux et dévoués).

Avec un ami, toute expression affectueuse est admise; la plus courte est souvent la meilleure. *Je te dis adieu. Je t'embrasse de tout cœur. Toujours bien à toi.*

Je vous embrasse et vous aime et vous le dirai toujours, parce que c'est toujours la même chose. Adieu. (Mme DE SÉVIGNÉ.)

Je suis un peu malade, mais je vous aime comme si je me portais bien. (LA MÊME.)

Adieu, ma chère amie. Que Dieu donne à votre bonheur la force qu'il n'a donnée jusqu'ici qu'à votre vertu. (Mme SWETCHINE.)

Je t'aime à tort et à travers. (HENRI IV.)

Si les quatre pages d'une lettre sont remplies, il est convenable de la renfermer dans une feuille de papier blanc.

Lorsque la *finale* arrive au commencement d'une page, on écrit encore deux ou trois lignes de texte avant de la commencer.

Deux personnes intimes peuvent écrire sur la même lettre, mais seulement à un ami commun.

VI. — Des Enveloppes et des Adresses.

La lettre terminée est relue avec attention et pliée en deux ou en quatre, de manière à ce qu'elle entre commodément dans l'enveloppe. Mieux vaut ne la plier qu'en deux.

Les enveloppes sont généralement blanches ou légèrement teintées; celles de couleur chamois sont surtout employées dans les administrations.

L'adresse doit être écrite très lisiblement, et contenir le prénom, le nom, la qualité, la profession, la résidence du destinataire.

Sur la première ligne, on écrit le prénom et le nom; sur la seconde, la profession; sur la troisième, le numéro et la rue; sur la quatrième, la ville et le département :

> *Monsieur Louis Ballandras,*
> *Négociant,*
> *47, rue Neuve,*
>
> *Moulins (Allier).*

Si la localité n'a pas de bureau de poste :

> *Monsieur Joseph Leroux,*
> *propriétaire,*
> *à Romanèche, par Montluel.*
>
> **(Ain.)**

Sur une lettre destinée aux pays étrangers, on inscrit, en haut de l'enveloppe, le nom de la contrée où elle doit aller : Belgique, Italie, Angleterre.

C'est aussi en haut de l'enveloppe qu'on met *lettre chargée*, lorsque le pli contient des valeurs déclarées; et le mot *personnelle*, quand on désire qu'une lettre, adressée à un chef d'administration, ne soit lue que par lui.

Les mots *urgente, pressée*, n'activent guère le service de la poste, mais ils préviennent les négligences des facteurs, concierges et autres intermédiaires, qui deviennent alors responsables des retards.

Lorsqu'on a des raisons de croire que la personne à laquelle on écrit est en voyage, on peut mettre au bas de l'enveloppe : *Faire suivre en cas d'absence.*

Une lettre de recommandation est cachetée, après avoir été lue à la personne qui l'a sollicitée, ou bien elle est remise ouverte; dans ce cas, celui qui la reçoit la cachette après en avoir pris connaissance.

VII. — De l'Affranchissement.

L'affranchissement d'une lettre est actuellement de rigueur.

Le *timbre-poste* se met en haut de l'enveloppe et à droite. Certaines personnes considèrent comme un manque d'égards la manière sans-façon dont le timbre est collé en biais ou de travers.

On envoie un timbre à un fonctionnaire, à une personne peu connue à qui on demande |une réponse, mais jamais à un ami ou à une personne très fortunée.

Les lettres ordinaires se cachettent en collant l'enveloppe gommée; celles qui sont un peu cérémonieuses exigent la cire d'Espagne. La cire rouge est la plus convenable et la seule admise pour les lettres administratives. En temps de deuil, on se sert de cire noire, mais seulement pour la correspondance ordinaire et les lettres de faire-part. Les cires de couleur jaune, verte, dorée, sentent la fantaisie.

La cire doit être appliquée avec un cachet portant des initiales ou une devise simple; jamais avec une pièce de monnaie, un dé à coudre ou tout autre objet.

L'administration des Postes exige deux ou cinq cachets sur l'enveloppe d'une lettre chargée.

Les lettres sont envoyées soit par un exprès, ce qui est très convenable, soit par une personne de confiance, soit par la poste. Ce dernier mode est le plus simple et généralement le plus sûr.

Une lettre confiée à l'obligeance de quelqu'un doit être donnée ouverte, et immédiatement cachetée par celui qui la reçoit. Il n'est pas convenable de demander à un supérieur, à une personne de distinction de se charger d'une lettre, d'un paquet, de faire une commission quelconque.

Un voiturier, un conducteur de diligence s'exposent à une amende en transportant une missive non affranchie, renfermée ou non dans un paquet.

VIII. — Des Cartes-Lettres, Cartes postales et Billets.

La *carte-lettre* est très commode pour les communications courtes et pressantes, parce qu'elle offre tout à la fois le papier, l'enveloppe et l'affranchissement.

La *carte postale,* utilisée pour faire une commande, demander un renseignement, ne doit pas être employée pour communiquer des choses confidentielles ou pour écrire à une personne à laquelle on doit le respect.

On appelle *billet* quelques lignes familières écrites à un inférieur, à un ami, jamais à un supérieur. Son caractère distinctif est la simplicité et la grâce. Il sert à donner des ordres, à faire une invitation, une commande. Suivant le degré d'intimité, on emploie la seconde ou la troisième personne. Dans ce dernier cas, il faut prendre garde aux équivoques.

La forme des invitations varie, suivant la qualité des personnes; mais elle est toujours simple, courte, aimable et respectueuse. Les mots *respect* et *honneur* y sont bien à leur place. Dans l'intimité, on remplace *honneur* par *plaisir.*

Obligé de refuser une invitation, *on n'offre pas des excuses,* mais *on exprime des regrets.*

M. X... et Mme Z... prient M. Y... de leur faire l'honneur d'assister à la soirée qu'ils donneront le... On fera de la musique.

M. Y... offre à M. X... et à Mme Z... l'expression de ses sentiments respectueux et les remercie de leur aimable invitation à laquelle il aura l'honneur de se rendre.

PLANCHE XIX.   **EN VOITURE**

Ordre des places. — Le supérieur monte le premier et prend la place, c'est-à-dire la droite de la voiture en marchant en avant ; — la 2e place est à gauche ; — la 3e place en face de la 1re ; — la 4e en face de la 2e. — La tenue doit être aussi correcte que dans un salon.

M. Y... *remercie M. X... et M*^me *Z... de leur aimable invitation. Il regrette qu'un voyage nécessaire l'empêche de s'y rendre, et les prie d'agréer l'expression de son profond respect.*

> *Cher Ami,*
>
> *Êtes-vous libre, mardi soir, et pouvez-vous venir chez moi, à six heures? Je serais bien aise de vous présenter un de mes amis intimes, qui vient d'arriver.*
> *Bien cordialement à vous.*

> *Cher Ami,*
>
> *Je suis toujours désolé du départ de mon frère. Viens demain dîner avec moi; j'ai besoin d'un peu de joie.*
> *Tout à toi.*

> **Mon cher Ami,**
>
> *Accablé de travail et obligé de me trouver demain soir, à six heures, à mon bureau, je serai dans l'impossibilité absolue de me rendre à ton aimable invitation.*
> *Excuse-moi et plains-moi, car je perds une agréable soirée.*
> *Bien à toi.*

Le billet est aussi très commode pour faire une commande ou donner des ordres.

> *Monsieur X... prie Monsieur Z... d'avoir l'obligeance de lui envoyer, le plus tôt possible, la commande du 15 courant.*
> *Remerciements et parfaite considération.*

> *Monsieur X... prie Monsieur Z... de venir, sans manquer, chez lui, demain matin, pour réparer la toiture.*

Veuillez m'envoyer, le plus tôt possible, la paire de bottines que je vous ai commandées; j'en ai un besoin pressant. Je vous remercie d'avance et je vous prie de recevoir mes salutations.

Je regrette, Monsieur, d'avoir à vous rendre la marchandise que vous venez de m'envoyer; elle n'est pas conforme à la demande. Vous voudrez bien, je vous prie, réparer cette erreur.

Recevez, Monsieur, l'assurance de ma parfaite considération.

Quand on écrit à un domestique, la forme varie suivant qu'on s'adresse à un nouveau venu ou à un vieux serviteur, dont le dévouement mérite des égards.

Prière à Jacques de préparer la voiture pour telle heure. Merci.

Veuillez, mon bon Joseph, préparer la voiture pour telle heure. Merci, à bientôt.

IX. — Des Lettres de faire-part.

Les lettres de faire-part sont des billets imprimés par lesquels on annonce à ses parents, ou à ses amis, certains événements remarquables : naissance, mariage, décès.

Ces lettres sont de deux sortes : celles qui contiennent une invitation à une cérémonie, et celles où l'on se contente d'annoncer l'événement.

Elles sont rédigées d'après des formules spéciales connues des lithographes ou des imprimeurs, toujours au courant des changements que l'usage ou plutôt que la mode y introduit. On les envoie sous bande ou dans une enveloppe non cachetée.

C'est par une carte qu'on répond aux lettres de faire-part.

CHAPITRE CINQUIÈME

MODÈLES DE LETTRES

I. — Les différents genres de Lettres.

Toutes les lettres peuvent se rapporter aux trois genres suivants : les lettres d'amitié, les lettres de convenances et les lettres d'affaires.

Les *lettres d'amitié* sont adressées aux parents, aux amis, à toute personne à qui l'on écrit avec abandon et liberté; elles demandent plus de cœur que d'esprit.

Les *lettres de convenances*, écrites par devoir de position, d'intérêt ou de politesse, demandent, au contraire, plus d'esprit que de cœur.

Les *lettres d'affaires* ont pour but un intérêt matériel : elles exigent de la précision et de la clarté.

Cependant cette distinction est loin d'être absolue. Les lettres de convenances sont souvent des lettres d'amitié ou d'affaires, et réciproquement.

II. — Les Lettres d'amitié.

Les lettres d'amitié ne sont soumises à aucune règle spéciale; chacun les écrit à sa manière.

Elles sont moins un travail qu'un plaisir, le seul qui nous soit donné à l'égard de nos parents ou de nos amis absents.

Avec vous, je me délasse, disait Mme de Sévigné à sa fille ; *avec les autres, je laboure.*

Alors on *lâche la bride,* non seulement à son esprit, mais à son cœur, lequel a une manière de s'exprimer qui charme toujours et ne blesse jamais. Le style, coulant de bonne source, est aimable, gracieux, facile. Il n'est jamais irrespectueux ; car l'affection, loin de détruire le respect, ne fait que l'accroître et ne peut s'en séparer. Plus un enfant aime ses parents, et plus il leur témoigne de vénération.

Même en écrivant à des intimes, il faut y mettre ce cachet de distinction qui caractérise toutes les actions d'un homme bien élevé : soigner son style, mettre de l'ordre et de l'enchaînement dans ses idées, éviter les banalités, les lieux communs, les expressions vulgaires, les sottes plaisanteries, et, à plus forte raison, ce qui sentirait la trivialité et le mauvais goût.

Il est bon d'unir à l'intérêt du sujet le charme du style, et d'assaisonner son récit de réflexions spirituelles, de traits vifs et piquants, de paroles aimables et gracieuses.

En écrivant à un ami, pas plus qu'en lui parlant, il ne faut imiter l'héroïne de Molière qui s'écriait : *Et je parlons tout droit comme on parle chez nous.*

Trop de familiarité engendre le mépris et détruit l'amitié.

J'estime ce que j'aime ou je cesse d'aimer.

Les lettres d'amitié peuvent être longues impunément, car on ne se lasse pas de les lire :

> Toi qui de l'amitié savoures les douceurs,
> Ton frère t'a quitté ? Sèche, sèche tes pleurs ;
> Ta lettre, près de lui, te remplace toi-même ;
> Aussi bien que ta bouche, elle dira : *je t'aime.*

Non seulement cette lettre dit : Je t'aime ; mais elle éclaire, console, encourage et fortifie. *C'est une gourmandise de cœur, et ce n'est pas un péché.* (Eugénie de Guérin.)

I

Joseph de Maistre à sa fille.

Sans doute, ma très chère enfant, tu as fort bien deviné le sentiment qui empêche ta maman de te vanter à toi-même : il en pourrait résulter des inconvénients : celui d'augmenter ton amour-propre et celui de nourrir ta paresse. Tu sais bien, par expérience, qu'on est toujours porté à s'arrêter en chemin, à dire : C'est assez. Maman voudrait donc éviter cette nonchalance et t'animer à de nouveaux efforts ; mais il est bien sûr (et tu en es persuadée) qu'il n'y a personne au monde qui t'aime plus que cette bonne maman, et qui rende plus justice aux efforts que tu fais pour être une aimable personne.

Je suis assez content de ton style et de ton orthographe, qui se perfectionnent ; j'ai bien envie d'être auprès de toi pour y donner la dernière main. En attendant, je puis t'assurer que tu as des dispositions pour écrire purement ; ainsi, il faut les cultiver. Voilà, peut-être, qui va te donner de l'orgueil ; mais une autre fois, je ne te parlerai que de tes défauts pour t'humilier. Tu feras fort bien, ma chère enfant, de m'écrire de temps en temps ; mais il faut laisser courir ta plume et me dire tout ce qui te passe dans la tête. Tu as toujours quatre chapitres à traiter : tes plaisirs, tes ennuis, tes occupations et tes désirs ; avec cela on peut remplir quatre pages. Pour moi, il me suffit de quatre mots en suivant cette même division : mon *plaisir* serait d'être avec toi, mon *chagrin* est d'en être éloigné, mon *occupation* est de trouver les moyens de te rejoindre, et mon *désir* est d'y réussir.

Adieu, ma chère enfant.

JOSEPH DE MAISTRE.

II

Lettre de Racine.

Nous nous préparons à traiter M. d'Uzès après-demain au matin, parce qu'il doit faire sa visite à un bénéfice qui dépend de la sacristie, et qui appartient par conséquent à mon oncle. C'est là

8*

qu'il a bâti un fort beau logis assurément, et il veut traiter son évêque avec un grand appareil. Il est allé cet après-dîner à Avignon pour acheter ce qu'on ne pourrait trouver ici, et il m'a laissé la charge de pourvoir cependant à toutes choses. J'ai de fort beaux emplois, comme vous voyez, et je sais quelque chose de plus que manger ma soupe, puisque je la sais faire apprêter. J'ai appris ce qu'il faut donner au premier, au second et au troisième service, les entremets qu'il faut y mêler, et encore quelque chose de plus; car nous prétendons faire un festin à quatre services, sans compter le dessert. J'ai la tête si remplie de toutes ces belles choses, que je pourrais vous en faire un long entretien; mais c'est une matière trop creuse sur le papier, outre que, n'étant pas bien confirmé dans cette science, je pourrais bien faire quelque pas de clerc, si j'en parlais encore longtemps.

III

Joseph de Maistre à Mademoiselle Constance de Maistre.

J'ai reçu avec un extrême plaisir, ma chère enfant, ta dernière lettre non datée. Je l'ai trouvée pleine de bons sentiments et de bonnes résolutions. Je suis entièrement de ton avis; celui qui *veut* une chose en vient à bout; mais la chose la plus difficile dans le monde, c'est de vouloir. Personne ne peut savoir quelle est la force de la volonté, même dans les arts. Je veux te conter l'histoire du célèbre Harisson de Londres. Il était, au commencement du dernier siècle, jeune garçon charpentier au fond d'une province, lorsque le Parlement proposa le prix de 10 000 livres sterling pour celui qui inventerait une montre à équation pour le problème des longitudes. Harisson se dit à lui-même : Je veux gagner ce prix; il jeta la scie et le rabot, vint à Londres, se fit garçon horloger, *travailla quarante ans*, et gagna le prix. Qu'en dis-tu, ma chère Constance? cela s'appelle-t-il vouloir?

J'aime le latin pour le moins autant que l'allemand; mais je persiste à croire que c'est un peu tard. A ton âge, je savais Virgile et compagnie par cœur, et il y avait alors environ cinq ans que je m'en mêlais. On a voulu inventer des méthodes faciles, mais ce sont de pures illusions. Il n'y a point de méthodes faciles pour apprendre les choses difficiles...

IV

Lettre de Louis Veuillot à sa nièce.

A ma nièce Marguerite Veuillot, bonne fille de sept ans un peu légère.

Ma nièce Marguerite

Je regardais la mer. Elle était bleue au loin, verte plus près, blonde sur le bord, avec de grosses franges comme de l'argent. Il y avait un grand soleil qui la faisait briller, et elle chantait en dansant et en brillant. C'était très beau.

Alors un oiseau est venu près de moi, et il me regardait tandis que je regardais la mer. Je lui ai dit : Qui es-tu?

Je suis un oiseau du bon Dieu qui vole sur la mer du bon Dieu.

Oiseau du bon Dieu volant sur la mer du bon Dieu, que veux-tu?

Alors il me dit : Il y a une petite fille qui aime bien le sucre d'orge et le chocolat, mais qui n'aime point l'étude; la connais-tu?

Je crois la connaître.

Cette petite fille n'est jamais la première de sa classe; la connais-tu?

Oui, oui, je la connais très bien.

Eh bien, alors, reprit l'oiseau, il faut que cette petite fille commence à travailler, et à être sage, et à servir le bon Dieu. Son papa et sa maman vont l'amener au Tréport; elle verra la mer, elle jouera sur les galets, elle sera baignée par Michel. Je vois qu'on aime bien cette petite fille-là. Il faut qu'elle ne soit point ingrate; il faut qu'elle mérite de devenir la petite fille du bon Dieu et de la sainte Vierge.

Ainsi parla l'oiseau du bon Dieu, qui vole sur la mer du bon Dieu. Et moi, je dis à l'oiseau :

Que faut-il qu'elle fasse, la petite fille? car elle n'est pas méchante, mais c'est une tête légère tout à fait.

L'oiseau reprit : Quand elle sera dans l'église du Tréport, elle dira : *Mon Dieu, accordez-moi la grâce d'être votre petite fille et celle de la sainte Vierge.* Si elle fait bien cette prière, tout ira bien et le bon Dieu donnera des ailes à son âme pour voler au ciel comme je vole sur la mer.

Alors l'oiseau du bon Dieu ouvrit ses ailes grandes et fortes, et il s'envola bien loin, bien loin, sur la mer du bon Dieu.

Ma nièce Marguerite, si tu connais cette petite fille qui va venir au Tréport, dis-lui tout cela.

Moi, je suis ton oncle, et je t'aime beaucoup.

LOUIS VEUILLOT.

III. — Les Lettres de bonne année et de fête.

La lettre de bonne année est écrite au renouvellement de l'année, pour souhaiter des jours longs et heureux aux parents, aux bienfaiteurs et aux amis.

L'enfant qui écrit à son père et à sa mère n'a qu'à laisser parler son cœur, à promettre un plus fidèle accomplissement de tous ses devoirs. Sa lettre peut se résumer ainsi : Je vous aime bien, je vous aimerai toujours, et je ne négligerai rien pour vous être agréable.

En exprimant ses vœux avec tendresse, il doit se montrer assuré que Dieu les exaucera. Désormais ses parents seront heureux, et ils oublieront toutes les tristesses du passé.

Le style d'une lettre de bonne année à des parents ou à des amis doit être simple, familier et même plaisant. Avec les intimes, on peut se permettre tout ce qu'autorisent la délicatesse et le bon goût. L'abandon, le laisser-aller, et même le badinage gracieux n'y sont pas déplacés. Plus une lettre de bonne année est vraie, simple, affectueuse, plus elle fait plaisir. La recherche et l'emphase lui enlèvent tout son charme.

Les lettres de bonne année de pure étiquette sont toujours difficiles à rédiger; et cependant l'usage les a tellement consacrées, qu'il n'est pas possible de se dispenser d'en écrire au moins quelques-unes.

Si l'on ne parvient pas à rajeunir les lieux communs, à leur donner une tournure un peu originale, ces lettres sont aussi insipides que banales.

Elles doivent être courtes et affectueuses. Seul, le cœur est capable de diminuer l'aridité d'un sujet aussi usé. Le sentiment religieux y trouve naturellement sa place. Dieu, le maître de tous les biens, ne peut rester étranger aux vœux de bonheur et de longue vie dont elles sont pleines.

Les *lettres de fête* ressemblent à celles du jour de l'an; mais elles sont moins fastidieuses et plus faciles à rédiger. Le bouquet, le cadeau, la vie du saint fournissent des pensées gracieuses, des allusions charmantes, qui servent de base au compliment.

Il faut en bannir l'emphase, l'exagération, tout ce qui n'est pas vrai, simple et naturel.

Dans ces lettres, comme dans celles de bonne année, on néglige trop le sentiment religieux; c'est pourtant celui qui est le plus fécond en développements d'une sublime simplicité. Dieu n'est-il pas le maître de tout ce que nous avons et de tout ce que nous sommes? N'est-il pas naturel de le faire intervenir dans les souhaits que nous faisons pour nos amis? (GUYET.)

Cependant il ne faut pas transformer la lettre en un sermon; ce serait une faute, comme tout ce qui tombe dans l'excès.

I

A Madame de M...

J'ai si peur que vous ne me souhaitiez la bonne année la première, que je me dépêche de faire mon compliment; le voici : Bon jour et bon an, Madame, et tout ce qui s'ensuit. Voilà mon affaire faite et très bien faite, je le soutiens; car trois mots qui viennent d'un cœur bien sincère et bien à vous valent un trésor. Divertissez-vous maintenant à tourner joliment votre réponse et vos souhaits; cela ne m'embarrassera point, et me fera grand plaisir; je vous pillerai, et ferai mon profit de tout ce que vous me direz.

Adieu, Madame; que je vous plains ces jours-ci!

Mᵐᵉ DE SIMIANE.

II

Madame de Maintenon à sa nièce.

Bon jour, bon an, ma chère nièce. Je vous souhaite de tout mon cœur une augmentation de piété, de raison et de santé! Est-il de plus grands biens?

Mme DE MAINTENON.

III

Eugénie de Guérin à Mademoiselle de Bayne.

Je voulais vous écrire avant-hier, je voulais vous écrire hier, ma très chère; mais des visites m'ont pris tout le temps, et ce n'est qu'en pensée que j'ai pu penser à vous. Qu'allez-vous voir? Je n'en sais rien! Je suis tentée d'écrire et de garder… Ce papier se mettrait sur un pot de confitures ou fermerait un carreau cassé, il serait utile; mais vous ne sauriez pas que je vous aime. Oh! si, vous le savez! mais vous ne liriez pas mes amitiés du jour, je veux dire ces tendresses coulant du cœur sur le papier qui vous les porte comme un petit canal. Qu'il vienne donc, qu'il vienne donc à vous au plus tôt. Je suis impatiente de la poste à présent; je voudrais trouver un oiseau pour vous porter : *bonne année.*

EUGÉNIE DE GUÉRIN.

IV

Réponse à une Lettre de bonne année.

Je ne pourrais en quatre pages répondre aux lignes que je reçus de vous; je n'ai rien vu de si joli, de si frais, de si gracieux. Comment faites-vous pour rendre si agréable un compliment si commun, si trivial, si répété? Expliquez-le-moi, je vous en prie.

Désespérée de ces lettres de bonne année, il me prend envie de souhaiter toutes sortes de *guignons* à ceux à qui j'écris, afin de varier un peu la phrase.

Je n'ai pas cependant la force de commencer par vous; ainsi apprenez que je vous souhaite de bonnes années sans nombre, tous les bonheurs que vous méritez, et que je suis avec une affection toute particulière...

Mme DE SIMIANE.

IV. — Les Lettres de félicitation.

Une lettre de félicitation est un témoignage d'affection donné aux personnes auxquelles on s'intéresse, quand il leur arrive un événement heureux.

Rester indifférent lorsque des amis obtiennent un succès, une distinction honorifique, ou bien viennent d'échapper à un danger pressant, à une grave maladie, serait une preuve de peu de sympathie et un manquement aux convenances.

La lettre de félicitation est surtout un compliment, et le compliment, pour être bien fait, demande beaucoup de tact et une grande délicatesse. Trop long, il risque d'ennuyer; trop court, de ne pas contenter; trop délicat, de n'être pas compris; exagéré, d'être pris pour une raillerie. *Les louanges sont des satires, quand elles peuvent être soupçonnées de n'être pas sincères.* (Mme DE SÉVIGNÉ.)

La lettre de félicitation doit être envoyée le plus tôt possible, et ne rien contenir d'étranger à ce qui fait son objet.

On parle du mérite de la personne favorisée, de la justice qui lui a été enfin rendue, des espérances qu'elle peut concevoir pour l'avenir, du discernement et de l'habileté de celui qui a honoré l'administration en accordant une faveur si bien méritée, et autres lieux communs qu'on exprime d'une manière aussi aimable et aussi gracieuse que possible.

C'est être habile que de savoir tirer de la nature même du sujet, c'est-à-dire du bonheur éprouvé, de la faveur obtenue, quelques pensées délicates qui flattent discrètement l'amour-propre de celui auquel on écrit.

Si la lettre de félicitation n'a pas toutes ces qualités, qu'elle ait au moins le mérite d'être courte et de n'être jamais l'expression d'un secret dépit. Lorsque le cœur dément ce que la plume écrit, mieux vaut s'abstenir et n'envoyer qu'une simple carte. Le sourire fait en pleurant est presque toujours une affreuse grimace.

I

Un protégé à son bienfaiteur.

Vous ne pourriez vous imaginer combien grande fut ma joie à la nouvelle de votre élévation à la place de... Le bien que vous m'avez fait ne peut me laisser indifférent à ce qui vous arrive. Personne plus que vous, Monsieur, n'est en état de remplir les fonctions que l'on vous a confiées.

Je ne doute point qu'étant aimé et respecté comme vous l'êtes, vous n'ayez reçu bien des compliments à ce sujet. On pourra vous en faire de plus recherchés que les miens, mais non pas de plus sincères.   N...

II

Fléchier au Maréchal de Villars.

Je m'étais bien attendu, Monsieur, que vous feriez parler de vous; mais je ne croyais pas que ce fût ni si promptement ni si hautement. A peine êtes-vous arrivé que vous avez entrepris une affaire qu'on n'avait guère osé tenter, et qu'on avait quelquefois vainement tentée. Il n'y a point de barrière si impénétrable que vous ne forciez, et l'Allemagne a beau vous opposer des rivières et des digues qui semblent la mettre à couvert de toutes les forces étrangères, vous passez tout, vous forcez tout, dès l'entrée de la campagne. On vous craint, on fuit devant vous; soldats, officiers, généraux, se sauvent comme ils peuvent; et vous finissez une grande action sans aucune perte. J'espère que les suites de cet heureux commencement seront glorieuses; je vous en félicite par avance, par l'intérêt sincère que je prends à tout ce qui vous regarde, et par l'attachement et le respect particulier avec lesquels je suis, etc.

Fléchier.

III

A une personne qui vient d'être nommée à un emploi.

Monsieur,

En apprenant votre nomination à..., je n'ai été surpris que d'une chose, c'est que vous n'ayez pas obtenu ce poste plus tôt. C'est une juste récompense de vos services aussi intelligents que dévoués, et l'Administration n'a jamais fait un choix plus digne d'être approuvé.

Recevez donc, Monsieur, mes cordiales félicitations, auxquelles se joignent certainement celles de toutes les personnes qui ont pu vous apprécier, et croyez à mes meilleurs sentiments.

Votre dévoué serviteur,
N...

Lyon, le 5 janvier 1902.

V. — Les Lettres de condoléances.

Les lettres de condoléances sont écrites aux parents, aux amis qu'un malheur vient de frapper. Qu'elle est longue, la liste des douleurs qui demandent une consolation!

Lorsque nous sommes dans l'affliction, nous avons besoin de rencontrer des cœurs qui compatissent à nos misères, d'entendre une voix amie qui ranime notre courage abattu, de n'être point seuls à pleurer.

Que cette mission de consoler est douce! elle était la principale occupation de Notre-Seigneur lorsqu'il parcourait les villes et les bourgades de la Judée.

La première et la plus importante qualité d'une lettre de condoléances est la sincérité. Si l'affligé pouvait soupçonner, avec quelque raison, que la compassion qu'on lui témoigne n'est que feinte, il en serait profondément blessé et souffrirait davantage.

C'est surtout dans ces sortes de lettres qu'il faut abandonner sa plume et laisser parler son cœur. Les phrases trop étudiées, trop savantes, le fatras des maximes philosophiques ne consolent guère.

Tout en reconnaissant la légitime douleur de la personne affligée, on ne doit lui parler qu'avec beaucoup de tact de la cause de cette douleur; car si quelques personnes aiment à se mettre en face du malheur qui les a frappées, d'autres, au contraire, en redoutent le souvenir et cherchent à l'éloigner de leur esprit.

Les lettres de condoléances demandent quelques développements. Trop de brièveté, surtout dans une circonstance grave, annoncerait un cœur peu compatissant, peu touché du malheur survenu. Il faut s'associer aux regrets de la personne qu'on veut consoler, n'exprimer que des pensées en harmonie avec ses sentiments, et ne pas craindre de faire l'éloge de l'objet aimé et perdu. Les banalités, les lieux communs, tout ce qui n'a point directement trait au sujet, doit être évité.

Ce serait manquer gravement de tact que d'écrire une lettre de condoléances sur un papier de fantaisie.

I

Lettre d'un fils à son père, à l'occasion de la mort de son frère.

CHER PÈRE,

Je viens de recevoir votre lettre; elle me jette dans un profond abattement. Qui m'eût dit, à mon départ, que je voyais et embrassais mon frère pour la dernière fois? Quoiqu'il fût déjà bien souffrant, j'étais loin de m'attendre à un pareil malheur. Pauvre Arnaud! Il était si bon! Je l'aimais tant! Nos cœurs étaient si bien faits pour s'entendre et se chérir mutuellement! Oh! sa mort me brise de douleur, et cette blessure ne se fermera jamais. Mon père, je comprends toute votre affliction. Vous nous chérissiez tous deux avec la même tendresse; mais mon frère était si caressant! Il avait une âme si belle, un caractère si accompli! Oui, je l'avoue sincèrement, il l'emportait de beaucoup sur moi par ses qualités; oui, il méritait tout notre amour. Consolez-vous, mon père. Si le Ciel a voulu vous éprouver en vous enlevant ce que nous avions de plus cher, c'était sans doute pour nous faire élever nos pensées vers l'éternelle demeure, où nous retrouverons celui dont nous sommes privés un instant. Mon père, il ne vous reste plus qu'un fils; mais plus que jamais, il veut se dévouer à votre bonheur. Il sera heureux lui-même s'il parvient, par ses attentions et son amour, sinon à vous faire oublier notre Arnaud, du moins à adoucir le douloureux souvenir de sa perte.

(Lettre tirée de l'ouvrage de M. Martino.)

II

Le Père de Ravignan à Madame la Maréchale de Saint-Arnaud.

MADAME LA MARÉCHALE,

Les regrets et les larmes de l'armée, de la France, se confondent avec les vôtres. Me permettrez-vous d'y joindre le respectueux hommage de ma douleur et de ma sympathie? D'autres parleront du caractère ferme et généreux, du courage et du génie militaire, de l'étonnante énergie du Maréchal. J'aime mieux, Madame, en ce moment, ne me rappeler que la partie la plus pure de sa gloire, et qui fut, après Dieu, votre ouvrage : il était chrétien. Dans votre immense amertume, et sous le poids de cette irréparable perte, vous pouvez et vous devez au moins vous dire que vos prières, vos exemples, avaient amené cette grande âme à la plus franche profession de la religion et à l'accomplissement de tous les devoirs qu'elle impose. Vous savez avec quelle fidélité chevaleresque il vint recevoir le pain des forts avant son départ pour Paris; il m'écrivit de Marseille, à la veille de s'embarquer, qu'il s'appuyait avec confiance sur le secours de Dieu, sans lequel on ne peut rien. La maladie le pressait de ses angoisses, elle l'accompagnait dans son admirable entreprise. Dieu voulait un double triomphe : la victoire de nos armes et la mort d'un héros chrétien, enseveli, pour ainsi dire, dans sa gloire. Reposez-vous, Madame, dans cette pensée : cette âme ne vous a quittée que pour un temps. Vous l'aviez donnée à Dieu; il l'accepte et la reprend, préparée et sanctifiée par vos pieuses influences. Vous la retrouverez un jour; il n'a fait que vous devancer dans la voie que vous lui aviez ouverte. Ses sentiments de foi et d'espérance chrétienne sont les vôtres; ils vous soutiendront; ils vous conduiront jusqu'au terme.

Mais, je le sens bien, votre douleur vous accable; il semble que rien ne puisse l'adoucir; pardonnez-moi d'avoir osé vous en parler. Vous daignerez comprendre le besoin de mon cœur; je pleure la mort d'un ami; il m'a fallu vous le dire, en vous rappelant, ce que vous savez assez, que Dieu était le refuge et l'appui des âmes affligées.

Mes prières et mes regrets suivent les restes glorieux du Maréchal. Dès que je saurai votre retour, je m'empresserai d'aller vous porter mes profonds et douloureux hommages.

Daignez les agréer,
    Madame la Maréchale,
Avec l'expression du dévouement le plus respectueux
        et le plus inaltérable.

P. DE RAVIGNAN.

III

Louis Veuillot à Henri Parot.

Versailles, 7 mai 1871.

Dans ce long désastre qui nous sépare de tout, et qui fait qu'en vérité chacun est mort, je n'avais pas appris ta cruelle part. Hier seulement j'ai su que tu n'avais plus ton fils.

Je connais ton cœur, j'ai connu ce beau et aimable jeune homme, et j'ai pleuré quatre enfants. Toi-même tu ne pourrais pas me peindre ta douleur plus grande que je ne la devine; non, pauvre ami !

Toute ma vieille amitié éclate, tous mes jeunes souvenirs se réveillent. Combien je voudrais être près de toi ! Je te dirais que

Le salut. — Regarder la personne que l'on salue et s'incliner légèrement en avant.

ton fils n'est pas mort, non, mille fois, mon vieil ami! Il a vécu,
mais il n'est pas mort, et je le sais bien. J'ai passé par là, je sais
que mes filles et leur mère ne sont pas mortes. Je ne les ai pas
quittées, et elles ne m'ont pas quitté; mes filles sont presque
plus près de moi que leurs sœurs vivantes. La mort nous cache,
ou plutôt nous voile un moment et légèrement ces êtres chers,
qui bientôt redeviennent présents et, d'une certaine manière,
visibles. Tu connaîtras et tu goûteras cette merveille de Dieu. Tu
sauras combien il est vrai que Dieu n'a point fait la mort et ne lui
a point donné puissance sur nous. C'est nous, au contraire, qui
avons puissance sur elle. Par le nom, par l'amour et par le sang
de Jésus-Christ, nous la chassons; elle fuit et nous rend sa proie,
n'emportant qu'un lambeau, et encore elle devra le rendre, car les
morts ressusciteront. Rien de nous n'appartient à la mort que ce
qui lui est livré par nous-mêmes. Tu ne lui livreras rien, tu ne
lui donneras pas puissance sur toi, tu voudras revoir ton fils, qui
est vivant.

Prie le bon Dieu, mon cher Henri. Je sais que tu le fais ; fais-
le toujours et rendons-lui grâce : nos enfants ont mieux valu que
nous.

Dieu nous les a donnés par une grâce, il nous les a repris par
une grâce nouvelle. Nous connaîtrons tous l'amour de Dieu, nous
le bénirons éternellement. Cette douce main de nos enfants qui
habitent avec Dieu nous fera doucement franchir ce reste du mauvais chemin de la vie où nous avons été engagés. Nos pleurs
acquittent de vieilles dettes qui n'avaient pas été payées. Nous
embrasserons, dans le sein de Dieu, nos enfants libérateurs de
leurs pères.

Tout à toi,

Louis Veuillot.

IV

A Monseigneur Parisis, évêque d'Arras.

Paris, 6 juillet 1855.

TRÈS VÉNÉRÉ SEIGNEUR, BON ET TENDRE PÈRE,

La seule voix que j'eusse voulu entendre en arrivant ici pour ensevelir ma fille, c'est la vôtre. Je n'ai pas eu la consolation de vous rencontrer. J'aurais voulu pleurer auprès de vous, recevoir votre bénédiction. Je n'avais pas lu cette lettre que vous avez daigné m'écrire au premier coup de la mort de Marie. Elle a servi pour les deux blessures.

Monseigneur, tout le monde me plaint; moi, je plains ma sœur. J'ai trop à faire de m'humilier et de me repentir pour me plaindre. Mais j'adore la main qui purifie en châtiant. Loin de m'abattre, ces coups me relèvent. Oh! que la miséricorde de Dieu est grande! et quelle évidence j'en ai en ce moment! Comme il m'avertit! comme il me presse! comme il me commande! et comme je l'attends! Il faut être à lui, n'être qu'à lui, n'avoir rien, ne rien faire que pour lui.

Il a gardé l'innocence de ces enfants, et il leur a donné une sainte mort. Marie, de jour en jour, mûrissait pour le ciel. De vraies et solides vertus croissaient sous les dons rares qui l'ornaient. Elle était pieuse, sincère; elle aimait la justice, elle savait se contenir et se sacrifier. Elle a expiré les mains jointes, les yeux au ciel, en donnant son cœur au bon Jésus, après avoir demandé à se confesser. Depuis un mois, sa tante ne trouvait pas une légère faute à lui reprocher.

Je la voyais grandir pour être bientôt mes yeux, ma mémoire et ma main. La petite Gertrude, à six ans, marchait sur ses traces. On lui présentait les plus horribles médecines : elle faisait le signe de la croix, et les prenait sans hésiter, sans donner une marque de dégoût. Elle tenait à la main, durant les dernières heures, un petit crucifix, qu'elle baisait souvent d'elle-même. Dans une des dernières convulsions, ce crucifix étant tombé sur son lit, elle se mit à le chercher avec angoisse. Son grand-père lui dit : «Va, mon enfant, tu le verras bientôt! » Elle le reprit, le baisa, le présenta aux personnes qui l'entouraient, et mourut. Je n'étais pas là. Une sévérité de Dieu m'a éloigné de ce saint spectacle. Je ne l'ai revue que morte. Lorsque je suis arrivé en Alsace, l'autre était au cimetière. C'est ainsi qu'Elise les avait élevées, et qu'elle élève les autres. Cœur de mère, douleur de mère. Mon fils n'est ni moins tendre, ni moins affligé. Je vois la beauté des affections chrétiennes.

Priez, Monseigneur, afin que je ne perde pas le fruit des grâces que Dieu me fait, afin que j'entre un jour dans la demeure de mes enfants, afin que ma sœur ne soit pas brisée par son courage même.

Votre serviteur reconnaissant et dévoué,

Louis Veuillot.

VI. — Les Lettres de demande.

La lettre de demande est écrite pour solliciter une place, obtenir une faveur quelconque.

Lorsqu'elle est adressée à un souverain ou à un ministre, elle prend le nom de *placet* ou de *pétition*. Dans ce cas, l'usage veut qu'elle soit écrite sur papier grand format et seulement sur la moitié de la largeur de la page; l'autre moitié étant réservée aux observations. Elle doit être très claire, très précise, d'une politesse exquise et scrupuleusement conforme aux règles du cérémonial.

Avant de solliciter une faveur de quelqu'un, il faut chercher à le bien connaître, à savoir ce qui peut lui causer de la peine ou lui faire plaisir, afin de pouvoir lui donner des raisons capables de le toucher et de le convaincre. Ni la fierté, ni la présomption, ni la bassesse, ne doivent trouver place dans une lettre de demande. Homère indique, d'une manière très heureuse, ce qu'elle doit être, lorsqu'il représente les Prières humbles et boiteuses marchant les yeux baissés.

Si, dans une lettre de demande, il n'est pas permis de faire des promesses qu'on ne pourrait réaliser et dont on aurait à rougir, il n'est pas défendu de louer avec à-propos, tact et délicatesse.

Que ne fait-on passer avec un grain d'encens!

Les idées généralement développées dans ces sortes de lettres sont : la bonté bien connue de la personne à laquelle on fait la demande, la facilité avec laquelle elle peut accorder cette faveur, la reconnaissance qu'on lui gardera, ainsi que celle de sa famille; et tout cela exprimé d'une manière neuve, adroite, en s'adressant surtout au cœur.

I

A Monsieur le Duc de Choiseul.

On me dit que vous prêtez l'oreille à la voix qui m'accuse et sollicite ma perte. Vous êtes puissant, mais vous êtes juste; je suis malheureux, mais je suis innocent. Je vous prie de m'entendre et de me juger.

Je suis...

MARMONTEL.

II

Pour demander une pension.

A Monsieur le Ministre des Finances.

MONSIEUR LE MINISTRE,

J'ai eu l'honneur de prendre part à l'expédition de Chine, en qualité de sergent-major au 3e zouaves.

Ayant eu un bras amputé après le combat des *Légations*, j'ai dû, bien à regret, quitter l'armée.

Rentré depuis quelques mois dans ma famille, il m'est impossible de subvenir à mes besoins et à ceux de mon pauvre père, âgé et infirme.

C'est pourquoi, Monsieur le Ministre, j'ose solliciter une pension à laquelle me donnent droit mes services et mes blessures.

Je suis, avec le plus profond respect,
Monsieur le Ministre,

Votre très humble serviteur.

J. N.

Rue de la République, 11, Lyon.

III

Pour demander une place.

A Monsieur H..., chef de l'Exploitation des Chemins de fer de..

MONSIEUR L'ADMINISTRATEUR[1],

J'ai l'honneur de vous prier de vouloir bien m'accorder une place dans les bureaux de la Compagnie de...

Je viens de terminer mes études et j'ai obtenu le baccalauréat moderne (lettres-mathématiques).

Le désir que j'ai de me créer une situation et de vous satisfaire, me donne la confiance que je pourrai remplir convenablement le poste que je sollicite.

Dans l'espérance que vous daignerez accueillir favorablement ma demande,

Je suis, avec le plus profond respect,
Monsieur l'Administrateur,
Votre très humble et très obéissant serviteur.

N. H.

Rue Victor-Hugo, 22,
Lyon.

IV

Demande de secours.

Au prince Louis-Napoléon, Président de la République.

Paris, 30 juin 1851.

MONSEIGNEUR,

J'ai l'honneur de vous adresser deux articles du journal *l'Univers*, sur lesquels je vous supplie de jeter les yeux. C'est une pein-

[1] Écrire très lisiblement et laisser une grande marge pour les recommandations.

ture bien imparfaite de la douloureuse situation de Fribourg. Ce malheureux peuple prêt à périr demande un appui.

La France, Monseigneur, n'aime longtemps que ceux qui lui permettent de s'honorer par des actions généreuses, et Dieu fait tout pour ceux qui servent la justice.

Daignez, Monseigneur, agréer l'expression de mon profond respect.

LOUIS VEUILLOT.

V

Réponse à une lettre de demande.

Voltaire à une jeune personne qui l'avait consulté sur les livres qu'elle devait lire.

Je ne suis, Mademoiselle, qu'un vieux malade, et il faut que mon état soit bien douloureux, puisque je n'ai pu répondre plus tôt à la lettre dont vous m'honorez. Vous me demandez des conseils : il ne vous en faut point d'autres que votre goût... Je vous invite à ne lire que les ouvrages qui sont depuis longtemps en possession des suffrages du public, et dont la réputation n'est point équivoque. Il y en a peu, mais on profite bien davantage en les lisant, qu'avec tous les mauvais petits livres dont nous sommes inondés. Les bons auteurs n'ont de l'esprit qu'autant qu'il en faut, ne le cherchent jamais, pensent avec bon sens et s'expriment avec clarté. Il semble qu'on n'écrive plus qu'en énigme : rien n'est simple, tout est affecté; on s'éloigne en tout de la nature; on a le malheur de vouloir mieux faire que ses maîtres.

Tenez-vous-en, Mademoiselle, à tout ce qui plaît en eux. La moindre affectation est un vice. Les Italiens n'ont dégénéré après le *Tasse* et l'*Arioste,* que parce qu'ils ont voulu avoir trop d'esprit, et les Français sont dans le même cas. Voyez avec quel naturel Mme de Sévigné et d'autres écrivent !

Vous verrez que nos bons écrivains : *Fénelon, Racine, Bossuet, Despréaux,* emploient toujours le mot propre. On s'accoutume à bien parler en lisant souvent ceux qui ont bien écrit; on se fait une habitude d'exprimer simplement et noblement sa pensée sans effort. Ce n'est point une étude : il n'en coûte aucune peine de lire ce qui est bon, et de ne lire que cela; on n'a de maître que son plaisir et son goût...

VI

Réponse à une lettre de demande.

Lettre de Louis Veuillot à M. Rivalland.

Paris, 1er septembre 1854.

J'étais absent quand vous m'avez écrit, mon cher Monsieur, et l'on ne m'a pas envoyé votre lettre. Je le regrette, car vous avez cru que je vous oubliais. Il n'en est rien. Je tiens toujours à votre bon souvenir; mais je suis bien occupé, et l'excès de travail m'empêche souvent d'écrire aux personnes que j'aime le plus.

J'ai le chagrin de ne pouvoir rien faire pour le jeune homme que vous me recommandez. Les bureaux de l'*Univers* ne sont pas sous ma direction; et d'ailleurs, il n'y a point d'emploi vacant. Je ne puis rien chercher au dehors, parce que mes relations sont très bornées et que mes devoirs quotidiens ne me laissent aucun loisir. Je vous dis la même chose pour vous avec plus de regret encore. J'y ajoute sincèrement le conseil de ne point chercher à venir à Paris tant que vous trouverez à vivre, si médiocrement que ce soit, là où vous êtes.

Vous n'y trouverez aucun avantage de plus et beaucoup moins de bien véritable.

Avec douze mille francs par an, que j'ai grand'peine à gagner, je vis dans la gêne; et, si Dieu n'y pourvoit, je ne sais comment je pourrai élever mes cinq filles lorsqu'elles auront grandi.

Voyez là-dessus ce que vous pourriez faire. Vous avez toujours de l'air, un abri et du pain. Si vous éprouvez des soucis, des peines, des tracasseries, personne n'en est exempt, et cela se rencontre à Paris, comme partout où il y a des hommes.

Adieu, mon cher Monsieur! Bon courage, prenez votre croix et marchez. Il n'est pas digne d'un chrétien, qui attend l'éternité bienheureuse, de demander à Dieu une vie sans douleurs.

LOUIS VEUILLOT.

VII. — Les Lettres de recommandation.

La lettre de recommandation a pour but de solliciter la bienveillance de quelqu'un, en faveur d'une personne à laquelle on s'intéresse.

Comme la lettre de demande, elle doit être délicate, prudente, respectueuse et convaincante.

Si c'est par simple complaisance qu'on écrit une lettre de recommandation, il faut être réservé, se tenir dans le vague, louer modérément, insister sur cette idée qu'on ne veut pas trop influencer celui à qui l'on écrit.

Si, au contraire, c'est une amitié sincère qui porte à recommander une personne réellement digne d'intérêt, on doit le faire en termes pressants, chaleureux, pleins d'affection; dire les liens qui attachent à elle, et manifester le vif désir qu'on éprouve de la voir obtenir la faveur qu'elle sollicite.

On énumère les qualités de la personne recommandée : son caractère, ses aptitudes, ses talents, son expérience, son ardeur au travail, son âge, ses malheurs, si elle en a eus; en un mot, tout ce qui peut intéresser en sa faveur, sans cependant blesser sa susceptibilité ni recourir au mensonge. C'est surtout le style qui fait la valeur d'une lettre de recommandation.

L'usage veut qu'une lettre de recommandation soit remise décachetée à la personne qui l'a sollicitée.

I

Lettre de recommandation dans laquelle on demande de s'intéresser d'une manière générale à une personne.

Monsieur,

X..., un de mes amis, m'écrit pour me prier de vous le recommander; il prétend que j'ai beaucoup de crédit sur vous; je ne sais s'il ne se trompe pas.

EN VOITURE

Descente et réception. — Les inférieurs descendent les premiers. — Tenir la portière pour un supérieur (homme);
rendre la main droite à une dame, à un vieillard, à un infirme.

Quoi qu'il en soit, je vous prie de vouloir bien vous intéresser à lui.

Il a de l'habileté et du talent, comme j'ai pu m'en convaincre durant les quelques années qu'il est resté avec moi.

Si vous pouviez, Monsieur, lui procurer un emploi qui puisse le faire vivre honorablement, et dont il s'acquittera bien, je vous en serais particulièrement reconnaissant.

Avec mes remerciements, daignez agréer, Monsieur, l'assurance de mon affectueux dévouement.

N...

Lyon, le 15 janvier 1906.

II

Un père recommande son fils à un de ses amis.

MONSIEUR,

Connaissant toute votre bienveillance pour moi, je prends la liberté de vous recommander mon fils, qui se rend à Paris pour se perfectionner dans son état. Je serais heureux de pouvoir compter sur votre appui pour le guider dans une ville où les jeunes gens sans expérience sont exposés à tant de dangers, à tant de séductions.

Je compte beaucoup sur vos sages conseils, et, au besoin, sur vos remontrances, pour le maintenir dans la voie du travail et de la bonne conduite.

Veuillez m'excuser, Monsieur, si je vous charge d'une tâche qui vous causera peut-être quelques tracas, mais j'ai déjà pu apprécier bien des fois votre extrême obligeance; et, d'un autre côté, je sais que je pourrais difficilement trouver une personne aussi digne de ma confiance.

Je suis, etc.

III

Pline à Bébius Hispanus.

Suétone, qui loge avec moi, a dessein d'acheter une petite terre, qu'un de vos amis veut vendre. Faites en sorte, je vous prie, qu'elle ne lui soit vendue que ce qu'elle vaut : c'est à ce prix qu'elle lui plaira. Un mauvais marché est toujours désagréable ; surtout en ce qu'il semble nous reprocher continuellement notre sottise. Cette propriété, si d'ailleurs le prix lui paraît convenable, tente mon ami par plus d'un endroit. Elle est voisine de Rome ; les chemins sont commodes, et les bâtiments peu considérables ; les terres, d'une médiocre étendue, et plus capables d'amuser que d'occuper. Aux savants, comme notre Suétone, il ne faut que le terrain nécessaire pour délasser leur esprit et réjouir leurs yeux : il ne leur faut qu'un sentier, une allée étroite pour se promener nonchalamment, une vigne dont ils connaissent tous les ceps, des arbres dont ils sachent le nombre. Je vous mande tous ces détails, pour vous apprendre combien il me devra, et combien je vous devrai, s'il achète, à des conditions dont il n'ait jamais à se repentir, cette petite maison, où se trouvent réunis tous les avantages que nous cherchons.

IV

Béranger à M. Martin (de Strasbourg).

6 avril 1848.

Vous avez eu grand tort, mon cher ami, de vouloir faire de moi un président de commission ou d'association quelconque. J'ai l'horreur des réunions bavardes et suis incapable d'en présider aucune. Puisque vous m'avez nommé, donnez, je vous prie, ma démission. J'ai assez d'avoir deux commissions sur le corps et tous les embarras et ennuis qui m'accablent. Je vais même vous mettre sur les épaules une des affaires dont je suis écrasé. Heureusement, mon cher ami, qu'elle n'est pas importante et que vous pourrez la traiter tout à votre aise et sans exposer votre larynx. Voici de quoi il s'agit.

J'ai un mien parent, notaire à Nanterre, fort honnête homme, qui ne fait d'affaires que celles du public; il aspire à une place gratuite de suppléant de la justice de paix du canton de Courbevoie, canton qu'il habite depuis vingt ans, où il a su se faire aimer et estimer.

Un M. F..., notaire à Suresnes, excite, dit-on, les plaintes dans cet emploi par ses absences continuelles. Ceci reste à vérifier, car Gautier, le notaire de Nanterre, qui a une ambition démesurée, comme vous pouvez le voir, pourrait se faire illusion sur les torts de l'occupant.

Si donc vous pouvez faire nommer suppléant du juge de paix ledit Gautier, mon allié, vous me rendrez un grand service. Ce sera un ennui de moins pour moi, que cet ambitieux tourmente depuis un mois pour arriver à cette haute fonction.

Mais surtout, tirez-moi de la présidence où vous m'avez mis, et présentez mes hommages respectueux à Madame, ainsi que mes amitiés à vos bons voisins. J'irai, dans peu de jours, voir si la voix vous sera revenue pour le commencement de mai, époque où il ne faut pas qu'elle nous fasse défaut. Etc...

V

Louis Veuillot à Mgr Gerbet, évêque de Perpignan.

Paris, 22 mars 1854.

MONSEIGNEUR,

J'ai un ami nommé Lafon, qui a un ami nommé Thébaud, lequel m'a fait l'honneur de penser que j'avais un ami nommé évêque de Perpignan. Or, d'après l'axiome que les amis de nos amis sont nos amis, l'ami Thébaud réclame très humblement l'amitié de Votre Grandeur. Ledit ami Thébaud est facteur d'orgues, employé présentement dans une paroisse de votre diocèse, où il a emporté une lettre de mon indignité qui le recommande à la bénignité de votre Paternité. Mais ce n'est pas tout. Le bruit court parmi les organistes que vous avez reçu du ministère, pour don de joyeux avènement, une très jolie somme destinée à l'orgue de votre cathédrale, et voilà (peut-être) ce qui enflamme l'ami Thébaud d'un nouveau zèle pour obtenir votre amitié. Il l'a dit à sa femme, sa femme a écrit à la femme de l'ami Lafon, l'ami Lafon est venu à moi, on me presse d'aller à vous : me voici. Requête à Votre Grandeur d'unir bien intimement dans son esprit l'idée de l'orgue de Perpignan et de l'ami Thébaud, organiste.

Le prix sera une éternelle reconnaissance pour moi, et pour vous, Monseigneur, on me le jure, un orgue parfait. S'il suffit de beaucoup de vertus, d'une vraie piété et d'un grand besoin de vivre pour faire un bon orgue, vous avez certainement là tout ce qu'il faut; s'il faut quelque chose encore, je n'en réponds plus, n'ayant jamais joué des instruments de mon ami Thébaud, ni d'aucun autre. Cependant on assure qu'il a du talent et de la probité. La probité est une partie essentielle dans les arts qui requièrent, comme celui-ci, des fournitures. J'ose prier Votre Grandeur de ne pas perdre de vue cette considération morale et philosophique.

Voilà ma commission faite. Il ne me reste qu'à remercier mes amis de m'avoir fourni l'occasion de vous dire, Monseigneur, combien je suis toujours

Votre très humble et très dévoué serviteur,

LOUIS VEUILLOT.

VIII. — Les Lettres de remerciement.

La lettre de remerciement, par laquelle on témoigne sa reconnaissance pour une faveur accordée, un bienfait reçu, un présent donné, est un devoir de cœur. En négligeant de l'accomplir, on s'expose à passer pour un homme sans éducation, pour un ingrat; et rien n'est aussi odieux que l'ingratitude.

Le style d'une lettre de remerciement doit être soigné, mais pur de toute affectation. Trop d'esprit, trop de recherche ferait peut-être douter de la sincérité des sentiments exprimés.

Le grand art est de s'oublier, de ne faire aucun retour sur soi-même, d'attribuer la faveur obtenue uniquement à la générosité et à la grandeur d'âme du bienfaiteur. Considérer le service rendu comme un prêt qu'on s'empressera de rendre à la première occasion, serait une grosse maladresse.

On dit avec simplicité, sans emphase ni exagération, l'importance du bienfait, le parti qu'on espère en tirer, la gratitude qui restera gravée dans le cœur et que le temps ne saurait affaiblir.

Si l'on remercie d'un cadeau reçu, on exprime, en termes convenables, la surprise, la joie, l'admiration, la reconnaissance que la vue du présent a fait naître, la place honorable qu'on lui destine, et le bonheur qu'on éprouve d'avoir un souvenir d'une personne aimée et respectée, pour laquelle on conservera toujours la plus sincère gratitude.

I

Un séminariste à ses parents.

CHERS PARENTS,

Que je vous aime tous ! que vous êtes aimables de m'envoyer tout ce que je vous demande ! J'ai dit : *des manchettes me seraient utiles,* et les manchettes sont venues me couvrir les bras; *des rideaux me seraient agréables,* et je les vois maintenant décorant ma fenêtre, et défendant à tout œil profane de scruter le bonheur de ma cellule. J'ai dit : *l'argent me manque,* et l'argent s'est présenté. Bien plus, on prévient mes désirs et rien ne manque plus à mon petit ménage. Encore une fois, grâces vous soient rendues ! Merci !

Une chose cependant me manque : c'est le temps ! un petit quart d'heure pour vous dire encore *merci !* et puis encore *merci.*

VÉNARD, *séminariste.*

II

Madame de Maintenon à Madame N...

Vous ne serez pas remerciée, puisque vous ne voulez pas l'être ; mais la reconnaissance ne perd rien au silence que vous m'imposez.

Madame DE MAINTENON.

III

A M. l'abbé Urvoy, au petit séminaire de Tréguier.

Paris, 16 novembre 1854.

MONSIEUR L'ABBÉ,

Je vous fais de bien tardifs remerciements ; mais depuis un mois j'étais plongé dans un travail que je viens seulement de terminer, et auquel j'ai subordonné tous mes plaisirs et tous mes devoirs. Je suis persuadé que vous me pardonnerez quand vous lirez mon ouvrage, dont l'intention au moins vous plaira.

Il faut pourtant que j'avoue que je n'ai pas poussé le zèle pour ma tâche jusqu'à me refuser le plaisir d'essayer les belles boules que vous m'avez envoyées. Là, j'ai été lâche, et j'ai fait ma partie de deux ou trois douzaines tous les jours, comme si je n'avais pas d'autre souci et que je n'eusse à craindre aucune humiliation. Hélas ! si ces belles boules font l'admiration de tout le monde, elles ne font pas ma gloire ; elles sont battues, Monsieur l'abbé, battues, toutes boules bretonnes qu'elles sont, absolument comme l'étaient auparavant mes boules françaises. Ces boules qui, lancées par vous, iraient si bien au but, n'y arrivent que rarement, sont poussées, sont chassées et ne savent pas pousser et chasser les autres. Si elles pouvaient parler, elles demanderaient à retourner en Bretagne ; mais je ne les écouterais pas, et je les garderais, parce que, si elles ne sont pas heureuses, elles sont belles, et surtout parce qu'elles me rappellent d'excellents et aimables souvenirs.

Il me semble que je suis encore sous l'allée du Séminaire, au milieu de vos bons confrères; et quand, par hasard, je fais un bon coup, je me rappelle *la gloire* que j'ai eu un jour l'honneur de réduire en fumée. Comment cela s'est-il fait? Dites à l'humble possesseur de *la gloire* qu'il est bien vengé, trop vengé, et que je ne l'en aime pas moins.

Soyez mon interprète auprès de tous ces messieurs, Monsieur l'Abbé, et veuillez les assurer tous des sentiments affectueux et respectueux que je suis heureux de vous offrir tout particulièrement.

LOUIS VEUILLOT.

IV

Madame de Saint-Gérand à Madame de Maintenon.

Point de procédé, Madame, plus généreux que le vôtre : à mon insu, vous demandez une grâce pour moi, vous l'obtenez et vous laissez à M. de Pontchartrain le soin de me l'apprendre! En vérité, la somme dont le roi augmente ma pension est trop considérable : je n'aspirais qu'à une vie commode et vous m'en procurez une agréable! Il me serait bien difficile de vous exprimer ce qui se passe dans mon cœur sur vos bontés pour moi; il en est pénétré, et je ne puis m'empêcher de vous dire tout grossièrement que je vous aime comme ma vie. Je fais marcher mon profond respect après les sentiments les plus tendres : ce n'est pas le cérémonial de la cour, mais c'est celui du cœur.

Madame DE SAINT-GÉRAND.

IX. — Les Lettres de reproches.

La lettre de reproches a pour but de faire connaître à quelqu'un ses torts volontaires ou involontaires.

Les reproches sont de deux sortes : les réprimandes qui appartiennent à l'autorité, et les reproches proprement dits qui sont les réprimandes de l'amitié. Les premiers doivent toujours être empreints de calme, de réserve et de dignité ; les seconds, de bonté, de tact et de délicatesse.

Les lettres de reproches demandent une grande habileté ; car, si un bon conseil peut blesser parfois, un reproche humilie toujours. Elles ne doivent jamais être rédigées sur une première impression, sous l'empire d'une passion quelconque, et sans de graves motifs. Les reproches non fondés, faits à la légère, tournent généralement à la confusion de celui qui les a écrits. Ils amènent souvent de sérieux mécontentements et de pénibles ruptures.

Lorsqu'on se trouve dans la nécessité de réprimander quelqu'un, il faut se surveiller pour ne pas être ou injuste, ou blessant, et chercher à adoucir, par une épithète affectueuse, la trop grande énergie de certaines expressions.

Quand il s'agit de torts sérieux, il est permis d'en montrer la gravité et les funestes conséquences, tout en excusant le coupable et en attribuant la faute commise non à la mauvaise volonté, mais à un moment d'oubli. L'indulgence et la bonté gagnent rapidement toutes les sympathies ; elles ne doivent jamais être exclues d'une lettre de reproches.

> Quel plaisir de penser et de dire en soi-même :
> Partout en ce moment on me bénit, on m'aime.
>
> (RACINE.)

Lorsqu'un reproche porte sur un léger manquement : une visite, une correspondance en retard, il est bon de prendre un ton enjoué, de se plaindre en badinant, mais avec esprit et délicatesse. La plaisanterie est une arme dangereuse ; pour la manier avec succès, il faut avoir beaucoup d'esprit, et l'on se trompe assez souvent sur la valeur de celui qu'on a.

I

Un père à son fils.

MON CHER ENFANT,

Pourquoi, lorsque je voudrais vous voir heureux et souriant, suis-je forcé de venir vous attrister et vous gronder? Mais je vous aime trop pour vous laisser grandir avec vos défauts, et je fais violence à mon cœur. Hier, vous avez manqué envers moi, non seulement aux lois de la plus simple politesse, mais encore à tout ce que vous me devez d'égards et de tendresse. Votre lettre impertinente m'a vivement blessé. Comment, bon et affectueux comme vous l'êtes, ne voulez-vous pas tirer parti de ces qualités pour le bonheur de ceux qui vous entourent? C'est simplement parce que votre orgueil vous empêche de combattre cette habitude d'indépendance qui vous rendra malheureux toute votre vie.

Que ces reproches, mon cher enfant, n'aigrissent point votre cœur; recevez-les de la même manière que je vous les adresse, avec simplicité et affection, et prenez une ferme résolution de vous laisser, à l'avenir, conduire par votre bon cœur, en mettant à la porte votre amour-propre.

(*Imité du comte de B...*)

II

Comte de Bussy à Madame de M...

Pourquoi ne me faites-vous point réponse, Madame, car vous avez reçu la lettre que je vous écrivis en arrivant ici? Je ne m'étendrai point en longs reproches; peut-être n'en méritez-vous point. Si vous en méritez, j'aime mieux vous abandonner à vos remords que de me plaindre. Madame, mandez-moi ce qui vous a empêchée de m'écrire; j'aimerais mieux que vous eussiez été un peu malade que de croire que vous m'avez oublié.

Comte DE BUSSY.

III

P.-L. Courier à M. le général Dedon.

Monsieur,

La supériorité du grade ne dispense pas des procédés, de ceux-là surtout qui tiennent à l'équité naturelle ; les vôtres, à mon égard, ne sont plus d'un chef, mais d'un ennemi. Je vous croyais prévenu contre moi, et vous ai donné des éclaircissements qui devaient vous satisfaire. Maintenant je vois votre haine, et j'en devine les motifs ; je vois le piège que vous m'avez tendu en me chargeant d'une commission où je ne pouvais presque éviter de me compromettre. Vous commencez par me punir ; vous m'ôtez la liberté pour que rien ne vous empêche de me dénoncer au roi, et de prévenir contre moi le public. Ensuite vous me citez à votre propre tribunal, où vous voulez être à la fois et mon accusateur et mon juge, et me condamner sans m'entendre, sans me nommer mes dénonciateurs, ni produire aucune preuve de ce qu'on avance contre moi. Vous savez trop combien il me serait facile de confondre les impostures de ces vils espions. Vous pourrez réussir à me perdre, mais peut-être trouverai-je quelqu'un qui m'écoutera malgré vous. Quoi qu'il en soit, n'espérez pas trouver en moi une victime muette. Je saurai rendre la lâcheté de votre conduite aussi publique en cette affaire qu'elle l'a été déjà ailleurs.

IV

Voltaire à Thiriot son ami.

Reproches.

Oui, je vous injurierai jusqu'à ce que je vous aie guéri de votre paresse. Je ne vous reproche point de souper tous les soirs avec M. de la Poplinière ; je vous reproche de borner là toutes vos pensées et toutes vos espérances. Vous vivez comme si l'homme avait été créé uniquement pour souper ; et vous n'avez d'existence que depuis dix heures du soir jusqu'à deux heures après minuit. Vous restez dans votre trou jusqu'à l'heure des spectacles, à dissiper les

LA CONVERSATION

Observer le regard du maître de maison, son geste de son impatience ; la pose simple et correcte des deux auditeurs et leur façon d'écouter et de s'asseoir ; ils ne s'appuient pas sur le dos de leur chaise, en présence d'un supérieur.

fumées du souper de la veille; aussi vous n'avez pas un moment
pour penser à vous et à vos amis. Cela fait qu'une lettre à écrire
devient un fardeau pour vous. Vous êtes un mois entier à répondre.
Et vous avez encore la bonté de vous faire illusion, au point
d'imaginer que vous serez capable d'un emploi et de faire quelque
fortune, vous qui n'êtes pas capable seulement de vous faire,
dans votre cabinet, une occupation suivie, et qui n'avez jamais pu
prendre sur vous d'écrire régulièrement à vos amis, même dans
des affaires intéressantes pour vous et pour eux. Vous avez passé
votre jeunesse, vous deviendrez bientôt vieux et infirme; voilà à
quoi il faut que vous songiez. Il faut vous préparer une arrière-
saison tranquille, heureuse, indépendante. Que deviendrez-vous,
quand vous serez malade et abandonné? Sera-ce une consolation
pour vous de dire : J'ai bu du vin de Champagne autrefois en
bonne compagnie? Songez qu'une bouteille qui a été fêtée quand
elle est pleine de l'eau des Barbades est jetée dans un coin dès
qu'elle est cassée, et qu'elle reste en morceaux dans la poussière;
que voilà ce qui arrive à tous ceux qui n'ont songé qu'à être admis
à quelques soupers, et que la fin d'un vieil inutile infirme est
quelque chose de bien pitoyable. Si cela ne vous donne pas un
peu de courage et ne vous excite pas à secouer l'engourdisse-
ment dans lequel vous laissez votre âme, rien ne vous guérira.
Si je vous aimais moins, je vous plaisanterais sur votre paresse;
mais je vous aime et je vous gronde beaucoup.

V

A un entrepreneur qui met trop de lenteur dans les travaux.

Saint-Étienne, le 5 juin 1907.

Monsieur Chalumeau, à Saint-Étienne.

Vous ne vous êtes pas occupé des réparations à faire dans ma
maison, rue d'Annonay, 18. Vous m'aviez cependant bien promis que tout serait terminé dans quinze jours. Il y a de cela
trois semaines et rien n'est encore commencé.

Vous connaissez mieux que personne l'urgence de ce travail;
si vous êtes dans l'impossibilité de le faire, veuillez m'en avertir, car je me vois dans la nécessité de le confier à un autre entrepreneur.

Tout à vous.   **J. M...**

X. — Les Lettres d'excuses.

La lettre d'excuses a pour but de se justifier d'une faute dont on a été injustement accusé, ou de reconnaître un tort réel qu'on est disposé à réparer.

Les lettres d'excuses sont obligatoires dans bien des cas, surtout pour les jeunes gens dont l'inexpérience et la légèreté exposent à de nombreux oublis. En faisant promptement des excuses, on mérite la réputation d'homme bien élevé ayant du tact et un bon cœur.

Lorsqu'on est vraiment coupable, le meilleur est de l'avouer avec simplicité; car il est toujours très honorable de reconnaître ses torts. On dit que c'est par étourderie ou entraînement qu'on a commis cet oubli, et non par mauvaise volonté; on proteste de son respect, de son attachement, et l'on se montre tout disposé à faire le nécessaire pour réparer sa faute et en obtenir un généreux pardon.

Quand on a été faussement accusé, on expose, avec calme et prudence, les raisons capables de disculper, prenant bien garde de ne point altérer la vérité. Quelle honte, si l'on venait à découvrir que, pour se justifier, on n'a pas craint de recourir au mensonge!

Si c'est par simple convenance qu'on écrit une lettre d'excuses, on a besoin de toute son habileté; mais si l'on a une réelle affection pour la personne offensée, il suffit de laisser parler son cœur.

Le style de ces lettres doit être grave et respectueux, à moins qu'il ne s'agisse d'un reproche fait sur le ton du badinage; dans ce cas, on répond de la même manière, tout en se surveillant pour ne pas manquer aux convenances. La plaisanterie est souvent blessante; elle dépasse facilement les bornes du respect.

I

Madame de Sévigné à Monsieur de Bussy-Rabutin.

Je me presse de vous écrire afin d'effacer promptement de votre esprit le chagrin que ma dernière lettre y a mis. Je ne l'eus pas plus tôt écrite que je m'en repentis. J'étais de méchante humeur et n'eus pas la docilité de démonter mon esprit pour vous écrire. Je trempai ma plume dans mon fiel, et cela composa une sotte lettre amère, dont je vous fais mille excuses. Si vous fussiez entré une heure après dans ma chambre, nous nous fussions moqués de moi ensemble.

Adieu, comte, point de rancune. Ne nous tracassons plus; j'ai eu un petit tort, mais qui n'en a point en ce monde!

Madame DE SÉVIGNÉ.

II

Victor Hugo à un petit enfant.

Je vous dois depuis bien longtemps une réponse, mon cher petit enfant; mais voyez-vous, j'ai les yeux bien malades, il faut m'excuser. Les médecins me défendent d'écrire; j'obéis aux médecins comme vous obéissez à votre mère. La *vie se passe à obéir*, n'oubliez pas cela. Mais vous qui êtes petit, vous êtes plus heureux que moi. A votre âge, l'obéissance est toujours douce; au mien, elle est dure quelquefois : vous le voyez, puisqu'on m'a empêché de vous écrire. Adieu, mon petit ami, devenez grand et restez sage.

VICTOR HUGO.

XI. — Les Lettres de nouvelles.

Les lettres de nouvelles sont des causeries où l'on raconte les mille riens de l'existence ordinaire, les événements qui peuvent intéresser directement ou indirectement les parents ou les amis.

Pour qu'une anecdote trouve place dans une lettre, il faut qu'elle soit vraie, certaine, intéressante, et qu'elle n'ait rien qui puisse blesser une conscience délicate.

Tout en racontant un fait, il est bien permis d'accompagner sa narration de quelques judicieuses et prudentes remarques, et de faire des réflexions qui témoignent de l'intérêt qu'on prend aux événements. C'est en s'élevant sur les sommets, en tenant son cœur en haut, en se plaçant au-dessus des passions humaines, qu'on juge sainement des personnes et des choses.

L'écrivain habile sait donner du charme aux moindres récits; relever, par la grâce de l'esprit, la banalité de certains détails. Eugénie de Guérin excelle dans ce genre.

Savez-vous ce qui m'occupe en ce moment?... Ce sont cinq canards qui viennent de naître et un poulet boiteux. J'ai pitié de tout ce qui souffre et je dorlote la pauvre bête. Maintenant il va à cloche-pied, et arrivera bientôt à la broche.

Un style bien approprié captive et fixe l'attention; il varie suivant la nature du sujet. Qu'il soit grave, léger, compatissant, imagé..., suivant qu'il s'agit d'un récit sérieux, badin, attendrissant, littéraire. Il ne doit jamais être banal ni trivial.

Il ne faut pas qu'une lettre de nouvelles soit le supplément de la chronique d'un journal, le recueil de tous les racontars d'un quartier, et, encore moins, l'occasion de mal parler du prochain, de médire ou de calomnier. Le médisant et le calomniateur sont des êtres envieux et jaloux, aussi méprisés que redoutés. *Ce qu'il y a de plus petit et de plus terrible,* dit Victor Hugo, *c'est un envieux.*

I

Renvoi de Picard.

Savez-vous ce que c'est que faner ? Il faut que je vous l'explique. Faner est la plus jolie chose du monde : c'est retourner du foin en batifolant dans une prairie; dès qu'on en sait tant, on sait faner. Tous mes gens y allèrent gaiement; le seul Picard me vint dire qu'il n'irait pas, qu'il n'était pas entré à mon service pour cela, que ce n'était pas son métier et qu'il aimait mieux s'en aller à Paris. Ma foi, la colère m'a monté à la tête. Je songeai que c'était la centième sottise qu'il m'avait faite, qu'il n'avait ni cœur, ni affection; en un mot, la mesure était comble. Je l'ai pris au mot, et, quoi qu'on m'ait pu dire pour lui, je suis demeurée ferme comme un rocher, et il est parti. C'est une justice de traiter les gens selon leurs bons ou mauvais services. Si vous le revoyez, ne le recevez point, ne le protégez point, ne me blâmez point, et songez que c'est le garçon du monde qui aime le moins à faner et qui est le plus indigne qu'on le traite bien.

Madame DE SÉVIGNÉ.

II

Madame de Sévigné à sa fille.

Il faut que je vous conte une petite historiette qui est très vraie et qui vous divertira. Le roi se mêle depuis peu de faire des vers; il fit, l'autre jour, un petit madrigal que lui-même ne trouva pas trop joli. Un matin, il dit au maréchal de Grammont : « Monsieur le maréchal, lisez, je vous prie, ce petit madrigal, et voyez si vous en avez jamais lu un plus impertinent; parce qu'on sait que depuis peu j'aime les vers, on m'en apporte de toutes les façons. »

Le maréchal, après l'avoir lu, dit au roi : « Sire, Votre Majesté juge divinement de toutes choses. Il est vrai que voilà le plus sot et le plus ridicule madrigal que j'aie jamais lu. » Le roi se mit à rire et lui dit : « N'est-il pas vrai que celui qui l'a fait est bien

fat? — Sire, il n'y a pas moyen de lui donner un autre nom. —
Eh bien! dit le roi, je suis ravi que vous m'ayez parlé si bonne-
ment; c'est moi qui l'ai fait. — Ah! sire! quelle trahison! Que
Votre Majesté me le rende; je l'ai lu brusquement... — Non,
monsieur le maréchal, les premiers sentiments sont toujours les
plus naturels. » Le roi a beaucoup ri de cette folie, et tout le
monde trouve que voilà la plus cruelle petite chose qu'on puisse
faire à un vieux courtisan.

III

Maurice de Guérin à sa sœur Eugénie.

Paris, 6 janvier 1832.

Pourquoi ce silence, toi qui devais me parler si souvent?
Quelque sinistre nouvelle se cache-t-elle derrière? Qu'est-ce enfin?
bonheur ou malheur, dis-le moi : le pire est de ne rien savoir.
Voilà un bon mois et demi que je suis ici et je n'ai reçu qu'une
lettre. Vous n'avez pourtant pas d'émeute là-bas. On ne ferme
point les barrières, on laisse passer les courriers : écrivez donc tant
et plus, lancez lettre sur lettre. Vous êtes quatre et je suis seul;
vous pouvez, sans beaucoup d'effort, me tenir en haleine.

Je gronde et je ne pense pas que l'année vient de commencer et
que je ne dois avoir au bout de la plume que compliments et douces
paroles. Ne trouves-tu pas étrange qu'on soit si gai à cette époque
qui raccourcit toujours notre courte vie, et qu'on se dise en riant
sous la forme d'un souhait : réjouissez-vous, vous avez une année
de moins à vivre? Autant vaudrait le lugubre memento des Frères
de la Trappe : « Frère, il faut mourir! »

Mon invincible attrait pour le sermon me mènerait je ne sais où,
si je ne m'arrêtais à temps. Pour ouvrir une autre période moins
désespérante, il faut que je te parle de ma vie, que j'étale à tes
yeux toute mon existence, que je retrace, trait pour trait, cet
étrange et bizarre arrangement de pensées, d'actions, d'événements qui font une vie d'homme. Oh! j'ai fait un grand progrès
cette année; je suis parvenu à dompter l'humeur vagabonde
de ma pensée, assez pour l'astreindre à un travail à peu près
régulier, et resserrer mon existence qui se dissipait dans un champ
sans limites. Aussi maintenant j'aborde intrépidement la journée

qui autrefois me pesait par son vide. Mon travail est plus sérieux, plus profond, plus suivi; je vais plus vite, parce que je marche d'un pas réglé. L'histoire, la philosophie religieuse, la Bible, et de la poésie pour résumer l'essence de tout cela, voilà mes études de prédilection. En dehors de cela, je fais de l'anglais, que je commence à lire assez bien, et puis enfin du droit, le dernier et le plus lourd de mes travaux : j'ai repris le code par pudeur, pour qu'il ne fût pas dit que j'ai reculé devant un livre, et encore je ne sais pas si dans quelque moment de dépit je ne le repousserai pas et pour toujours.

IV

Eugénie de Guérin à son frère Maurice.

Au Cayla, 22 janvier 1832.

Il est dimanche aujourd'hui, c'est le jour du repos, aussi je n'entends d'autre bruit que celui que fait ma plume sur le papier. Je pense à toi; tu n'es pas aussi tranquille dans ton grand Paris, excepté dans ta petite chambre, où tu retrouves le Cayla en beau. Quand j'ai vu hier le grand chêne du *Téoulet* couvert de givre, j'ai pensé au grand sapin de Maurice. Rien n'est plus gentil que ces arbres en toilette d'hiver, mais vive celle d'été! Quand on ne doit voir que des arbres, on les aime mieux verts que blancs. Pour toi qui vois tant de choses, un peu de neige n'est rien, et c'est pour ici un grand événement, surtout quand j'en faisais des boules; mais c'est depuis longtemps un plaisir perdu. L'hiver ne m'en donne d'autre que la douce chaleur du coin de feu : c'est le plaisir des vieux. Quelle distance de la poupée aux tisons! Et m'y voilà. Et puis viendront les lunettes, la canne et la tombée des dents, tristes étrennes du premier de l'an, car enfin les années nous font tous ces cadeaux. Aussi depuis que le temps ne m'apporte rien de doux, je renverrais volontiers ce premier de l'an comme un ennuyeux qui revient trop souvent. Comme tu dis, il est étrange qu'on soit si gai à cette époque. Que les enfants le soient, à la bonne heure, ils attrappent des bonbons; mais nous... Encore si je pouvais étrenner quelquefois à ma fantaisie...

J'ai une jolie étrenne pourtant, c'est ta lettre. Aucune ne m'a fait le plaisir de celle-là. Quand je te voyais plus que jamais errant et vagabond dans le pays du vide, c'est alors que tu m'apprends qu'enfermé dans ta chambre tu t'es astreint à un travail régulier : quel progrès tu as fait là, mon cher ami! Franchement je ne m'attendais pas à une conversion aussi prompte. Que Dieu la maintienne! Je te disais bien que vouloir c'est pouvoir. Tu as voulu et tu as pu, tu as pu même reprendre le code. Je suis bien contente de toi et de ton courage. N'es-tu pas bien payé de ton premier effort en voyant ce qu'il a produit?

« J'aborde maintenant intrépidement la journée. » C'est là le mot que tu m'as fait tant attendre, qui m'a fait tant prêcher. Rien ne me faisait plus de peine que de te voir si mal avec la vie. Tu vois comme elle est plus douce quand on sait la mener.

V

Louis Veuillot à sa sœur.

C'est parfait. Voyage, maison, accueil, pays, c'est parfait, c'est un charme. Après les premiers pleurs donnés à la séparation, tout a pris une couleur riante. Le soleil était charmant, le wagon bien composé : deux dormeurs, un liseur et rien entre les quatre coins. A Conches, mon affaire s'est un peu gâtée. Un homme roux, gros, en casquette d'or, a pris place dans mon coupé. *Faccia feroce al nemico*[1]! Il n'a pas osé m'attaquer jusqu'à Lyre, ce qui m'a donné le temps d'évacuer une trentaine de vers qui me tourmentaient depuis Evreux, et qui m'étaient nécessaires pour ma préface. A *Lyre* donc, j'ai remis la mienne dans l'étui, et j'ai humainement allumé un cigare à la pipe du gros homme roux. Il est entré en conversation sur ce signe. Je comptais causer de la pluie et du beau temps, mais je vis bientôt que le malheureux me connaissait et que j'étais perdu. Il se trouva brave homme et intelligent comme la droiture. Je lui fis un fort catéchisme qu'il écouta bien et qui dura jusqu'à Rugles, où il me quitta en m'exprimant son bonheur.

J'espérais que j'allais être seul et méditer jusqu'à Laigle sur la queue de Giboyer, car ce bon air et ces jolis paysages me mon-

---

[1] Face féroce à l'ennemi.

taient la tête et j'avais les esprits en mouvement. Voilà un paquet de graisse qui monte avec un air bête et des salutations de mauvais augure. Nous n'avions pas fait vingt tours de roue, qu'il me dit gauchement combien il se trouve heureux de voyager avec une sommité. *Monsieur, lui dis-je, je suis une sommité enfoncée. — Monsieur, me dit-il, ça n'y fait rien, et on est tout de même bien aise de...*

Il avait une sacoche au flanc, un chapeau d'homme, quelque moustache drôle, des gants louches, un habillement noir. Je ne pouvais pas lui mettre une profession sur la figure.

Qu'est-ce que vous faites dans ce monde? — Monsieur, je suis chirurgien. J'avais flairé quelque chose comme cela, mais il me restait des doutes.

Je lui demandai si l'air du pays était bon pour les plaies. Il me répondit qu'il était ce qu'on appelle chirurgien *dentaire*, qu'il soignait les plaies de la bouche, et il m'en nomma plusieurs; qu'il guérissait les cancers de la mâchoire et faisait l'ablation des os maxillaires, qu'il était répandu dans les châteaux, et il me nomma plusieurs comtesses et marquises, et même une duchesse, dans la bouche desquelles il entre comme chez lui.

« *Enfin,* lui dis-je, *vous arrachez les dents.* » Il me dit que la chirurgie de la bouche est une branche très importante de l'art, et qu'il a épousé la fille d'un médecin fameux, longtemps professeur au Caire, et qui a fait des ouvrages.

Il se répandit de là sur le mauvais esprit des peuples, sur leur ingratitude envers ceux qui les secourent; il me fit un bel éloge du clergé, qui fait cas non seulement du talent et des services, mais de l'homme; il dit plusieurs belles maximes sur l'Être suprême; mais il n'avoua pas qu'il arrache les dents. Cet orgueil mal placé me console d'être poète. Au moins j'ai l'humilité d'en convenir.

XII. — Les Lettres d'affaires.

La lettre d'affaires a pour but un intérêt matériel. Elle comprend tous les sujets mercantiles de l'industrie et du commerce. Elle est particulièrement difficile.

Tour à tour elle demande, conteste, approuve, fait accepter des refus et précise des observations. Elle est tantôt insinuante, tantôt menaçante. Elle cherche à gagner la confiance, à faire oublier des fautes, à excuser des erreurs.

Les commerçants en gardent la copie durant dix ans.

La première et la plus importante qualité d'une lettre d'affaires est la clarté, sans laquelle il pourrait se produire des erreurs graves, des préjudices sérieux. La précision est non moins utile. On doit supprimer les fleurs de rhétorique, les compliments exagérés, les détails oiseux, tout ce qui n'a pas directement trait à la question; en un mot, dire ce qui est nécessaire et rien de plus.

Un style clair, simple, précis, correct, poli, constitue la perfection de ce genre actuellement si recherché.

Peu de jeunes gens sont reconnus aptes à la *Correspondance commerciale,* parce que, durant leurs études, ils ont beaucoup trop négligé la composition française. Aussi, il n'est pas rare de trouver, dans certaines lettres de commerce, des expressions étranges, des phrases incorrectes comme celles-ci : *Je vous écris afin de vous faire savoir que d'après votre honorée. — Celle-ci est pour répondre à la vôtre...*

I

Fondation d'une maison de commission.

Lyon, 15 janvier 1907.

MONSIEUR,

J'ai l'honneur de porter à votre connaissance que je viens de fonder une maison de commission pour les *denrées coloniales.*

Employé pendant plus de quinze ans dans la maison X..., de Marseille, j'ai acquis, dans ce genre de commerce, une grande expérience, que je mets à votre entière disposition.

De plus, j'ai attaché à ma maison le nombre d'employés nécessaires pour que les intérêts de mes commettants ne restent jamais en souffrance.

Dans l'espoir d'être prochainement favorisé de vos ordres,

J'ai l'honneur d'être,
Monsieur,
Votre tout dévoué serviteur,
N...

Commissionnaire pour les *Denrées coloniales,* place de la Miséricorde, 4 (Lyon).

II

Madame Drohojowska à son intendant.

Je suis partie trop précipitamment, mon cher Justin, pour vous laisser des instructions verbales suffisantes, et je veux y suppléer par cette lettre :

1° Vous aurez soin que les clefs de la lingerie, de la fruiterie, de l'office et de la cave, que je vous ai confiées, ne vous quittent jamais.

2° Vous ne laisserez pas perdre l'habitude que j'ai donnée à la cuisinière de me rendre compte chaque jour, et tous les soirs vous compterez avec elle et inscrirez les dépenses, article par article.

3° Que tout le monde ait la messe le dimanche, et l'office du soir, autant que possible.

4° Vous veillerez à ce que, le vendredi matin, tous les restes des jours précédents soient distribués aux pauvres malades du village, afin que personne n'ait occasion de faire gras les jours maigres.

5° Vous aurez soin que l'argenterie soit comptée tous les soirs et montée dans votre chambre; que personne ne sorte ou ne rentre après que vous serez couché, et, à cet effet, vous vous ferez remettre les clefs des portes.

En outre de ces recommandations, qui portent sur des objets qui ne sont pas d'ordinaire dans vos attributions, il va sans dire, mon bon Justin, que vous continuerez vos fonctions avec le même soin et le même ordre que de coutume. Je suis persuadée qu'à mon retour, je n'aurai que des éloges à donner à votre bonne administration, car je connais et j'apprécie votre zèle et votre dévouement. En échange, vous saurez que toute ma confiance vous est acquise, ainsi que mon estime la plus affectueuse.

DROHOJOWSKA.

Il est rare qu'une lettre écrite à un parent, à un ami, ne renferme pas plusieurs genres. Au renouvellement de l'année, par exemple, le compliment placé au commencement ou à la fin de la lettre en est souvent la partie la plus courte. En faisant une demande, on raconte une histoire intéressante, on prie d'agréer des excuses, on proteste de ses sentiments d'amitié, etc., etc.

Pour que ces sortes de lettres soient bonnes, il faut se surveiller pour observer les préceptes relatifs à chaque genre, et ne point oublier de faire un alinéa à tous les changements de matière.

En terminant, résumons tout ce qui a été dit précédemment, en répétant le conseil de Mme de Sévigné à sa fille : *Ne quittez jamais le naturel, cela compose un style parfait.*

PLANCHE XXIII.   UNE RÉPRIMANDE

Remarquer la tenue défectueuse du jeune homme réprimandé : chapeau tenu à deux mains, genoux trop serrés, pieds en dedans, canne, attitude de la tête, manière de s'asseoir ..

QUATRIÈME PARTIE
SAVOIR-TRAVAILLER

CHAPITRE PREMIER
LE TRAVAIL INTELLECTUEL

I. — Sa nécessité.

A la sortie de l'école, une nouvelle vie s'ouvre devant l'enfant. Désormais il devra penser et agir par lui-même, défendre ses convictions et les faire respecter, unir une grande énergie à beaucoup d'intelligence et de savoir-faire. Son succès dans la carrière qu'il aura embrassée dépendra de ses qualités d'esprit et de cœur, qualités qu'il doit s'efforcer de perfectionner. C'est pourquoi le livre et le professeur lui sont encore nécessaires, même après la conquête de plusieurs titres ; certificat, brevet, baccalauréat, etc.

Si, au sortir des classes, un jeune homme renonçait au travail de la pensée, il se condamnerait à une grande médiocrité, pour ne pas dire à une nullité absolue. Que d'espérances trompées, que de carrières brisées, par suite du complet abandon des études !

> Qui dort est mort; agir c'est vivre.
> Malheur à qui s'endort quand Dieu fait le printemps!
> Malheur aux dormeurs de vingt ans!
>
> (P. Delaporte.)

Le travail est une nécessité, une loi de notre nature. Source de joies pour celui qui s'y soumet, cette loi devient, pour celui qui la viole, surtout au temps des ardeurs de la jeunesse, une cause de ruine.

L'homme qui ne travaille pas tombe, par une pente rapide, de la langueur dans l'ennui, et de l'ennui dans les désordres du cœur. (LACORDAIRE.)

Dans n'importe quelle profession, un jeune homme a toujours des heures non réclamées par les devoirs de son état. Ces heures libres l'exposent aux plus graves dangers. S'il n'a pas l'amour des livres, la passion du savoir, d'autres passions moins nobles viendront frapper à la porte de son cœur. Il se laissera entraîner par les plaisirs sensuels, auxquels il sacrifiera sa dignité, son honneur, sa vertu.

Si, au contraire, il est capable de goûter les joies pures de l'esprit, il échappera plus facilement à la séduction des sens, à ce qui déflore le cœur et paralyse l'intelligence. Il dédaignera les jouissances grossières, qui alourdissent l'âme et l'empêchent de s'élever vers le beau et le bien; il ne connaîtra ni les tourments de l'ennui, ni ceux de l'oisiveté.

<blockquote>
Dieu, vois-tu,
Fit naître du travail, que l'insensé repousse,
Deux filles : la vertu, qui fait la gaîté douce,
Et la gaîté, qui rend charmante la vertu.
</blockquote>

(V. HUGO.)

En fournissant un fonds inépuisable de distractions élevées, le travail intellectuel préserve non seulement des pièges que le désœuvrement tend à la vertu, mais il procure encore les plus nobles et les plus pures jouissances. Il raccourcit les jours et charme la vie.

<blockquote>
Celui qui, dans l'étude, a mis sa jouissance
Garde sa pureté, ses mœurs, son innocence;
Le miroir de sa vie est riant à ses yeux;
Les jours ne sont pour lui que des moments heureux.
. . . .
A couvert des frimas, quel charme inexprimable
De lire, de rêver, tranquille en son réduit,
Près du feu rayonnant qui brûle à petit bruit!
</blockquote>

Le soir, quand le silence occupe nos demeures,
Que seules de la nuit se répondent les heures,
Qu'on aime à prolonger le doux travail des jours !
Le temps fuit, l'airain sonne et l'on veille toujours ;
Et, dans la longue extase où se perd la pensée,
On ne se souvient plus de la nuit avancée.

(LEBRUN.)

Maurice de Guérin écrivait à sa sœur :

Tu sais, j'ai une chambre, une fort jolie chambre, où j'ai mon lit, mon feu et mes livres ; là, je puis travailler à mon aise, et longuement et silencieusement. Je m'enferme dans cette enceinte comme dans mon empire ; une fois ma porte fermée, le monde ne m'est plus rien ; je suis tout à moi, à mes pensées, à mes livres, et nul ne vient troubler le secret de ce sanctuaire.

Il a toujours été nécessaire d'étudier au sortir de l'école ; mais, de nos jours, où la vie publique a tant d'exigences, cette nécessité est plus impérieuse encore.

Partout on s'unit, on se groupe, on s'associe. Les *Amicales*, les *Mutualités*, les *Syndicats* surgissent de toutes parts. Et, dans toutes ces réunions, on parle, on discute, on discourt. Un jeune homme qui a reçu une certaine éducation ne peut rester étranger à ce vaste mouvement intellectuel, aux questions qui préoccupent actuellement un si grand nombre de bons esprits.

Or, au sortir de l'école, que sait-il sur toutes ces questions ? Rien ou presque rien. Il a donc besoin de les étudier, et pour cela d'entrer, quand il le peut, dans des cercles d'études où il trouvera tout à la fois une bibliothèque choisie, des conférenciers habiles, des directeurs dévoués.

Ce contact avec des hommes supérieurs, avec des intelligences d'élite élèvera ses pensées, ennoblira ses sentiments, orientera sa vie. Il se passionnera pour l'étude et il y consacrera avec plaisir tous ses moments libres.

Et bientôt il sentira le besoin de communiquer à d'autres le fruit de ses lectures et de ses méditations ; il exposera ses idées à l'auditoire qu'il aura choisi, et auquel il fera partager son désir de savoir et son amour du bien.

Heureux donc le jeune homme qui, au sortir d'une maison d'éducation, trouve un lieu de réunion : cercle d'études, conférence, patronage, où il pourra satisfaire son amour de l'étude, affermir ses convictions et contribuer pour une part, si faible soit-elle, à faire un peu de bien !

II. — Il faut savoir parler et écrire.

Dans n'importe quelle carrière, on a toujours besoin de savoir parler avec correction et même avec élégance. Comment défendre ses intérêts, faire prévaloir ses droits, si l'on est incapable de s'exprimer correctement, de rendre ses pensées avec clarté ?... Quelle influence exercera-t-on autour de soi si l'on ignore les règles du langage parlé et écrit ?

C'est par la parole et par la plume qu'on acquiert de l'influence et qu'on est puissant pour la cause du bien. (LOUIS VEUILLOT.)

Un jeune homme doit donc s'appliquer tout spécialement à se perfectionner dans l'art de parler et d'écrire. Pour cela, trois choses lui sont nécessaires : *lire des auteurs choisis; étudier des modèles et surtout composer.*

III. — De la lecture des auteurs choisis.

L'esprit, autant et plus que le corps, a besoin d'une nourriture saine et fortifiante, nourriture qu'il puise dans les pages de nos grands écrivains. *Il y a deux vies,* dit Lacordaire, *celle du corps et celle de l'âme. Si la première consiste à boire, à manger, à dormir; la seconde consiste à lire, à méditer, à relire et à méditer de nouveau.*

Une lecture attentive d'un bon livre féconde l'imagination, développe l'intelligence, apprend à penser, à réfléchir, et, par voie de conséquence, à parler et à écrire.

En nous mettant en relations avec les hommes les plus distingués de toutes les époques, la lecture nous communique leurs pensées, nous fait éprouver leurs sentiments, vivre en leur compagnie; elle nous passionne pour le vrai et nous fait aimer le bien.

Un bon livre est un ami qui nous distrait et nous délasse, nous instruit et nous rend meilleurs. Que de joies il procure! Que de chagrins il dissipe! Il nous reprend sans aigreur et nous encourage sans flatterie; il exerce sur notre esprit et sur notre cœur la plus salutaire influence.

La puissance du bon livre est la plus efficace qu'il y ait sur la terre: efficace pour illuminer, efficace pour consoler, efficace pour convertir non seulement un homme, mais un peuple, mais un siècle. (P. FÉLIX.)

Lors même qu'un jeune homme ne chercherait dans la lecture que le seul plaisir, on ne pourrait l'en blâmer; car il n'est pas de distraction plus profitable et plus honnête. Les autres délassements ne sont ni de tous les âges ni de toutes les conditions; mais celui de la lecture fait, tout à la fois, les délices de l'enfance et le charme de la vieillesse, l'agrément de la prospérité et la consolation de l'infortune.

C'est dans la lecture que je trouve un délassement pour mon esprit; c'est elle qui repose mon oreille fatiguée du tumulte du forum et des cris de la foule. Qui osera me blâmer de donner à l'étude des lettres le temps que d'autres consacrent aux fêtes, aux divertissements, au repos, aux festins, aux jeux de hasard. (CICÉRON.)

Ce sont les livres qui nous donnent les plus grands plaisirs, et les hommes qui nous causent les plus grandes douleurs.

Il faut aimer la lecture, mais ne jamais se permettre de lire les ouvrages, même bien écrits, qui flattent les passions.

Il est beau d'aimer la lecture;
C'est prendre un honnête plaisir;
De l'âme elle est la nourriture,
On ne saurait trop la choisir.

La lecture des romans, nuisible à tous, est particulièrement funeste aux enfants et aux jeunes gens. Elle gâte le
goût, exalte l'imagination, fausse le jugement et pervertit le
cœur. Elle est une des principales causes de notre décadence littéraire.

L'esprit, nourri d'idées creuses, chimériques, malsaines,
s'étiole et devient incapable d'un travail sérieux. Il s'éloigne
des grandes pensées et des vastes horizons; il était fait pour
vivre sur les sommets, et il se traîne dans des bas-fonds
souvent fangeux; il était fait pour voler, il ne sait plus que
ramper.

Le lecteur de romans vit dans un monde imaginaire, qui
n'a rien de commun avec la vie réelle. Il bâtit des châteaux
en Espagne, fait des projets fantastiques, absurdes, irréali-
sables. Poursuivant un idéal qu'il ne saurait atteindre, il
s'ennuie, souffre, se dégoûte et finit par trouver l'existence
insupportable. Que de morts, que de suicides, les mauvaises
lectures n'ont-elles pas causés !

Il est tel livre, dit le docteur Frédault, *dont les résultats
ont pu équivaloir à ceux d'une épidémie. Qui calculera
le nombre des jeunes gens victimes des mauvaises lectures !*

Un mauvais livre est un ennemi d'autant plus dangereux,
d'autant plus redoutable qu'il est mieux écrit.

Oh! qu'ils sont coupables les misérables qui se servent
de leurs talents pour ridiculiser la vertu, rendre le vice
aimable, tendre des pièges à la jeunesse et lui ravir son
innocence!

> Voltaire, le serpent, le doute, l'ironie,
> Voltaire est dans un coin de ta chambre bénie.
> Ce démon, noir milan, fond sur les cœurs pieux
> Et les brise; et souvent, sous ses griffes cruelles,
> Plume à plume, j'ai vu tomber les blanches ailes
> Qui font qu'une âme vole et s'enfuit vers les cieux.
>
> (Victor Hugo.)

Et Voltaire n'est malheureusement pas le seul auteur à
redouter; il y en a beaucoup d'autres, surtout à notre
époque.

La littérature tend à devenir une étrange exhibition d'infirmités et de plaies, d'autant plus goûtées qu'elles sont plus dégoûtantes. Partout pullulent des romans pervers, prétendues images d'un monde qui, s'il est tel qu'on le dit, ne mérite certainement pas d'être représenté.

> Oui, c'est la vérité; le théâtre et la presse
> Etalent aujourd'hui des spectacles hideux,
> Et c'est, en pleine rue, à se boucher les yeux.

(ALFRED DE MUSSET.)

Les ruses et les artifices des ennemis de l'Église, dit Léon XIII, *sont innombrables; mais, de tous ces périls, l'un des plus graves consiste dans la licence et l'intempérance avec lesquelles on écrit de mauvais livres et on les répand dans le monde chrétien.*

Aux paroles si autorisées du glorieux et regretté Pontife, ajoutons celles, non moins remarquables, de Victor Hugo:

> Hélas! si ta main chaste ouvrait ce livre infâme,
> Tu sentirais soudain Dieu mourir dans ton âme.

IV. — Comment il faut lire.

Il faut lire *peu et bien, lentement et avec réflexion,* la plume à la main.

Peu et bien. — Grâce à Dieu, les bons livres sont aujourd'hui nombreux; vouloir les lire tous serait se condamner à un travail aussi inutile qu'écrasant. Il faut savoir se borner, ce qui est rarement une vertu de jeunesse.

On ne doit lire que des ouvrages choisis, capables d'exciter la pensée et de la nourrir, des ouvrages qui sont depuis longtemps en possession des suffrages du public, et dont la réputation n'est point équivoque.

Si tu veux que la lecture laisse en toi des impressions durables, borne-toi à quelques auteurs d'un esprit sage, et nourris-toi de leur substance. (Auteur des *Paillettes d'Or.*)

L'écrivain le plus original séra celui qui aura lu souvent un petit nombre d'excellents livres et moins d'ouvrages médiocres.

Je crains l'homme d'un seul livre, disait un ancien.

Pendant dix-huit ans, saint François de Sales a fait du *Combat spirituel,* — un bien petit volume, — sa lecture de prédilection. De cette lecture longuement méditée est sortie l'admirable *Introduction à la Vie dévote,* une des plus belles œuvres de notre littérature morale.

Voltaire avait constamment sur sa table le *Petit Carême* de Massillon; et son disciple préféré, La Harpe, lisait chaque jour un chapitre de l'*Imitation de Jésus-Christ.*

Durant son exil, de Bonald n'avait que quatre volumes : l'*Esprit des lois* et le *Contrat social,* qu'il voulait combattre; les *Annales* de Tacite et l'*Histoire universelle* de Bossuet, où il puisait ses inspirations.

Lire lentement et avec réflexion. — La seconde condition d'une bonne lecture est de la faire lentement et avec réflexion.

Lire avec précipitation, voler d'une page à une autre, courir après des faits nouveaux, sans se donner le temps de réfléchir, c'est faire comme le papillon, qui voltige de fleur en fleur, et n'en rapporte aucun suc utile. Trop de jeunes gens lisent ainsi.

Les lectures rapides énervent les facultés, engendrent la confusion et ne laissent que de vagues souvenirs. Après quelques années, c'est à peine si l'on se rappelle le titre des ouvrages qu'on a lus trop précipitamment. *Les lectures dévorantes,* dit Montaigne, *forment des ânes savants.*

Lire, c'est choisir, puis recueillir; c'est examiner les pensées de l'auteur, les approuver ou les discuter, les rejeter ou se les assimiler, ce qui demande beaucoup d'attention. Une seule phrase, dont on se pénètre l'esprit et le cœur, vaut mieux, pour la formation personnelle, que des centaines de pages parcourues à la hâte, et dont on ne retient à peu près rien.

Ceux qui manient le mieux la parole et la plume ont

moins lu que médité sur leurs lectures. Balmès ne lisait qu'un petit nombre de pages à la fois ; puis, s'enveloppant la tête dans son manteau, il se livrait à une longue réflexion.

C'est en lisant lentement, en passant de la lecture à la méditation, qu'on fortifie ses facultés et qu'on les développe.

Le moyen le plus efficace pour obtenir ce résultat est, comme le conseille Mgr Dupanloup, *de lire la plume à la main,* de noter les pensées saillantes, les expressions particulièrement heureuses, les passages remarquables, de faire le résumé de l'ouvrage et d'en apprécier la valeur.

Pour profiter de vos lectures, lisez lentement, arrêtez-vous souvent, réfléchissez beaucoup, revenez plusieurs fois sur ce qui vous a paru le plus sublime, le plus profond ; résumez et analysez ce que vous avez lu ; recueillez vos impressions, faites des extraits, notez les pensées et les maximes les plus saillantes, et les lectures vous seront très profitables. (VERNIOLLES.)

En lisant ainsi, on s'assimile les pensées de l'auteur, on se forme le goût et l'on s'initie à une vie intellectuelle supérieure.

V. — De l'étude des modèles.

Les morceaux bien choisis et appris par cœur donnent le goût du beau. Débités avec art, ils sont un des plus agréables passe-temps des soirées, des réunions de famille ou d'amis.

Étudier de belles pages, c'est déposer dans le trésor de son esprit des pensées nobles et pures, qui se présenteront, comme d'elles-mêmes, pour rendre les conversations plus spirituelles, plus intéressantes, et les compositions littéraires plus faciles.

Il n'y a peut-être pas de moyen plus sûr, pour apprendre à penser, à parler et à écrire, que de mettre dans sa mémoire quelques pages choisies de nos meilleurs écrivains. (MARION.)

Une tête vide ne saurait être une tête bien faite ; c'est

pourquoi les enfants et les jeunes gens doivent s'imposer l'obligation d'apprendre par cœur les morceaux choisis de nos auteurs les plus estimés. Lamartine écrivait en 1810 : *Aujourd'hui, après dîner, j'ai appris toute la belle scène d'Iphigénie entre Agamemnon et Achille, et je la débite de mon mieux aux murs de ma chambre.*

Si, chaque jour, on étudiait seulement CINQ VERS, on en saurait dix-huit cents à la fin de l'année, et dix-huit mille au bout de dix ans. Quel précieux trésor !...

> Patience et longueur de temps
> Font plus que force ni que rage.

VI. — De la Composition.

La composition française est le travail par excellence; rien n'est capable de développer autant l'esprit et de procurer d'aussi nobles jouissances.

Pénible dans les débuts, elle devient ensuite captivante; il suffit d'avoir le courage de commencer. *Il y en a,* dit plaisamment le P. Gratry, *qui semblent ignorer cette vérité incontestable que, pour écrire, il faut prendre la plume, et que, tant qu'on ne la prend pas, on n'écrit jamais.*

Toute habitude se forme par des actions répétées. Voulez-vous être bon marcheur? marchez; bon forgeron? forgez. Voulez-vous savoir écrire? écrivez.

Il y a trois choses qu'un homme ne peut savoir sans un exercice assidu : parler correctement, raisonner juste et écrire avec élégance. (Saint THOMAS.)

Si, au sortir de l'école, un jeune homme s'imposait l'obligation d'écrire chaque jour *dix lignes,* il serait bientôt capable de composer avec clarté, correction et même élégance. La constance est presque toujours couronnée de succès.

Ce qui fait l'intelligence fertile, ce n'est pas le savoir, c'est le travail; ce qui fait la terre féconde, c'est la culture. (Charles ROZAN.)

LE TIMIDE ET LE SANS-GÊNE

Le timide s'assied sur le bord de sa chaise, baisse les yeux et ne sait que faire de ses mains. — Le sans-gêne écarte les jambes, met les coudes sur les genoux et son chapeau sur sa canne.

Écrire beaucoup, avoir souvent la plume à la main, s'exercer un peu chaque jour : voilà le point capital pour se former à l'art d'écrire.

Que faut-il écrire ? Le récit d'une promenade, d'un événement remarquable; le résumé, l'analyse, l'appréciation d'un ouvrage, d'une conférence, d'un discours; le développement d'une pensée lue ou entendue, ses impressions personnelles ou *son journal intime*.

Sous ce titre, les choses les plus ravissantes ont été écrites par d'illustres auteurs. Ozanam, Eugénie de Guérin, Ampère nous ont laissé des pages admirables, où l'on trouve exprimés, avec un rare talent, les plus belles pensées et les plus nobles sentiments : ce sont des modèles.

Le *journal intime* garde le souvenir des principaux événements de la famille et de la société où l'on vit. Il consigne les dates des jours de deuil et de joie, ainsi que les impressions journalières, qu'on relit plus tard avec une satisfaction souvent mêlée de surprise.

En écrivant ainsi chaque jour, on est naturellement porté à donner à sa pensée une certaine élévation; car on se lasse vite d'écrire des choses banales, de laisser tomber de sa plume des pensées qu'on n'oserait pas mettre sous le regard de sa mère.

Ce retour sur soi-même, ces confidences au papier donnent une légitime satisfaction au besoin d'expansion si naturel à la jeunesse, à ce besoin de dire ce que l'on pense et ce que l'on sent.

En fournissant des sujets variés de rédaction, le *journal intime* apprend à bien composer; c'est un des meilleurs et des plus agréables moyens pour se former à l'art d'écrire.

Ce moyen peut être conseillé sans crainte à tout jeune homme qui désire entretenir son activité intellectuelle, mettre de l'unité dans sa vie, suivre le développement de sa personnalité, augmenter en soi l'amour du vrai et du bien.

Au *journal intime* s'adjoint assez souvent le *cahier répertoire*, où l'on note tout ce qu'on trouve de remarquable dans ses lectures.

Les botanistes recueillent, dans de magnifiques herbiers, les plantes qu'ils vont chercher parfois bien loin et au prix de mille fatigues ; pourquoi n'en ferait-on pas autant des fleurs, autrement belles, que l'on trouve dans le champ si vaste de notre littérature ? Quand on le veut sincèrement, le temps ne fait pas défaut.

Le célèbre Gladstone, qui a porté si longtemps le poids des affaires publiques en Angleterre, trouvait, chaque jour, pour sa culture personnelle une ou plusieurs heures.

Il est incroyable combien une heure ou deux, données chaque jour à un travail, mènent loin au bout d'une année. (ROLLIN.)

Il ne faut pas se lasser d'écrire, ni s'impatienter si le résultat ne répond pas au premier effort. Le travail persévérant fait plus, pour le succès, que la facilité. D'abord on s'y prend mal, puis un peu mieux, puis bien, puis enfin il n'y manque rien.

Pour hâter ses progrès, il est bon de soumettre son travail à un censeur sévère, judicieux, éclairé. Ces conseils aideront puissamment à se corriger de défauts qu'on aperçoit difficilement soi-même.

CHAPITRE DEUXIÈME

LES ÉTUDES DU JEUNE HOMME

I. — La Géographie et l'Histoire.

Ces deux études si attrayantes s'éclairent et se complètent; elles ne doivent pas se séparer.

Les lectures géographiques et les récits de voyages ont toujours obtenu un succès considérable en librairie. L'homme est naturellement curieux, et le Français autant et plus que tout autre. Il aime à connaître les climats, les productions, les mœurs, les coutumes des différentes contrées qu'il est heureux de visiter, au moins par la pensée.

Colonisation, rapprochement des peuples, échanges économiques... fournissent des sujets de conversation et de conférence aussi variés qu'intéressants.

On se passionne facilement pour les études historiques, le récit des nobles actions, les exploits des héros, la description des mœurs et des coutumes anciennes.

Cette étude, pleine de charmes, produit les plus heureux fruits. Que de lumières, que d'expérience ne puise-t-on pas dans les annales des siècles !

L'histoire est la lumière des temps, la dépositaire des événements, le témoin de la vérité, la conseillère de la vie humaine. (CICÉRON.)

C'est par la connaissance des hommes et des institutions des temps passés, surtout de ceux qui nous ont immédiatement précédés, qu'on peut se rendre compte des besoins et des aspirations de notre époque.

Trop souvent, dans les classes, on se contente d'apprendre des faits, des traités, sans s'inquiéter de leur enchaînement, de leurs causes et de leurs conséquences.

Il est nécessaire de combler cette lacune, de lire des ouvrages qui permettent de découvrir le pourquoi des événements, d'en apprécier les résultats et de voir comment, *tout en respectant la liberté humaine, Dieu gouverne le monde et dirige les peuples vers un but digne de sa sagesse.* (BOSSUET.)

L'histoire apprend aussi à juger les hommes et, de ces jugements, à tirer des règles pratiques pour sa propre conduite. Elle présente une galerie de personnages d'une valeur bien différente : des saints et des héros, des tyrans et des traîtres; c'est, pour ainsi dire, un enseignement vivant de la morale et du progrès. *Par ses grands exemples, l'histoire fait servir les vices mêmes des méchants à l'instruction des bons.* (FÉNELON.)

II. — Les Sciences physiques et naturelles.

Le domaine des sciences appliquées, déjà si considérable, va sans cesse croissant.

Chaque jour les savants dérobent un secret à la nature, et les industriels, guidés par les ingénieurs, s'empressent de nous faire bénéficier des découvertes de la science.

Les conditions de la vie en sont améliorées, et le bien-être matériel devient de plus en plus accessible au grand nombre. Que n'en est-il ainsi des progrès intellectuels et moraux!

Dans des *revues* et des livres magnifiquement illustrés, d'habiles écrivains essaient de mettre à la portée de toutes les intelligences les plus remarquables et les plus importantes découvertes de l'esprit humain.

La *science* ainsi *vulgarisée* est pleine d'intérêt. Elle offre d'agréables lectures et des sujets nombreux de causeries ou de conférences. Elle fournit une foule de renseignements sur la vie pratique, sur les moyens de communication et de locomotion, sur l'importance et l'utilité des machines, sur les nombreuses transformations de la matière première.

L'homme peut transformer, mais non créer. La science, que l'on dit toute-puissante, n'a pas encore pu produire un brin d'herbe, ni anéantir un grain de sable. Depuis des siècles que les savants étudient la croissance de la tige, l'épanouissement de la fleur et le développement de la graine, ils n'ont pas même entrevu le principe vivifiant qui anime la plante et féconde le germe. Nous ne savons le tout de rien.

Les *manipulations chimiques* offrent à beaucoup de jeunes gens d'utiles et agréables distractions. Elles sont peu fatigantes et pleines d'attraits. Avec une *boîte de réactifs* et quelques accessoires, il est facile de faire d'intéressantes expériences de chimie générale ou industrielle, de reconnaître les falsifications, hélas! si fréquentes, des boissons, des substances alimentaires, et de la presque totalité des produits de l'industrie et du commerce.

Les *sciences naturelles*, si captivantes, sont aussi bien dignes d'occuper les loisirs d'un jeune homme intelligent. Quel plaisir n'éprouve-t-on pas à parcourir les montagnes et les plaines, les coteaux et les vallons, les prairies et les bois, pour compléter de riches collections d'entomologie, de minéralogie ou de botanique! Ces excursions, qui procurent un exercice salutaire et d'inoubliables distractions, sont autrement utiles à la santé, à la vertu, à la dignité morale, que le séjour dans les cafés, les théâtres, les brasseries, où tant de jeunes gens se perdent. *Tout ce qu'il y avait de bien en cela*, dit saint Augustin en parlant des coupables amusements de sa jeunesse, *c'est que ces faux plaisirs étaient des semences d'amertumes et de douleurs, qui me fatiguaient à n'en pouvoir plus.*

III. — Le Droit, le Commerce et l'Économie
sociale.

L'étude du droit est bien négligée, non seulement à l'école, mais en dehors de l'école, et cependant *nul n'est censé ignorer la loi.*

Beaucoup trop d'intéressés ne connaissent pas les obligations qu'imposent la vie civile et les règles de procédure auxquelles sont soumises les relations d'affaires ; de là, des procès nombreux et des pertes considérables de temps et d'argent.

Sans avoir la science du jurisconsulte, il serait bon de connaître les principaux droits et devoirs du citoyen, et, pour cela, de lire avec attention quelques ouvrages de droit usuel.

Le *commerce* acquiert chaque jour plus d'importance ; il embrasse le monde entier.

Ses procédés, ses règles, ses usages tendent à se modifier presque sans cesse, suivant les temps et les lieux.

Faire vite et bien : telle est la grande formule de notre époque de chemins de fer, d'automobiles et de téléphone.

Cette formule exige du négociant une grande activité, beaucoup d'ordre, et l'habitude des calculs et des combinaisons rapides.

Tout employé de commerce doit chercher à connaître les principaux droits et devoirs du négociant, ainsi que les moyens à prendre pour réussir dans une carrière qui offre actuellement tant de difficultés.

De nos jours la *science économique* préoccupe, et avec raison, beaucoup de bons esprits.

Elle est l'objet de nombreuses études, de bien des controverses et d'interminables discussions.

La protection, le libre échange, les relations entre le capital et le travail, entre les patrons et les ouvriers, les causes de décadence et de prospérité d'une nation, sont autant de problèmes qui appartiennent au vaste domaine des sciences économiques, et qu'il est nécessaire d'étudier.

Trop souvent, on se verra dans l'obligation de réfuter des pédants incapables qui, malgré d'absurdes solutions données à ces sortes de problèmes, n'en exercent pas moins une influence considérable sur les ignorants et les sots.

La science sociale conduit aux *œuvres sociales* : syndicats, mutualités, caisses de famille..., qui produisent un bien considérable qu'on ne saurait trop encourager.

IV. — La Philosophie.

La philosophie, — mot qui ne doit pas épouvanter[1], — embrasse et protège l'homme tout entier.

Elle apprend à connaître l'âme, sa nature, ses facultés, les conditions de leur activité et de leur développement, les moyens d'être bon et vertueux, de remplir sa destinée.

Elle apprend encore à penser, à raisonner, et, par voie de conséquence, à parler et à écrire.

Lorsqu'un jeune homme ne connaît pas suffisamment les lois du raisonnement, les conditions du vrai, il se défend difficilement contre les subtilités du sophisme; il est à la merci du tribun dangereux et du journal malfaisant. Il est comme un soldat sans armes, dans le conflit intellectuel qui fait rage autour de lui. Incapable de défendre sa foi, il est gravement exposé à être entraîné par les courants d'erreur et d'impiété.

La philosophie montre la nécessité d'agir avec indépendance, d'après des convictions déterminées; de se faire le défenseur du droit et de la justice, de tout ce qui est honnête, bon et vertueux. C'est le complément nécessaire de toute bonne éducation.

---

[1] « On considère la philosophie comme une science formant le couronnement des études; et voici qu'au contraire nous la présentons comme une science élémentaire, qui doit être enseignée dès le plus bas âge. » (RAMBAUD.)

*C'est la philosophie qui doit opérer comme une trans-
formation dans l'âme du jeune homme et faire prédomi-
ner la raison, la conscience, le devoir, la pensée de Dieu,
là où les impressions, l'imagination, les sens peut-être et
les passions naissantes dominaient...; en un mot, le rendre
plus homme.* (Mgr DUPANLOUP.)

V. — La Religion.

La science religieuse, qui a pour objet l'étude des grandes
questions sur Dieu, l'âme et ses destinées, est, sans contredit, la plus importante de toutes. Quel est l'homme sérieux
qui, même au milieu des plus grandes préoccupations de la
vie, ne se demande d'où il vient, où il va, ce qu'il deviendra
après la mort?

Toutes ces questions sont du domaine de la science religieuse, qui doit être mieux étudiée aujourd'hui qu'à toute
autre époque.

Jamais il ne fut plus nécessaire, à l'élève de l'école chrétienne ou du collège catholique, de raisonner sa foi, d'en
connaître les légitimes prescriptions et d'en apprécier les
immenses bienfaits.

L'étude de la Religion s'impose d'autant plus, qu'elle rencontre actuellement un plus grand nombre de contradicteurs, et dans les milieux les plus différents.

Les uns se disent matérialistes, et les autres n'acceptent
aucune autorité religieuse : ils sont *libres penseurs.*

Sans doute l'homme est libre; mais il n'est pas indépen-
dant. Créé par Dieu, racheté par Notre-Seigneur Jésus-
Christ, sanctifié par l'Esprit-Saint, protégé par une Provi-
dence d'une bonté infinie, il doit à Dieu, son maître absolu,
une parfaite soumission et un amour sans limites.... L'autorité divine a sur lui une action souveraine : elle commande
à ses actes extérieurs comme à ses pensées les plus secrètes;
elle le poursuit et l'atteint jusque dans les derniers replis
de sa conscience.

Au roi comme au berger, au savant comme à l'ignorant, à tous, elle impose des obligations qu'il est nécessaire de connaître et de pratiquer, sans quoi on s'expose à de cruels remords et à d'éternels châtiments.

Aussi, de tout temps, les hommes véritablement supérieurs ont-ils fait de la Religion leur étude de prédilection, et lui ont-ils donné la première place dans leurs travaux.

Mon fils, disait Platon, *ce que tu regardes comme de nulle conséquence est ce qu'il y a de plus important : je veux dire, d'avoir sur la divinité des idées justes.*

Au XVIIe siècle, la théologie était le couronnement nécessaire des études, et l'on ne voit pas que Pascal, Condé, Boileau, Racine.... en aient été amoindris : bien au contraire.

La figure de ce monde passe, écrivait l'illustre Ampère dans une de ses méditations; *si tu te nourris de ses vanités, tu passeras comme elle. Mon Dieu! que sont toutes ces sciences, tous ces raisonnements, toutes ces découvertes du genre de celles que le monde admire et dont la curiosité se repait si avidement? En vérité, rien que de pures vanités. Étudie les choses de ce monde, c'est le devoir de ton état, mais ne les regarde que d'un œil; que l'autre soit constamment fixé sur la lumière éternelle.*

Déceptions, amertumes, tristesses, douleurs, tel est le résumé de la vie, même la plus heureuse.

Seule la Religion, qui a pour objet notre félicité dans l'autre vie, est capable de nous consoler dans nos peines et de nous faire goûter, ici-bas, un peu de ce bonheur dont nous sommes si avides.

Vous aimez la joie, le repos, le plaisir; j'ai goûté de tout : il n'y a de joie, de repos et de plaisir qu'à servir Dieu. (Mme DE MAINTENON.)

L'étude de la Religion est puissamment aidée par la pratique des devoirs qu'elle impose. Le jeune homme qui fréquente assidûment les sacrements se préserve de la corruption du cœur, qui amène presque toujours l'aveuglement de l'esprit.

C'est en puisant, comme saint Thomas, un amour plus

généreux dans les plaies sacrées de Jésus qu'on obtient une foi plus vive, plus ardente, une plus claire intelligence des choses de Dieu.

C'est peu de croire en toi, bonté, beauté suprême!
Je te cherche partout, j'aspire à toi, je t'aime!

(LAMARTINE.)

Ces études, ou d'autres semblables, procureront les plus délicates jouissances au jeune homme qui s'y adonnera; elles le préserveront des tourments inséparables de toute existence oisive. *La paresse verse sur l'homme des maux incalculables; elle blesse son enfance, flétrit sa jeunesse, brise sa virilité, et attache à toutes ses puissances la honte de la stérilité.* (P. FÉLIX.)

Pour triompher de cette ennemie de toute grandeur intellectuelle et morale, il faut soumettre sa vie à un règlement, savoir prononcer ce mot magique : JE VEUX.

Je veux, c'est le mot le plus rare qui soit au monde, quoique le plus fréquemment usurpé! Mais, quand un homme en a le secret terrible, qu'il soit pauvre aujourd'hui et le dernier de tous, soyez sûrs qu'un jour vous le trouverez plus haut que vous. (LACORDAIRE.)

Si, au sortir de l'école, un jeune homme, armé d'une volonté forte et suivie, méprise les plaisirs grossiers des sens et s'attache à ceux de l'esprit; s'il craint l'oisiveté et met son bonheur dans l'étude; il acquerra, en peu de temps, une supériorité marquée sur tous ses camarades. Il se passionnera pour les grandes pensées, les nobles actions; et sa vie, heureuse et féconde, s'illuminera d'honneur et de vertu.

CHAPITRE TROISIÈME

LA BIBLIOTHÈQUE D'UN JEUNE HOMME

I. — Comment elle doit être composée.

1° Nous n'avons pas la prétention de présenter ici un catalogue complet et raisonné de tous les ouvrages utiles à un jeune homme soucieux de cultiver son intelligence. Notre but est simplement de signaler quelques œuvres excellentes, entre lesquelles le lecteur aura vite fait de choisir les volumes en rapport avec sa tournure d'esprit et ses ressources financières.

2° Nous ne mentionnons pas les ouvrages fondamentaux sur la Doctrine chrétienne et l'Histoire de l'Église. On n'a que l'embarras du choix. Et nous savons, d'ailleurs, qu'un homme en quête de vérité trouvera facilement pour le guider un conseiller judicieux.

Une *Vie de Notre-Seigneur Jésus-Christ*, une *bonne traduction des Évangiles*, une *Imitation de Jésus-Christ*, un *Catéchisme développé*, un *Manuel d'Histoire ecclésiastique*, doivent se trouver entre toutes les mains.

Il en est de même de certains classiques français auxquels un esprit cultivé revient toujours avec plaisir : les *Sermons* et les *Oraisons funèbres de Bossuet*, les *Fables de La Fontaine*, les *Caractères de La Bruyère*, les *Tragédies de Corneille et de Racine* et certaines *Comédies de Molière*, autant de chefs-d'œuvre dans lesquels éclate le génie de notre langue.

3° Les ouvrages que nous signalons, au hasard de nos souvenirs, n'ont pas la même valeur; mais ils seront d'un grand secours pour l'acquisition de ces connaissances variées qui contribuent, pour une si large part, au bonheur et à l'ornement d'un foyer.

Nous avons cité de préférence les œuvres modernes, non pour

discréditer les anciennes, mais parce que les chefs-d'œuvre des siècles passés, bien que plus connus, sont peut-être moins accessibles à la masse que les travaux qui portent l'empreinte de notre temps.

4° Nous avons distribué ces divers ouvrages en deux groupes, suivant qu'ils sont *instructifs* ou simplement *intéressants*.

a) Les *livres instructifs*, qui nous ont à bon droit retenu davantage, forment eux-mêmes six catégories : *Religion et Piété — Philosophie — Histoire et Biographie — Géographie et Voyages — Littérature — Sciences et Beaux-Arts.*
Ce n'est pas à dire que ces divisions soient nettement tranchées : il est certains ouvrages historiques qui sont des chefs-d'œuvre de littérature; d'autres, renommés pour leur mérite littéraire, furent composées surtout dans un but scientifique. Mais il fallait classer : nous l'avons fait de notre mieux.

b) Les *livres intéressants* foisonnent; l'essentiel est de les bien choisir. Les bibliothèques paroissiales offrent aux abonnés toute facilité pour satisfaire leurs goûts. Si, d'ordinaire, ces livres peuvent être mis entre toutes les mains sans aucun péril moral, ils ne contribuent pas tous également à l'éducation de l'esprit et à la formation du goût; il est nécessaire de faire un bon choix.

II. — Livres de Religion et de Piété [1].

Cours d'Instruction religieuse par un professeur de Séminaire, 10 vol. in-8°, contenant quatre parties :

1° Doctrine chrétienne, 3 vol.
2° Apologétique chrétienne, 3 vol.
3° Histoire de la Religion, 2 vol.
4° Histoire de l'Église, 2 vol.

Le libéralisme (Mgr de Ségur).
Cours abrégé de Religion (P. Schouppe).
L'Art de croire (A. Nicolas).
Études philosophiques sur le christianisme (A. Nicolas), 4 vol.

[1] Quelques lignes sont laissées en blanc, après chaque paragraphe, afin que le jeune homme puisse compléter lui-même cette liste, après avoir demandé conseil à ses professeurs ou à d'autres personnes sages et éclairées.

Instructions familières (Mgr de Ségur).
La Foi et ses Victoires (Mgr Baunard).
Heures sérieuses du Jeune Homme (Ch. de Sainte-Foy).
Un siècle de l'Église de France (Mgr Baunard).
Espérances chrétiennes (Cochin).
Génie du Christianisme (Chateaubriand).
Conférences du P. Lacordaire.
Conférences du P. Félix, 6 vol.
Conférences du P. Monsabré.
La Persévérance (Heinrich).
Lettres de Lacordaire.
Lettres d'Henri Perreyve.
Lettres à un jeune homme sur la Piété (E. de Margerie).
Journée des Malades (H. Perreyve).
Jeune homme chrétien (Hervé-Bazin).
Les Libres Penseurs (L. Veuillot).
Causeries sur le protestantisme (Mgr de Ségur).
Lettres à un jeune bachelier sur les objections modernes contre
    la religion (Léon Désirs).
Science et Religion (collection Bloud et Cie).
Cours d'apologétique chrétienne (P. Devivier).

III. — Philosophie.

Cours de Philosophie (Chabin).
Cours de Philosophie (F. J.).
Cours de Philosophie (abbé Durand).
L'Art d'arriver au vrai (Balmès).
Mélanges philosophiques (Balmès).
Le Prix de la Vie (Ollé-Laprune).
La Certitude morale (Ollé-Laprune).
Caractères de La Bruyère.
Pensées de Joubert, 2 vol.
Philosophie (abbé Rambaud).
Le cerveau, l'âme et ses facultés (Farge).
Méthodologie de l'Enseignement de la Philosophie (F. J.).
La science de la vie (L. Penasson).

10*

IV. — Histoire.

a) — *Histoire de l'Église.*

Discours sur l'Histoire universelle (Bossuet).
Vie de Notre-Seigneur (Mgr Le Camus).
Vie de Notre-Seigneur (Père Berthe).
Vie de Jésus (Fouard).
L'Apôtre saint Pierre (Fouard).
L'Apôtre saint Paul (Fouard).
L'Apôtre saint Jean (Mgr Baunard).
Sainte Madeleine (P. Lacordaire).
Les Moines d'Occident (Montalembert).
Sainte Élisabeth de Hongrie (Montalembert), 2 vol.
Saint Louis et son Siècle (Wallon).
Jeanne d'Arc (M. Sepet).
Saint François de Sales (A. Gabourd).
Saint Jean-Baptiste de la Salle (J. Guibert).
Sainte Chantal (Mgr Bougaud).
Histoire de Pie VII (Arthaud).
Pie IX (J.-M. Villefranche).
Léon XIII (Mgr Baunard).
Notre-Dame de Lourdes (H. Lasserre).
Les Saints : collection publiée sous la direction de M. Henri Joly.

b) — *Histoire profane.*

Origines de la France contemporaine (Taine).
Origines de la civilisation moderne (G. Kurth).
Histoire du second Empire (de la Gorce).
Récits algériens (capitaine Perret).
Récits de Crimée (capitaine Perret).
Mémoires du général de Marbot.
Mémoires du général de Barail.
Marie-Antoinette et sa famille (de Lescure).
Histoire de la Monarchie de Juillet (Thureau-Dangin).

Histoire de la prise d'Alger et de la conquête de l'Algérie (Rousset, 2 vol.).
Souvenirs de la Restauration (Nettement).
La Terreur (Wallon).
Vie des grands capitaines français (Mazas).
Histoire de la Révolution et de l'Empire (Gabourd).
Considérations sur la France (de Maistre).
Récits militaires (général Ambert), 4 vol.
Le Pape (de Maistre).
Grandes journées de la Révolution (Vᵗᵉ Walsh).

c) — *Biographies.*

Christophe Colomb (Roselly de Lorgues).
Berryer (Lecanuet).
Montalembert (Lecanuet).
Ozanam (par son frère).
Ampère (M. Valson).
Louis Veuillot (E. Veuillot).
Lacordaire (P. Chocarne).
O'Connell (La Faye).
Général de Sonis (Mᵍʳ Baunard).
Amiral Courbet (La Faye).
Garcia Moreno (R. P. Berthe).
Dom Bosco (J. M. Villefranche).
Père Chevrier (J.-M. Villefranche).
Pasteur (par divers auteurs).
Journal de Firmin Suc.
Victor de Laprade (J. Condamin).
Mᵍʳ Pie (Mᵍʳ Baunard).
Maréchal de Turenne.
Figures de soldat (Chérot).
Par la parole (Valsayre).
Le Père Gratry (Mᵍʳ Perraud).
Mᵍʳ de Cheverus (Hamon).
Le R. P. de Ravignan (Ponlevoy).
Henri Perreyve (P. Gratry).
Mères illustres (de Lescure).

Auguste Marceau (R. P. Mayet).
L'Enseigne de vaisseau Paul Henry (René Bazin).
Georges Bellanger (abbé Anizau).
La Jeunesse catholique au xixᵉ siècle (abbé Rouzic).
Les Contemporains (Publication périodique de la *Bonne Presse,*
    rue François-1ᵉʳ, 8, Paris).

V. — Géographie et Voyages.

Australie (Beauvoir).
Voyage de la corvette *la Bayonnaise* dans les mers de Chine
    (Jurien de la Gravière).
Au pays des turbans (Baudot).
Pékin. — Histoire et Description (Mᵍʳ Favier).
Madagascar. Sa description, ses habitants (Piolet).
Sept ans en Afrique occidentale (Bouche).
Au pays du Soleil (Fournel).
Pèlerinages en Suisse (Veuillot).
L'Empire chinois (P. Huc).
Expédition de Chine 1900 (Colonel de Pélacot).
Marins et Missionnaires (P. de Salinis).
Voyage en Mandchourie et au Thibet (PP. Huc et Gabet).
Les États-Unis (X. Marmier).
Le Canada (X. Marmier).
Les Missions catholiques (publication hebdomadaire).

VI. — Littérature.

Le Goût en littérature (par l'auteur des *Paillettes d'Or*).
Histoire de la Littérature (Nisard), 4 vol.
XVIIᵉ, XVIIIᵉ et XIXᵉ siècles (Faguet), 3 vol.
Histoire de la Littérature (Brunetière), 1 vol.
Histoire de la Littérature (Longhaye), 4 vol.
Les Critiques contemporains (Chauvin et Le Bidois), 2 vol.

Morceaux choisis des xvie, xviie, xviiie, xixe siècles (Godefroy),
4 vol.

Études et Causeries littéraires (Delaporte).

XIXe siècle. Esquisses littéraires (Longhaye).

Lettres de Mme Sévigné.

Voyage autour de ma chambre (X. de Maistre).

Salons d'autrefois (Bassanville).

Poètes franciscains en Italie (Ozanam).

Mélanges de Louis Veuillot (collection importante et chère).

Çà et là (L. Veuillot), 2 vol.

Les Libres Penseurs (L. Veuillot).

Parfums de Rome (L. Veuillot), 1 vol.

Rome et Lorette (L. Veuillot), 2 vol.

Correspondance (L. Veuillot), 6 vol.

Historiettes et Fantaisies (L. Veuillot), 1 vol.

Agnès de Lauvens (L. Veuillot), 1 vol.

La bonne Souffrance (F. Coppée).

Dans la Prière et dans la Lutte (F. Coppée).

Le Livre d'un père (V. de Laprade).

Pernette (V. de Laprade).

Le Livre de ma mère (Lamartine).

Le Livre des enfants (V. Hugo).

VII. — Sciences et Arts.

Manuel d'Archéologie (Mallet), 2 vol.

Cathédrales de France (Bourassé).

Raphaël et son œuvre (E. Müntz).

Les Cent chefs-d'œuvre de l'Art religieux.

Collection Quantin (in-18), 1 vol. sur chaque spécialité.

Réflexions et menus Propos d'un peintre genevois.

L'Art chrétien (Cartier).

L'Art gothique (Gonse).

Un Siècle, mouvement du monde, de 1800 à 1900.

L'Électricité à la portée de tout le monde (A. Georges).

Le Globe terrestre (Lapparent).

Bibliothèque agricole (*Bonne Presse*).

Précis de Législature rurale (Rivet).

La Démocratie et ses Conditions morales (Usset).

Premiers principes d'économie politique.
Traité d'Astronomie pour les gens du monde (Petit).
Les Étoiles (P. Secchi).
Entretiens familiers sur l'hygiène (Fonssagrives).
Hygiène pour tous (Surbled).
Économie sociale et politique (abbé Rambaud).

VIII. — Quelques autres livres intéressants.

Voyages en zig-zag (Toppfer).
Nouvelles genevoises (Toppfer).
Les Contes du lundi (A. Daudet).
Le Petit Chose (A. Daudet).
Tartarin de Tarascon (A. Daudet).
Tartarin sur les Alpes (A. Daudet).
Lettres de mon moulin (A. Daudet).
Lisez-moi ça (Pierre l'Ermite).
Et ça? (Pierre l'Ermite).
Restez chez vous (Pierre l'Ermite).
La grande Amie (Pierre l'Ermite).
Le Soc (Pierre l'Ermite).
Un Lys dans la neige (V. Tissot).
Le Pays des Glaces (V. Tissot).
Franc-maçon de la Vierge (*Bonne Presse*).
Trois Vierges noires de l'Afrique (*Bonne Presse*).
Histoire d'un petit Homme.
Le Livre de mon ami (G. Elliot).
Souvenirs de Tolstoï (G. Elliot).
La Terre qui meurt (R. Bazin).
La Tache d'encre (R. Bazin).
Les Oberlé (R. Bazin).
Tristesses et Sourires (G. Droz).
Paquet de Lettres (G. Droz).
Pages catholiques de Huysmans (M. Meunier).
En Pénitence chez les Jésuites (Paul Ker).

APPENDICE

BOISSONS HYGIÉNIQUES

I. — Le Vin.

Les boissons hygiéniques sont : le *vin*, la *bière*, le *cidre* et surtout l'*eau de source*, la meilleure de toutes les boissons.

Le vin est un liquide utile et agréable, qui relève et stimule les forces. Il ne nourrit pas ; c'est un excitant de courte durée. Il doit probablement cette propriété à son alcool, dont les effets sont heureusement modifiés par le tanin contenu dans le pépin, la pellicule et la rafle ; par les sels de potasse, de soude... et par les huiles essentielles qui constituent le bouquet.

Les vins trop alcooliques sont nuisibles à la santé. Lorsqu'ils ont plus de 8 degrés, loin de favoriser la digestion, ils la ralentissent, et, à 15 degrés, ils l'empêchent presque complètement. Il faut boire modérément durant les repas, commencer par les boissons les moins alcooliques, par l'eau rougie, et terminer par celles qui le sont davantage. Dans un dîner de famille, on prendra, par exemple, deux verres de vin coupé d'un bon tiers d'eau, et, au dessert, un petit verre à bordeaux de vin pur. Jamais de liqueur.

Pris modérément, le vin facilite la digestion, entretient la santé, donne de la vigueur aux convalescents et aux personnes épuisées par le travail, l'âge ou les maladies.

Utile à certaines constitutions, il est nuisible à d'autres. Stimulant précieux pour un tempérament mou, lymphatique, scrofuleux, il devient dangereux pour les personnes facilement *congestionnées*, pour celles qui ont des *mouvements convulsifs*, qui sont atteintes ou menacées des *maladies de l'estomac*, *du foie*, *des reins* et pour toutes celles qui sont portées aux passions violentes : colère, haine, impureté.

Il faut en user avec modération et ne pas oublier que, pris en excès, il produit l'alcoolisme et ses funestes effets. On ne doit jamais en boire à jeun.

À Rome, la loi défendait le vin aux femmes, et ne le permettait aux hommes qu'à l'âge de trente ans. Ces prescriptions étaient fort sages et parfaitement conformes aux règles de l'hygiène moderne.

II. — La Bière et le Cidre.

La bière, non falsifiée, est une boisson tonique, rafraîchissante et nutritive; mais elle ne mérite cependant pas le nom de *pain liquide* qu'un amateur lui a donné. Elle contient de 4 à 5 p. 100 d'alcool. Quand on en abuse, elle provoque l'obésité et énerve les facultés intellectuelles.

Le cidre est du jus de pomme fermenté. Il est peu alcoolique; celui de Normandie dépasse rarement 3 degrés. Il ne convient pas à certains estomacs.

III. — Le Café et le Thé.

Le café et le thé sont deux excitants, dont il ne faut pas abuser. Ils favorisent la digestion et le travail intellectuel.

Pris immodérément et surtout à jeun, le café produit l'amaigrissement, la perte des forces et cause des troubles nerveux graves. *Les parents doivent l'interdire à leurs enfants, s'ils ne veulent pas avoir de petites machines sèches, rabougries et vieilles à vingt ans.* (BRILLAT-SAVARIN.)

IV. — L'Eau.

La meilleure et la plus hygiénique de toutes les boissons est, sans contestation, l'eau de source, qui est fraîche, limpide, sans odeur et d'une saveur agréable. Elle ne contient ni microbes, ni matières organiques. L'illustre Pasteur ne cessait de la recommander.

Pour servir à l'alimentation, les eaux de puits ou de rivières doivent être bouillies ou filtrées; car on y trouve assez souvent les germes des maladies contagieuses, en particulier de la fièvre typhoïde.

La plus mauvaise eau vaut mieux que le meilleur vin, a dit un célèbre médecin. Cela paraît excessif ; cependant, il est incontestable que l'eau favorise la santé et prolonge la vie. *Les buveurs d'eau ont meilleur appétit et meilleure santé ; ils vivent plus longtemps.* (Docteur Hoffmann.)

Dans le gouvernement de Kazan (Russie), la mortalité, parmi les Tartares mahométans, est de 29 p. 100, tandis que, parmi les Russes, elle est de 40 p. 100. Les conditions de la vie sont les mêmes pour les Russes et les musulmans ; seulement ces derniers ne boivent pas de vin.

Quelques compagnies anglaises d'*Assurances sur la vie* accordent une importante réduction de prime (15 p. 100) à tous les buveurs d'eau. Elles ont constaté que, sur 1 000 assurés *buveurs d'eau*, 590 atteignent soixante ans ; et que sur le même nombre d'assurés qui prennent du vin, 453 seulement arrivent à cet âge.

L'ALCOOLISME.

I. — Ses dangers.

Un savant, J.-B. Dumas, dans une remarquable conférence, demande qu'on fasse appel *à la religion, aux lumières de la science, aux dévouements de la charité, aux prévoyances de la raison d'État, pour combattre le terrible fléau de l'alcoolisme, qui cause de si graves misères physiques et morales et qui pourrait, en peu de temps, amener la ruine de notre chère patrie.* (Discours à la Société de Tempérance.)

L'alcoolisme est un empoisonnement lent, qui trouble profondément l'organisme, diminue les forces physiques, intellectuelles, morales, et conduit fatalement à la folie ou à la mort.

C'est le plus terrible fléau qui ait jamais menacé le monde. *A lui seul*, disait l'illustre Gladstone, *il fait plus de mal que la guerre, la peste et la famine.*

On devient alcoolique, non seulement par l'ivresse répétée, mais encore en buvant, même à petites doses, des apéritifs ou des liqueurs.

L'alcool est un liquide volatil, qu'on obtient par la fermentation et la distillation des substances sucrées, féculentes ou amylacées. Le vin produit l'eau-de-vie; la mélasse, le rhum; le genévrier, le blé, le seigle, l'orge, le maïs, l'avoine, les pommes de terre, les vieux chiffons.... donnent des *alcools dits d'industrie.*

Tous ces alcools sont des poisons, mais à des degrés divers. Ceux de l'industrie sont beaucoup plus toxiques que les autres. Ils ont généralement un mauvais goût, qu'on dissimule en les convertissant en liqueurs ou en apéritifs, à l'aide d'essences, qui sont elles-mêmes des poisons énergiques.

L'essence d'absinthe est tellement toxique qu'un seul gramme, injecté dans les veines d'un cheval, lui donne immédiatement une crise d'épilepsie.

Pendant longtemps, l'alcool a joui d'une réputation surfaite, imméritée. On le considérait comme une panacée universelle, capable de guérir tous les maux de l'esprit et du corps. De là, le nom d'eau-de-vie; il vaudrait mieux l'appeler *eau de mort*.

L'alcool est loin d'avoir les propriétés que les préjugés populaires et une *fausse science* lui ont attribuées jadis et que la passion lui prête encore. *Il ne nourrit pas, il ne réchauffe pas, il excite un instant pour plonger ensuite dans une grande prostration.*

II. — L'alcool ne nourrit pas et ne réchauffe pas.

Dix centimes de pain contiennent 90 fois plus de nourriture que dix centimes de vin, et 437 fois plus que dix centimes de cognac.

La bière est la plus nourrissante des boissons fermentées, et cependant un kilogramme de pain renferme plus de substances alimentaires que 12 litres de bière et coûte 30 fois moins.

Ce qui porte à croire que l'alcool nourrit, c'est qu'il surexcite le système nerveux, et qu'au lieu de favoriser la digestion il la ralentit.

Après un ou deux petits verres, le pouls s'accélère et le cœur bat avec plus de force. Le visage se colore, les joues deviennent pourpres, le sang se porte à la peau, la surface du corps s'échauffe et transmet la chaleur à l'air ambiant, ce qui refroidit. Aussi, il n'est pas rare qu'en hiver, au sortir du cabaret, des ivrognes soient saisis par le froid et atteints de congestions mortelles.

Plus il fait froid, plus il faut s'abstenir de prendre des liqueurs; elles n'échauffent un instant que pour refroidir ensuite davantage.

Le célèbre navire *le Fram* fit, en 1898, un voyage aux régions polaires. Le médecin du bord ne permit pas d'embarquer une seule goutte d'alcool sur le vaisseau, et c'est la première expédition de ce genre d'où les hommes soient tous revenus sains et saufs.

III. — L'alcool excite, puis stupéfie.

L'alcool est un excitant dont il ne faut pas abuser. C'est au médecin à dire quand et comment il faut user de ce remède, qui n'est pas sans danger.

Le corps humain est une machine admirablement organisée, mais très délicate. Elle demande beaucoup de ménagements : trop ébranler son système nerveux expose à de graves maladies.

Un cheval lourdement chargé gravit péniblement une côte. Vous lui donnez un vigoureux coup de fouet ; l'animal surexcité accélère sa marche, qu'il ne tarde pas à ralentir. Si vous lui donnez un second, un troisième, un quatrième coup de fouet, la pauvre bête finira par succomber. Mieux aurait valu la faire reposer et lui donner un peu d'avoine. Une bonne, une saine alimentation est préférable à tous les excitants, à tous les coups de fouet.

D'ailleurs, la surexcitation produite par l'alcool est de très courte durée ; elle est suivie, presque immédiatement, d'une grande prostration, comme on peut le constater dans les scènes, hélas ! trop fréquentes de cabarets.

Après les premières rasades, les physionomies se dérident, les traits s'épanouissent, les langues se délient ; on parle gaiement et presque spirituellement. A mesure que les bouteilles se vident, on devient plus communicatif ; on cause avec volubilité et l'on chante de gais refrains.

Puis la surexcitation augmente ; on chante, on crie, on se querelle ou l'on s'embrasse. Tous parlent, et personne n'écoute.

Le calme se fait alors peu à peu. La tête s'alourdit, la langue s'épaissit, les jambes chancellent, le verre tombe des mains, on éprouve le besoin de vomir et l'on s'endort d'un profond sommeil sur la table ou *dessous*. A la surexcitation, succède un complet abrutissement.

Lorsque Noé eut planté la vigne, dit un conte arabe, Satan vint l'arroser avec le sang de différents animaux et finalement avec celui d'un porc. Voilà pourquoi celui qui abuse de la perfide liqueur finit par devenir semblable à l'animal immonde, qui s'étend, se vautre et s'endort.

L'alcool est un poison, et cependant il règne partout en souverain. Il s'en va, sous les noms les plus divers, de la montagne à la plaine, de la ville à la campagne, du château à la chaumière, semant partout sur son passage, avec une joie factice, la ruine, a désolation et la mort.

IV. — L'alcool ruine les santés.

Même pris à petites doses souvent répétées, l'alcool attaque rapidement tous les organes essentiels à la vie : il congestionne le foie, ulcère l'intestin, dessèche l'estomac, enlève l'appétit. *Les grands buveurs,* disait déjà Hippocrate, *sont incapables de digérer la nourriture nécessaire à la réparation de leurs forces.*

L'alcoolique, ne s'alimentant pas suffisamment, s'affaiblit peu à peu, et devient un terrain merveilleusement préparé pour recevoir et développer les germes de presque toutes les maladies contagieuses : petite vérole, typhoïde, choléra... Que de phtisies acquises ou héréditaires ont eu pour principe l'abus des boissons fermentées !

Les constantes surexcitations produites par l'alcool attaquent le cerveau, dépriment les facultés intellectuelles, causent la paralysie, l'apoplexie, la folie.

L'alcoolique est très irritable ; un rien l'exaspère, le met en fureur. Combien sa famille est à plaindre ! Pour elle, ni repos, ni tranquillité, et souvent la plus noire misère. *Savez-vous ce que boit cet homme dans ce verre qui vacille en sa main tremblante d'ivresse?... Il boit les larmes, le sang, la vie de sa femme et de ses enfants.* (LAMENNAIS.)

L'alcoolique est sans force, sans énergie ; il constate en lui les funestes, les épouvantables ravages de l'alcool, et, malgré cela, entraîné par une habitude qu'il n'a plus la force de vaincre, il boit jusqu'à ce qu'il aille échouer à la maison d'aliénés, à l'hôpital, à la prison, au cimetière.

V. — L'alcoolisme peuple les maisons d'aliénés, les prisons et les hôpitaux.

C'est avec raison qu'on a défini le cabaret : *Lieu où l'on vend la folie en bouteille*, ou encore : *L'antichambre de l'hôpital et de la prison.*

En 1838, alors que l'alcoolisme était à peu près inconnu en France, on comptait 15000 fous séquestrés ; de nos jours, nous en avons plus de 105 000, et leur nombre va sans cesse croissant.

Les départements où l'alcoolisme fait le plus de ravages sont aussi ceux où l'on trouve le plus d'aliénés. Dans le seul département de la Seine, on en compte actuellement 13 300, presque autant qu'en 1838 dans la France entière. Ce nombre effrayant de fous correspond à une consommation non moins effrayante d'alcool : 13 litres par habitant.

Des statistiques nombreuses prouvent que la criminalité, les suicides, les accidents de travail sont partout proportionnels à la consommation de l'alcool.

Sur 100 000 habitants, on relève 809 condamnations dans la Seine-Inférieure, 645 dans le Finistère et seulement 50 dans le département où l'on s'alcoolise le moins. Ces chiffres se passent de commentaires.

Chaque année, l'*Assistance publique* dépense plus de 70 millions pour soigner les alcooliques; et l'*Administration des hospices* fait actuellement les plus louables efforts pour enrayer les progrès de cet épouvantable fléau. Elle a fait afficher, dans ses principales salles, des tableaux anatomiques qui permettent de constater les affreux ravages que l'alcool produit dans les organes. Sur ces tableaux est écrit en gros caractères : *L'alcoolisme, voilà l'ennemi.*

Oui, c'est vraiment l'ennemi : l'ennemi de l'individu, dont il altère la santé, affaiblit l'intelligence, oblitère le sens moral; l'ennemi de la famille, qu'il ruine et désole; l'ennemi de la patrie, qu'il appauvrit et dépeuple.

VI. — L'alcoolisme appauvrit et dépeuple un pays.

Des calculs très exacts prouvent que, chaque année, les différentes dépenses causées par l'alcoolisme s'élèvent, en France, à plus de DEUX MILLIARDS, somme qui permettrait de donner à chaque département, pour soulager ses pauvres, trois piles de pièces de cinq francs de la hauteur du mont Blanc (4 810 mètres.)

Plus une profession porte à boire, plus on est exposé à y mourir jeune. Les cabaretiers viennent les premiers en liste, puis les bouchers, les boulangers, les forgerons, les commis-voyageurs.

Sur mille cabaretiers, DIX-NEUF meurent avant quarante ans; et, sur le même nombre d'agriculteurs, SEPT seulement n'atteignent pas cet âge.

Par suite de l'abus de l'alcool, la vie moyenne à la Nouvelle-Hollande est à peine de vingt-quatre ans.

Sur trente centenaires, il y a *quinze* buveurs d'eau, *treize* qui font une très faible consommation de boissons fermentées, et *deux* seulement qui usent ou qui ont usé immodérément du vin.

Tous les médecins, tous les hygiénistes recommandent la sobriété comme étant la mère de la santé physique et intellectuelle. Elle fait les corps sains et les esprits vigoureux.

On a trouvé que la moyenne des âges de 150 anachorètes était de soixante-dix-sept ans trois mois, et celle de 150 académiciens, de soixante-dix ans deux mois : la mortification chrétienne et le travail intellectuel ne font donc pas mourir.

C'est à la sobriété que les Perses, les Lacédémoniens, les Romains ont dû leur activité, leur vigueur et leurs victoires. En les affaiblissant, l'intempérance a causé leur ruine. *A l'époque de la décadence*, dit Horace, *les vertus romaines étaient souvent enluminées de falerne.*

Presque tous les grands hommes, tels que Socrate, Cyrus, Pythagore, César, Charlemagne, Napoléon, ont été particulièrement sobres. Massinissa, le plus sobre de tous, a vaincu les Carthaginois à quatre-vingt-douze ans.

On peut dire, sans craindre de se tromper, que *sobriété* est synonyme de *vertu, intelligence, santé* et *longévité.*

VII. — Conclusion.

Le travail *physique* et *intellectuel* est facilité par l'usage de l'eau et entravé par celui de l'alcool.

Les buveurs d'eau sont assurés d'une meilleure santé et d'une plus grande longévité.

Les spiritueux doivent être écartés de toute alimentation rationnelle. Non seulement ils ne sont pas utiles, mais ils sont **nuisibles.**

On doit donc :

1° S'abstenir rigoureusement des liqueurs, des apéritifs et des vins trop alcooliques;

2° Ne jamais prendre de boisson fermentée en dehors des repas;

3° Lorsqu'on prend du vin aux repas, y ajouter au moins un bon tiers d'eau.

Le seul remède vraiment efficace pour que les alcooliques et ceux qui, par hérédité, profession ou tempérament, sont exposés à le devenir, puissent s'affranchir de cette tyrannique passion, est l'abstinence complète de vin et de toute boisson fermentée.

FIN

TABLE DES MATIÈRES

PREMIÈRE PARTIE

SAVOIR-VIVRE

CHAPITRE PREMIER

LA POLITESSE

CHAPITRE DEUXIÈME

PROPRETÉ, ORDRE

CHAPITRE TROISIÈME

MAINTIEN ET ATTITUDES

CHAPITRE QUATRIÈME

LEVER, COUCHER, HABILLEMENT

CHAPITRE CINQUIÈME

LE RESPECT ET LA DISTINCTION

CHAPITRE SIXIÈME

LA TABLE

CHAPITRE SEPTIÈME

MANIÈRES DE S'ABORDER

TABLE 319

CHAPITRE HUITIÈME

RELATIONS AU DEHORS

CHAPITRE NEUVIÈME

LES VISITES

CHAPITRE DIXIÈME

LES SOIRÉES

CHAPITRE ONZIÈME

LES PROMENADES

CHAPITRE DOUZIÈME

LES VOYAGES

TABLE   321

DEUXIÈME PARTIE

SAVOIR-PARLER

CHAPITRE PREMIER

LA CONVERSATION

CHAPITRE DEUXIÈME

LES QUALITÉS DU LANGAGE

CHAPITRE TROISIÈME

LES CONVENANCES DE LA CONVERSATION

CHAPITRE QUATRIÈME

LES DÉFAUTS DES CONVERSATIONS

TABLE   323

TROISIÈME PARTIE
SAVOIR-ÉCRIRE

CHAPITRE CINQUIÈME

MODÈLES DE LETTRES

QUATRIÈME PARTIE

SAVOIR-TRAVAILLER

CHAPITRE PREMIER

LE TRAVAIL INTELLECTUEL

CHAPITRE DEUXIÈME

LES ÉTUDES DU JEUNE HOMME

TABLE 325

CHAPITRE TROISIÈME

LA BIBLIOTHÈQUE D'UN JEUNE HOMME

APPENDICE

I

LES BOISSONS HYGIÉNIQUES

II

L'ALCOOLISME

TABLE DES GRAVURES

HORS TEXTE

39502. — TOURS, IMPR. MAME.